당당하고 깨끗하고 아름다운

상속의 비밀 52

상속의 비밀 52

· 김강년 지음 ·

한스미디어

'상속은 어떻게 해야 하는가?'라는 문제는 동서고금을 막론하고 항상 고민되어 온 화두이다. 하지만 그 화두에 대한 답을 찾는 일은 쉽지 않다. 상속에 대한 답은 결국 그 개개인의 주관적인 판단이나 시대적 상황, 경제적 환경 등에 따라 다양한 형태로 결정되기 때문이다. 지난 5월 삼성생명이 자사의 재무설계사(FP, Financial Planner)들을 대상으로 설문조사한 결과, 고객들이 가장 컨설팅을 받고 싶어하는 분야가 상속과 증여였다고 한다. 이 결과에서 나타나듯이 자산가들이 실제로 상속 때문에 많은 고민을 하고 있음을 알 수 있다. 이 책은 그러한 고민에 대한 답을 찾는 데 조금이나 도움이 되고자 하는 목적에서 시작했다.

상속과 관련한 문제를 살펴보면, 일차적으로 대부분 상속재산 분배 과정에서부터 문제가 발생한다. 과연 누가 얼마만큼의 재산을 가질 것인가 하는 문제이다. 재산분배에 관한 분쟁이 일어나면 오랜 시간 동안 해결의 실마리가 풀리지 않아 법원의 힘을 빌려 재산분배를 마무리하는 사례도 많이 볼 수 있다.

다행히 상속재산 분배가 원활하게 이루어진다고 하더라도 상속세에 대한 부담으로 고민하는 사람도 많다. 기은경제연구소가 우리나라 중소기업 CEO를 상대로 조사한 결과, CEO 대부분이 가업승계에 가장 장애가 되고 부담이 되는 원인으로 상속세 부담을 꼽은 사실도 이런 현상을 잘 반영하고 있다고 할 수 있다. 실제로 상속세와 관련하여 상속세를 납부할 자금이 부족해 고생하는 사례와 실제 상속을 받지 않았음에도 세금을 부담하는 사례, 상속재산 대부분을 상속세로 내야 하는 사례 역시 자주 접할 수 있다.

이런 문제가 다 해결된 후에도 또 다른 문제가 남아 있다. 상속재산의 관리 문제이다. 특히 재산을 관리해본 경험이 없는 상속인들은 고액의 재산을 상속받은 후 어떻게 관리해야 할지 몰라 방황하다 결국 재산을 탕진하여 오히려 재산을 상속받기 전보다 못한 상태로 추락하는 경우도 주변에서 심심치 않게 볼 수 있다. 과거 〈이코노미스트〉지는 재산상속의 실패율이 70%에 달한다는 사실을 인용하였는데 이러한 상속 실패율은 그 후 진행된 여러 가지 조사에서도 거의 동일했다고 한다. 상속을 잘하기란 역시 쉬운 일이 아니다.

필자는 고액자산가들과 상담하면서 상속과 관련한 문제해결을 위해 많이 고민해왔다. 그러면서 여러 자료를 참고해왔고, 궁금한 부분에 대한 자료를 얻으려고 노력했다. 하지만 시중에 나와 있는 자료는 너무 전문적이거나 아니면 다른 나라의 상속제도나 해결방법을 그대로 번역만 해놓았고, 다른 내용 속에 일부분만 포함되어 맛보기 정도로 소개되어 있는 등 궁금한 자료를 찾기가 쉽지 않았다. 상담을 하러 오는 고객들 또한 상속과 관련하여 궁금증을 해결하고 싶으나 쉽게 정보를 얻을 수 없다고 한다. 제대로 된 정보를 얻기 위해서는 전문가를 찾아가야 하나 전문가를 만나는 일 자체도 어렵고, 비용 또한 만만치 않을뿐더러, 상속 자체가 한 가정의 비밀스러운 부분이 많아 딱히 신뢰할 수 있는 컨설턴트를 만나는 일이 쉽지 않다고 한다.

이런 사유로 필자가 국세청에 몸담으면서 경험하고 배웠던 내용과 또 금융기관에서 고액자산가와 상담하는 과정에서 체득한 경험을 토대로 누구나 쉽게 읽을 수 있고, 이해할 수 있고, 또 실제로 활용할 수 있는 책을 만들고자 노력하였다. 가급적 많은 내용을 담으려고 하였으나 자칫 학문적인 책이 될까봐 지나치게 전문적이거나 자주 접할 수 없는 내용은 과감히 빼버렸다.

상속은 기본적으로 민법에서 출발한다. 따라서 이 책의 1장에서는 민법에 담긴 상속의 기본개념부터 상속에 대해 법률적으로 알아야 하는 기본적인 지식을 담았다. 그리고 상속을 처음 접함에 따라 어떤 절차로 상속을 진행해야 하는지도 설명했다. 2장부터 마지막 7장까지는 대부분 상속세와 관련된 내용이다. 앞서 언급했듯이 결국 상속과 관련된 법적인 절차가 마무리되면 가장 중요하게 대두되는 부분이 세금이다. 물론 그러한 세금 문제도 그 자체만으로 해결되지 않고 다른 법률적인 부분이나 경제 현상과도 연관되어 있으므로 함께 설명하려고 노력했다. 어쨌든 상속에 있어서 상속세가 차지하는 부분이 큰 만큼 많은 부분을 상속세에 초점을 맞춰서 설명했다. 먼저 2장은 상속세와 관련해 기본적으로 알아야 할 내용과 사례를 담았다. 3장은 상속재산 중 특히 부동산과 관련된 상속 문제를 정리했으며 4장은 상속재산 중 금융자산을 상속할 때 일어나는 여러 가지 내용을 담았다. 5장은 상속에 대한 최선의 대비책 중 하나인 증여와 관련해 상속을 대비한 증여설계의 중요성을 반영하여 상속설계 관점에서 증여설계를 어떻게 할 것인지 설명했다. 또한 상속과 관련하여 꼭 상속세 문제만 발생하라는 법은 없다. 이에 6장에서는 상속세 및 증여세 이외에 상속과 관련된 여러 가지 세금에 대한 이야기를 하고 있다. 7장에서는 그동안 우리가 알고 있었던 상속과 관련된 상식을 한 번 더 곱씹어 보는 자리를 마련했다. 마지막으로 이 책의 모든 내용과 그 동안 필자가 기고했던 내용, 그리고 필자의 생각을 부록으로 정리해놓았다.

무엇보다도 이 책의 주안점은 실제 상속과 관련된 고민을 많이 하는 자산가들과 그 자산가들을 도와주는 PB, FP, FC와 같은 금융전문가들이 궁금해하는 부분을 중심으로 아주 쉽게 쓰려고 노력하였다. 하지만 상속용어뿐만 아니라 세금용어 자체가 매우 딱딱하고 어려워서 처음 접하는 사람에게 조금 낯설 수도 있다. 상속과 관련된 내용을 처음 접하는 독자라면 우선 궁금한 부분만을 먼저 읽어본 후 전체를 살펴보는 것을 권장한다. 이 책이 '상속을 어떻게 해야 하는가?'에 대한 정답을 100% 완벽하게 제시하지는 못하지만 앞으로 상속을 준비하고 상속을 고민하는 사람들의 궁금증을 해결해주고 올바르고 현명하게 상속할 수 있는 길로 안내하는 데 작게나마 도움이 될 것이다.

마지막으로 이 책을 쓰는 동안 주위에서 격려를 아끼지 않으셨던 신한은행 WM사업그룹의 문종복 전무님과 PB고객부의 유희숙 부장님, 그리고 강대석 세무팀장님 이하 여러 동료 직원들에게 감사의 뜻을 전하고 싶다. 그리고 이 책이 나올 수 있도록 애써주신 한스미디어 대표님 이하 모민원 팀장, 김현미 씨에게도 감사를 표한다. 또 지금도 아들을 위해 기도와 응원을 아끼지 않으시는 부모님과 아내 수경이, 딸 민아, 아들 태일에게 이 책을 바친다.

CONTENTS

우리는 왜 돈을 벌고 재산을 모으는 것일까?

사람들에게 왜 돈을 벌고 재산을 모으냐고 물어보면 뭐라고 대답할까? 얼마 전 한 기업이 자사 직원들을 대상으로 설문조사한 결과 직장인들이 재테크를 하는 이유 중 65%가 '주택자금 마련' 때문이라고 대답했다. 이러한 대답에 아마 대한민국에 사는 사람이라면 대부분 공감할 것이다. 반면 선진국은 노후대비를 위해 재산을 모은다고 하니 돈을 벌고 재산을 모으는 목적, 즉 재테크의 목적은 각 개인이 속한 국가의 문화, 그 개인의 가치관이나 생활환경, 존재목적 등 따라 달라진다고 할 수 있다.

개인이 하는 경제활동을 가만히 들여다보면, 우리의 재테크 과정은 결과적으로 모두 상속과 증여로 귀결된다. 물론 잘 먹고 멋있는 인생을 살기 위해, 또는 자녀를 교육시키고 잘 키우기 위해 돈을 번다고 할 수 있을지도 모른다. 하지만 대부분의 사람들은 실제 자신이 먹고 입고 쓰는 데 필요한 돈보다 더 많은 돈을 벌려고 한다. 때론 먹고 입고 쓰는 것을 참으면서 소비를 줄이려고 한다. 이것은 본인이 인정하든 인정하지 않든 결국 상속과 증여를 마지막 과제로 남기게 된다. 사람은 죽으면 결국 빈손으로 간다. 그러면 그렇게 모아둔 재산은 결국 자신이 아닌 다른 사람에게 줄 수밖에 없지 않겠는가?

굳이 상속과 증여를 법률적인 개념에 묶어두기보다는 좀더 확장시켜 생각하면 거의 사람들 대부분이 상속과 증여를 위해 돈을 벌고 있음을 알 수 있다. 우리는 자녀에게 사랑을 주기 위해 돈을 번다. 자녀를 교육시키고, 입히고, 먹이고, 잘 자라게 하기 위해서 돈을 번다. 또 돈을 벌어 좋은 데 기부할 수도 있다. 기부도 엄연한 일종의 증여행위이다. 그러다 자신이 쓰다 남은 돈은 결국 상속으로 상속인이나 타인이 가져간다. 우리는 우리가 의도하든 의도하지 않든 벌어들인 돈을 결국 자신이 아닌 다른 사람에게 주고 있다. 사람이 아무리 많이 소비한다 하더라도 자기 자신만을 위해 돈을 쓰는 데는 한계가 있다. 한 기관의 조사한 내용에 따르면 소득수준에 따른 소비만족도는 보유하는 자산이 10억 원 이상이 되면 한계소비만족도가 거의 "0"이 되어 더 이상 증가하지 않는다고 했다. 결국 그 이상의 소비는 의미가 없고, 또 그렇게 소비하기도 쉽지 않다.

서울에서 개인병원을 운영하고 있는 어느 의사는 평생 열심히 일만 하였고, 부인과 항상 근검하게 생활하여 많은 재산을 축적하였다. 그러던 어느 날 암 선고를 받고 죽음을 앞두게 되었다. 이런 상황에서 당신이라면 어떤 생각이 들겠는가? 좀더 젊었을 때 재미있게 즐기면서 살았으면 좋았을 텐데 라는 생각이 들지 않을까? 한데 이 의사는 자신이 누워 있는 시간조차도 너무 아까웠고, 혹시 병원비로 많은 비용이 지출되는 건 아닌지 걱정했다. 인생을 살면서 '어떻게 사는 것이 정답이다' 라는 것은 없을 것이다. 하지만 결국 본인이 사망하면 그 재산은 들고 갈 수 없다. 다행히 본인의 의지가 있어 사회에 환원한다면 그 단체나 그 혜택을 보는 사람에게 따뜻한 마음과 자신의 이름 석 자 정도는 남길 수 있을 것이다. 하지만 사람이 무덤에 들어가는 순간 흙이 되는 세상 불변의 진리는 엄청난 재벌이나 거리의 노숙자에게 차별 없이 똑같이 적용된다.

애써 벌어놓은 재산이 상속인인 자녀나 배우자에게 넘어간다고 할 때, 과연 그렇게 노력하고 애쓴 만큼의 뜻이 전달될까? 상속인 대부분이 부모로부터 거액의 상속재산을 받으면 그저 많이 갖고자 하는 욕심밖에 없다. 더욱이 부모 세대는 자신들의 노력으로 고생하고 연구하면서 돈을 벌어서 그런지 금융지식이나 부동산지식에 관한 수준이 어느 정도 있어 재산관리 능력이 있지만, 상속인에게는 그런 지식이 전혀 없는 경우도 많다. 어떤 경우에는 부모의 재산 규모가 정확하게 어느 정도나 되고, 어떤 재산을 가지고 있는지 모르는 일도 있다. 물론 이런 일은 각 가정의 부모와 자녀 간에 신뢰가 얼마나 쌓여 있는가에 따라 그 차이가 있겠지만, 재산관리를 조언해주는 조언자의 입장에서 볼 때는 안타깝기 그지없다.

자녀를 못 믿기 때문에 자녀에게 재산을 주지 못하겠다는 말은 당사자를 너무 불쌍해보이게 만든다. 당연히 그 자녀에게도 문제는 있다. 사실 자녀를 위해 평생을 바쳤지만, 노후에 자녀가 등 돌리는 사례는 주위에서 흔히들 보고 듣는다. 그래서 주위에 어른들은 선뜻 자신의 재산을 미리 자녀에게 내려놓지 못한다. 하지만 그렇다고 해서 서로 불신의 벽만 키우는 일은 옳지 않다.

얼마든지 자녀에게 재산을 합리적으로 증여하면서 본인도 재산을 보유하고 자신의 생활을 유지하는 일이 가능하다. 어떻게 상속해야 잘하는 것인지에 대한 정답은 없다. 하지만 상속이나 증여 문제에 부딪혔을 때, 아니 꼭 상속이나 증여가 아니더라도 평소 생활에서 본인 스스로 왜 내가 돈을 벌고 재산을 모으는가를 한 번씩 돌아본다면 조금이나마 그 정답에 다가가지 않을까라는 생각을 해본다.

상속을 준비해야 하는 이유

고령화 사회로의 진입

과거 우리나라 개발 초기인 1960~1980년대에 사람들의 관심은 과연 어떻게 하면 돈을 많이 벌 수 있을까였다. 그러던 관심사가 1990년대 후반 IMF를 겪으면서 가진 돈을 어떻게 하면 잘 관리할 수 있을까, 즉 재테크로 방향을 전환했다. 하지만 최근 사람들의 관심은 자신의 노후를 어떻게 설계하고, 모아놓은 재산을 어떻게 자손에게 잘 이전시켜줄까로 점점 이동하고 있다. 기업은행의 한 통계자료에서도 확인되었듯이 현재 우리나라 중소기업 오너의 반 이상이 60대 이상이라는 사실도 자연히 상속으로 관심이 이동할 수밖에 없음을 방증해준다. 얼마 전 삼성생명에서 발표했던 설문조사 결과 역시 실제 자산가들이 부동산이나 금융보다 상속·증여설계에 더 관심이 많다는 사실을 다시 한 번 확인시켜줬다.

더욱이 우리나라가 노령으로 변해감에 따라 상속에 대한 관심은 점점 더 커져갈 것이 확실하다. 일반적으로 고령화와 관련하여 전체 인구에서 65세 이상 인구가 차지하는 비율이 7% 이상이면 고령화 사회, 14% 이상이면 고령 사회, 20% 이상이면 초고령 사회로 구분한다. 우리나라는 이미 고령화 사회를 지나서 고령 사회로 빠르게 접어들고 있다. 실제로 벌써 예전부터 고령 사회나 초고령 사회로 접어든 일본이나 미국 등의 선진국은 상속이 일반인들에게 아주 중요한 관심거리가 되고 있다. 또한 경제성장으로 인해 개인이 보유하는 부동산이나 금융자산이 급격하게 증가하자 예전과 달리 상속에 대한 관심이 높아지고 있다.

그리고 우리나라 평균 기대수명 또한 점점 길어지고 있다. 이에 따라 노후에 자산을 어떻게 관리하고 어떻게 자녀에게 자산을 물려주는지에 관심을 가져야 한다. 나중에 살펴보겠지만 언제까지 살지 모르는 상황에서 모든 재산을 자녀에게 미리 증여할 수는 없다. 본인이 생활비로 사용할 최소한의 자금과 거주할 주택 정도는 본인 명의로 남겨 놓아야 한다. 그렇다고 모든 재산을 죽을 때까지 놓지 않고 자신이 가지고 가는 것 또한 현명하지 않다. 결국 어떻게 재산을 미리 나누어주고, 어떻게 노후를 설계하는지가 앞으로 우리 시대의 주된 재테크 관심사가 될 것이다.

■ 연도별 65세 이상 인구 수 및 인구비율

(단위:천명, %)

구분	1970	1980	1990	2000	2010	2020
인구 수	991	1,456	2,195	3,395	5,357	7,701
구성비	3.1	3.8	5.1	7.2	11.0	15.6

※ 출처 : 통계청 〈연령별 인구〉(2008) _ 2010년 및 2020년 자료는 2005년 인구주택총조사 결과를 기초로 작성한 장래인구추계 결과임

물가 상승 및 경제 규모 확대에 따른 보유자산 가치 증가

현재 우리나라 국민들의 보유자산 규모는 과거 경제개발 초기 때보다 비교도 안될 만큼 엄청나게 커졌다. 이는 국민소득 증가 및 경제발전

에 따른 보유자산 증대, 물가상승 등에 따른 결과라 볼 수 있다. 더욱이 1990년대 후반 IMF를 지나면서 우리나라의 자산 가치가 급격하게 증가하였다. 부동산이나 금융자산이 급격하게 증가함에 따라 예전과 달리 상속에 대한 관심이 높아지고 있다. 통계청에서 발표하는 소비자물가 상승률만 보더라도 매년 최소 2~5%가량 증가하고 있다. 이렇게 따진다면 과거 1990년 기준으로만 보더라도 어림잡아 100% 가까이 물가가 상승했음을 알 수 있다. 사실 소비자물가 상승률은 가계소비지출에서 차지하는 비중이 높은 489개 품목을 대상으로 하므로 실제 부동산 가격이나 기업의 투자자산에 사용되는 자산의 가격으로 본다면 물가상승에 따른 자산가치가 훨씬 더 많이 증가하였음을 예상할 수 있다. 특히 부동산 가격은 최근 몇 년간 급격하게 증가하다가 주춤하고 다시 증가하는 과정을 반복함으로써 배 이상 증가되었다.

■ 연도별 소비자물가 상승률

(단위: 전년대비, %)

구분	2003	2004	2005	2006	2007	2008
소비자물가	3.5	3.6	2.8	2.2	2.5	4.7

※ 출처 : 통계청 〈소비자물가상승률〉 (2009년)

■ 주택매매가격 동향_연도별 주택가격 증감률

(단위:%)

구분	2000	2001	2002	2003	2004	2005	2006	2007	2008
전국	0.4	9.9	16.4	5.7	△2.1	4	11.6	3.1	3.1
수도권	2.3	13.9	21.8	7.4	△2.9	5.1	20.3	5.6	5
서울	3.1	12.9	22.5	6.9	△1.4	6.3	18.9	5.4	5

※ 출처 : 국토해양부 〈전국주택가격 동향조사〉

더욱이 최근에는 금융자산에 대한 투자의 증가로 금융자산의 비중도 확대되고 있다. 특히 과거보다 기업의 주가가 엄청나게 올랐다. 금융자산은 최근 미국발 서브프라임에 따른 경제위기 이전까지만 해도 금융투자로 자산을 배 이상으로 불려 새롭게 자산가 그룹에 속하게 된 사람들도 많았다. 그리고 경제개발 및 경제규모의 확대로 고소득자들이 많이 생겨남에 따라 이렇게 고소득을 바탕으로 한 자산가들도 점점 더 많아지는 추세이다. 실제로 국세청 통계자료에 따르면 우리나라 상위 20%에 속하는 소득자의 1인당 소득금액이 1998년 5400만 원에서 2007년 9100만 원으로 68.5%나 증가하였다. 그리고 근로소득은 소득세 과세표준 최고세율이 적용되는 8000만 원을 초과하는 대상자의 수가 1998년에는 8천 명에서 2007년에는 8만 9천 명으로 11배 이상 증가하였다. 결국 이렇게 고소득자가 크게 증가함에 따라 자연적으로 향후 상속세가 과세되는 자산가들도 점점 더 늘어날 수밖에 없다.

결국 이러한 현상을 세금 측면에 대입해본다면, 현재 상속세법상 상속재산이 10억 원 정도이면 세금이 없다(피상속인의 배우자가 살아 있는 경우). 그런데 이 기준은 과거 10년 전의 기준 그대로이다. 10년 전의 10억 원과 현재의 10억 원은 엄청나게 차이가 남에도 말이다. 결국 예전에는 과세대상이 얼마 없었지만, 최근에는 그 과세대상이 많이 증가할 수밖에 없음을 쉽게 알 수 있다.

세법은 바뀌지 않는 반면 물가나 경제발전에 따른 자산규모나 가치가 증가함에 따라 상속세 부담이 점점 커졌다. 이에 따라 과거보다 상속세에 관심을 가치는 계층이 점점 늘어나고 있다. 과거에 10억 원이면 백만장자라고 하여 아주 많은 자산을 보유하고 있는 사람으로 여겼지만,

최근에는 서울 시내에 아파트 한 채만 보유하더라도 10억 원의 자산가가 되는 실정이다. 이렇게 상속세를 부담해야 하는 대상이 점점 많아짐에 따라 자연적으로 상속에 대한 관심도 증가하고 있다.

상속에 대한 관념의 변화 (사전 증여를 선호하는 추세로의 변화)

몇 년간의 통계를 보면 상속세가 과세되는 인원이 아주 큰 폭으로 증가하는 경우는 없었다. 물론 2006년과 2007년에는 많이 증가하였지만 이는 경기호황에 따른 자산가치 상승이 주된 이유가 될 수 있다. 특히 2007년 금융자산의 증가가 큰 폭으로 있었기 때문에 상속세 과세대상이 좀더 많아졌을 가능성이 높다.

반면에 증여세를 신고하는 인원은 매년 큰 폭으로 증가하고 있다. 결국 상속을 대비하여 미리 증여를 해두는 사례가 점점 늘고 있는 것이다. 재벌만이 자녀에게 거액의 주식을 증여하여 향후 상속을 대비하는 것이 아니라, 일반인도 미리 자녀에게 부동산이나 금융자산을 증여해주는 사례가 늘고 있다. 실제로 최근 일선 금융기관이나 부동산 관련 업체, 세무사 사무실 등에는 증여에 대한 상담이 늘었고, 그냥 증여를 신고하고 증여세를 내고자 하는 사람이 많아졌다. 특히 주식이나 부동산 등의 자산가치가 하락한 최근에는 이러한 경향이 더 강해지고 있다.

■ 연도별 증여세 신고 인원 및 증여재산가액

(단위:%)

구분	2002년	2003년	2004년	2005년	2006년	2007년
신고 인원 수	26,705	45,922	56,062	59,377	73,178	98,600
증여재산가액	2,867,245	5,778,675	6,952,932	7,437,159	10,274,716	12,898,040

※ 출처 : 국세청 통계연보 (2008년, 2005년)

세무행정 시스템의 발달에 따른 탈세 유인의 축소

증여세를 신고하는 사람들이 왜 갑자기 많아진 걸까? 원인으로 여러 가지를 꼽을 수 있다. 기존의 가부장적인 문화에서 점차 미리 자녀에게 재산을 물려주려는 의식의 변화도 한 요인일 것이다. 또한 사전증여라는 절세방법의 보편화 역시 사회적으로 많은 영향을 미쳤다고 생각해볼 수 있다. 하지만 이보다 더 중요한 이유를 꼽으라면 예전과 같이 차명이나 명의신탁 등의 편법적인 방법으로 재산을 물려주는 일이 쉽지 않아졌기 때문이다.

사람들은 세금을 내기 싫어한다. 이렇게 세금을 적게 내고 싶어하는 심리는 비단 우리나라 사람들뿐만 아니라 전 세계적으로 동일한 현상이다. 마치 공돈이 나가는 것 같고, 남들이 안 내는데 나 혼자 내는 것 같아 손해 보는 느낌을 강하게 받곤 한다. 이는 세금의 특성상 직접적인 반대급부의 성격을 띠지 않기 때문이며, 세금의 역사 자체가 착취적 성격이 강하게 묻어 있기 때문일 수도 있다.

이유야 어떻든 간에 행정시스템이 불완전했던 예전에는 여러 가지 형태로 탈세할 수 있는 요인이나 노출되지 않은 상태로 재산을 이전할 수 있는 방법이 많았지만, 현재 우리나라에서 국세청에 노출되지 않고 재산을 이전하는 방법은 거의 없다고 봐도 무방하다. 국가 전체적으로도 투명도가 점점 높아지고 있고, 금융시스템을 더욱더 체계적으로 갖추며, 세금을 추적하는 국세청의 IT인프라나 직원의 전문성, 정보수집 능력, 대응 속도 등이 과거와 비교되지 않을 정도로 많이 발전되었기 때문이다. 앞으로 시대가 어떻게 바뀔지 모르는 이러한 상황에서 과거와 같은 방법으로 더 이상 자녀에게 재산을 이전시킬 수는 없다고 판단하는 사람이 늘고 있기 때문에 자연스레 적법한 절차를 통해 증여세를 신고하고자 하는 사람도 많아지고 있다.

■ 연도별 상속세 및 증여세 가산세 추징 현황

(단위:백만 원)

구분	2003	2004	2005	2006	2007
상속세 가산세	30,037	46,49	30,967	36,925	52,706
증여세 가산세	89,270	115,303	109,969	168,420	214,833

※ 출처 : 국세청통계연보(2008년)

■ 연도별 국세청의 검찰고발 건수 현황

(단위:명)

구분	2003	2004	2005	2006	2007
고발인원	163	298	266	321	413

※ 출처 : 국세청통계연보(2008년)

상속을 미리 준비하는 경우 이점

그러면 상속을 미리 준비하는 경우 어떤 이점이 있을까?

첫째, 상속인들 간의 재산분배 다툼을 미리 방지하고 합리적으로 재산을 분배할 수 있다. 얼마 전 모 대기업의 회장님과 상속세 상담을 한 적이 있는데 이때 필자는 놀라지 않을 수 없었다. 분명히 국내에서 이름만 들어도 알만한 기업의 회장님인데 상속재산이 딱 10억 원 정도 있다는 것이었다. 당연히 미리 사전에 자녀들에게 재산을 다 분배해준 결과였다. 더 놀라운 점은 그 자녀들도 이미 각자의 자리에서 각자의 직업을 가지고 재산을 잘 관리하고 있으며, 형제들 간에도 의견 협의가 잘 이루어지고 있다는 사실이었다.

둘째, 상속세를 줄이기 위해서이다. 상속세는 결국 사망 당시의 재산가액이 얼마인지에 따라 달라진다. 물론 이때 10년 이내에 증여한 재산은 합산된다. 따라서 상속세를 줄이기 위해서는 적어도 사망하기 전 10년이 되는 날보다 훨씬 이전부터 상속을 대비해야 한다. 일반적으로 재산은 점점 늘어나게 마련이다. 더욱이 재산을 모은 주체인 피상속인이 자신의 소유로 재산을 관리하는 동안 그 재산이 점점 늘어난다면, 늘어나는 재산만큼 결국 상속세가 늘어남을 의미한다. 이와 같이 재산을 불려서 세금으로 모두 내는 결과가 되어버릴 수도 있으므로 상속세를 줄이기 위해서는 좀더 현명하게 대처할 필요가 있다.

셋째, 상속 후 재산관리를 잘하도록 이끌어주기 위해서이다. 재산관리를 전혀 해보지 않던 상속인이 부모의 사망으로 갑자기 많은 재산을 물려받으면서 생기는 문제들은 공공연히 알려졌다. 갑자기 생긴 많은 재산을 순식간에 탕진해버리거나, 다른 사람에게 사기를 당한다거나 하는 일들은 자주 일어난다. 재산이 거의 없었던 상속인이 갑자기 불어난 재산을 어디에 어떻게 사용해야 할지, 그리고 어떻게 관리해야 할지 모르는 것은 어쩌면 당연할 수도 있다. 이런 일을 미리 방지하기 위해 살아생전에 재산을 이전하여 관리하는 방법을 알려주고 수시로 관리내역을 피드백한다. 잘 관리하면 더 많은 재산을 증여하여 의욕을 고취시키거나 목표의식을 갖도록 하면서 조금씩 자산을 관리하는 방법을 배워나갈 수 있도록 해줄 때 아주 좋은 결과가 나타나는 사례를 많이 볼 수 있다.

상속절차와
상속재산 분배의 비밀

사람들 대부분은 평생에 걸쳐 한두 번 정도만 상속 문제에 맞
닥뜨린다. 따라서 막상 상속 문제에 부딪히면 어느 누구도 당황하지 않을 수가
없다. 자신의 부모가 사망하는 일 자체도 고통스럽고 경황이 없지만, 태어나서
처음 겪는 일이어서 대처하는 방법을 몰라 더욱 당황스럽다. 사람이 태어나서 죽
는 것은 어쩔 수 없는 일이지만, 죽어서까지도 내 혈육이 고생하는 모습을 보기
원하는 부모는 없을 것이다.

하지만 인간에게는 항상 간접경험이란 좋은 친구가 있다. 그것은 친척이나 스
승, 부모가 될 수도 있고, 인쇄매체나 전자매체 등이 될 수도 있다. 이런 간접경
험을 통해 시행착오를 줄일 수 있고, 위험을 피할 수 있는 것은 인간에 부여된 하
나의 축복이다. 상속에 대한 문제에 있어서도 우리가 부딪힐 어려움을 이러한
간접경험을 통해 조금이나마 미리 대비할 수 있다.

상속절차나 상속관련 용어들은 평소에 자주 접하지 않아 어렵다. 하지만 상속준
비를 위해서는 한 번쯤은 알아두어야 할 정보들이다. 또한 1장 내용을 한 번 습
득해둔다면 실제로 생활에 많은 도움을 얻을 수 있다. 상속을 미리 준비하기 위
해, 상속을 진행하는 과정에서, 그리고 상속 후 생길 수 있는 문제들에 대비하기
위해 필요한 사항을 사례와 함께 적어 놓았다. 여기에 있는 내용만으로도 상속
을 준비하고 대비하기에 충분할 것이다.

상속,
말도 꺼내지 마라

강남에 사는 옹고집 씨에게는 부인과 아들 3명이 있다. 옹 씨는 병원을 운영해오면서 거액의 재산을 모았다. 하지만 옹 씨의 세 아들은 옹 씨의 재산이 얼마나 되는지, 어떤 재산이 있는지 구체적으로 알지 못했다. 단지 부친 옹 씨가 오랫동안 병원을 운영해왔기 때문에 일정 규모 이상의 자산을 가지고 있을 것이라고 추측만 하고 있을 뿐이었다.

옹 씨는 병원을 운영하는 틈틈이 부동산투자 및 주식투자도 해왔기 때문에 재테크 관련 지식이 상당한 수준이었다. 하지만 상속과 관련해서라면 고집스러울 만큼 보수적이었다. 본인이 먼저 상속에 대해 언급하는 일도 절대 없었으며, 상속에 대해 관심이 없다는 것을 아는 주위의 지인들조차 일체 언급을 할 수 없었다.

어느 날 옹 씨는 급작스런 심근경색으로 쓰러지게 되었다. 그런 상황에서까지도 옹 씨는 세 아들에게 상속에 대해 아무런 언급을 하지 않았고 얼마 후 유명을 달리했다. 옹 씨의 사망 이후부터 세 아들은 만사를 제쳐놓고 옹 씨의 상속재산을 파악하는 일에 덤벼들었다. 평소 자신들이 생각했던 것보다 옹 씨의 재산이 훨씬 더 많았음을 알게 된 세 아들은 상속재산을 서로 더 많이 차지하려고 다투기 시작했다. 결국 상속재산 중 많은 부분을 소송비용에 사용하게 되었고, 또 일부 재산은 거액의 상속세를 납부하는 데 지출되었다. 재산관리에 아무런 지식이 없었던 이들은 남은 재산마저 제대로 관리를 하지 못해 결국 그 많던 재산 대부분이 사라져 버리고 말았다.

01
언제부터
상속을 이야기해야 하나

우리나라에서뿐만 아니라 다른 나라에서도 마찬가지로 버젓이 살아계신 부모 앞에서 상속을 얘기한다는 것은 금기시되고 있다. 실제 자녀들이 상속재산 분배나 상속세에 대한 정보를 얻어 부모에게 이야기하고 싶어도 혹시 오해를 받게 될까봐 그냥 참고 넘어가는 경우가 많다.

필자를 찾아온 고객들 중에서도 부모의 나이나 재산현황 등으로 볼 때 상속재산 분배문제나 상속세 문제가 염려되어 이에 대해 컨설팅을 요청하는 사람이 많다. 하지만 그 재산분배방법이나 절세방법, 주의해야 할 사항 등에 대해 상담을 해주더라도 결국 그 내용이 대부분 부모에게 전달되지 않는다. 오히려 부모를 만나게 되면 대신 이야기를 좀 해달라는 경우도 있다.

누구라도 사실 상속 문제를 당사자 앞에서 먼저 거론하는 일은 쉽지 않다. 본인이 먼저 상속에 대해 문의를 해온다면 적극적으로 여러 가지를 검토하고 상담해주는 것은 어렵지 않다. 하지만 그렇지 않은 경우에는 본인 스스로가 아직 건강하다고 생각하고 있는데다 상속에 대한 마음의 준비가 전혀 되어 있지 않아 상속 이야기를 먼저 꺼내기가 쉽지 않고, 혹 상속에 대한 이야기를 근본적으로 좋아하지 않는 사람도 많이 있어 대단히 조심스럽다. 대부분의 부모는 자식에게 상속할 재산을 남겨주는 것만으로도 자신의 본분을 다했다고 생각하고 있기 때문에 상속재산 분배문제나 상속세 문제를 언급하더라도 귀담아듣지 않는다. 상속에 대해 부모나 고객의 관심을 끌기 위해서는 일반적으로 다음과 같은 내용을 설명하면 효과가 있다.

물가는 상승한다

상속에 대한 대비는 언제부터 해야 하나? 결론부터 말하자면 빠를수록 좋다. 특히 세금에 있어서는 더욱 그렇다. 적어도 본인이 사망하기 20년 전부터는 준비를 해두는 게 좋다. 통계청에서 발표한 2007년 우리나라 사람의 기대수명을 보면 남자는 76.1세, 여자는 82.7세라고 한다. 따라서 늦어도 50세쯤부터는 상속을 준비해야 한다는 결론이 나온다.

재벌들은 일반 자산가들과는 달리 자녀가 처음 태어날 때부터 후계구도를 정하기 위해 미리 상속을 조금씩 준비해둔다. 그래서 태어나면서부터 주식과 부동산을 보유하기 시작한다. 대기업의 자녀나 친인척들 중 많은 수의 어린이들이 아직 미성년자임에도 수억 원에서 수백억 원에 달하는 상장주식을 보유하고 있다는 사실은 언론보도 등을 통해 심심치 않게 들을 수 있다.

기본적으로 생각해보자. 과거와 현재 상속세율과 증여세율이 변하지 않는다고 가정한다면 물가상승이나 경제성장에 따라 자산의 가치는 급격하게 증가하고 그에 따라 세금도 당연히 증가한다. 10년 전 삼성전자 주식의 가격은 대략 8만 원대였지만, 현재 60만 원대에서 오르락내리락하는 것만 봐도 언제 증여하는 게 유리한지 쉽게 알 수 있다. 아파트도 마찬가지로 전용면적 111.5㎡인 강남 압구정 현대아파트의 1989년도 기준시가는 1억 3000만 원이었으나 현재 2009년도 기준시가는 7억 6800만 원으로 그 엄청난 차이를 알 수 있다. 이 때문에 자산가들은 자녀에게 좀더 빨리 증여함으로써 적은 세금을 내고도 많은 재산을 승계하려고 한다.

■ 강남 압구정 현대아파트 증여세 비교

(단위: 원)

구분	평가액(기준시가)	증여세(납부할 세액)
1989년	130,000,000	11,700,000
2009년	768,000,000	149,310,000

• 아버지가 미성년인 아들에게 증여하는 것으로 가정함 (기증여재산 없음)
• 평가액은 세금비교를 쉽게 하기 위해 기준시가로 하고(원래는 시가로 하여야 함), 세율은 현재 세율이 동일하게 적용되는 것으로 가정함

10년 동안 합산된다

상속세 계산 시 상속재산가액에 상속인들에게 10년 내에 증여한 재산을 합산하여 세액을 계산한다. 그래서 사망한 날로부터 10년 내에 증

여한 재산이 있다면 실제 사전증여를 통한 상속세 절세효과는 반감된다. 더욱이 사망에 임박하여 증여하면 사실상 절세효과는 거의 볼 수 없다. 오히려 상속공제액 한도가 줄어들어 자칫 상속세를 더 내야 하는 경우도 생길 수 있다.

상속세율이나 증여세율이 변동되어 세율이 점차 낮아지는 경우가 아니라면, 상속세의 세율은 재산가액이 많아질수록 높은 세율이 적용되는 누진구조이기 때문에 사망 당시의 상속재산을 줄일수록 낮은 세율을 적용받을 수 있다. 따라서 사망일로부터 10년이 되기 훨씬 이전부터 미리 증여하여 상속재산을 줄여주면 절세효과를 제대로 볼 수 있다.

재산 관리하는 법을 가르쳐라

자녀에게 재산을 물려주기 전에 재산을 관리하는 법을 가르치는 것이 기본이다. 동서양의 전통적인 명문가나 재벌가는 이러한 재산 관리에 대한 교육이 어릴 때부터 철저하게 이루어진다. 우리나라의 일반적인 가정 대부분은 경제교육보다 논술교육, 수학교육, 예체능교육에 관심이 집중되어 있다. 최근 경제교육이 강화되고 있기는 하지만, 실질적인 경제교육보다는 경제용어나 기본적인 경제상식만을 가르치는 수준에 그치고 있다. 따라서 재산을 자녀에게 넘겨주기 전에 자녀에게 재산을 관리하는 방법을 어떻게 교육시켜야 할지를 먼저 고려해야 할 것이다.

자녀에게 재산 관리하는 방법을 전수시키는 가장 좋은 방법은 미리 증여해서 실제 자기 명의로 된 재산을 관리해보도록 하는 것이다. 이렇게 어려서부터 자기 자신의 재산을 가지고 관리해오는 사람들은 갑자기 재산을 상속받아 재산을 관리하게 된 사람들하고는 그 사고방식에 있어서 확실히 차이가 난다.

결국 앞서 본 것과 같이 상속과 관련되어 미리 대비한다면 이 논의시점은 빠를수록 좋다. 얼마나 빠른 것이 좋은지는 그 사안에 따라 다를 수 있지만 무조건 빠를수록 좋다. 자녀가 어릴수록 부모가 젊을수록 더더욱 유리하다.

자산포트폴리오 컨설팅에서 상속 문제 언급

어떤 방법으로 상속과 관련한 이야기를 꺼내는 게 좋을까? 부모 입장에서 먼저 상속에 대해 이야기를 꺼내는 일은 어렵지 않다. 반면 자녀의 입장이라면 쉽지 않은 일이다. 결국 가장 좋은 방법은 본인 스스로 깨닫게 하는 것이다. 가령 주위의 친척 중 누가 사망함에 따라 상속인들 간에 재산분쟁이나 세금 문제로 고통스러워하는 모습을 보고 느끼게 된다면 본인 스스로 상속 얘기를 꺼내고 싶어할 수도 있다. 실제 상속을 한 번이라도 경험해본 사람들이 치밀하리만큼 상속을 준비하는 것을 볼 수 있다.

주위에서 그런 경험을 할 수 없다면 절세와 관련된 설명회 참석도 하나의 방법이 될 수 있다. 꼭 상속과 관련된 설명회가 아니라고 하더라도 대부분 절세와 관련된 설명회나 재테크 강연회 같은 경우에는 상속 문제가 대부분 다루어지므로 분명히 효과가 있다. 실제 이러한 설명회나 강연회에 참석한 후에 상속에 대한 상담을 요청하는 사례가 많다. 또 부모의 자산을 관리해주는 금융기관의 PB나 FP 등을 통해 보험상품 등의 금융상품을 권장하거나, 고객의 자산포트폴리오를 분석하고 검토하는 과정에서 자연스럽게 상속 문제를 언급해주도록 요청할 수도 있다.

02
상속, 어떻게 해야 하나

상속하는 방법

상속은 결국 재산분배와 관련된다. 상속재산을 누구에게 줄 것인가는 전적으로 재산을 소유한 피상속인의 자유의사이다. 그렇다면 상속재산은 어떤 방법으로 나누어주어야 하나?

일반적으로 상속재산을 배분하는 방법은 상속과 증여, 2가지로 나뉜다. 상속은 그 형식에 따라 유증과 사인증여, 상속, 이렇게 3가지 형태로 나뉜다. 여기서 상속은 일반적으로 사망하면 모든 권리와 의무가 포괄적으로 승계됨을 말한다. 유증과 사인증여는 통상 증여하겠다는 의사표시로 효력이 발생하는데, 유증은 유언방식으로 이루어지고 사인증여는 사망하면 이 재산을 누구에게 주겠다는 상호 계약 방식으로 이루어진다. 즉, 유증은 혼자서 단독으로 의사표시를 함으로써 성립하고, 사인

증여는 주고자 하는 사람과 받고자 하는 사람 간에 계약을 맺음으로써 성립한다. 어떤 경우에든 재산이 이전되는 실질적인 효과는 동일하다. 세금 문제에 있어서도 증여는 당연히 증여세가 과세되고 유증이나 사인증여, 상속은 상속세가 과세된다.

특히 유증의 현실적 방식인 유언은 여러 가지 방식으로 할 수 있다. 구술방식, 서면방식, 녹음방식 등의 방법이 있지만, 법률에서 정한 형식요건은 꼭 갖추어야 한다. 가끔 실제 상속에 있어서 유언방식이나 유언의 효력 때문에 소송이 일어나는 사례가 적지 않다. 따라서 유언을 할 때에는 반드시 법률전문가의 자문을 받아 실시하는 것이 좋다.

상속의 진행 절차

상속에도 단계가 있다. 상속인들이 무작정 재산을 많이 가지려고 서로 다투다가 이 단계를 간과하고 지나쳐 때로는 곤욕을 치르는 일이 종종 있다. 특히 이러한 상속절차는 유언서 작성이나 이미 살아 있을 때의 증여행위로부터 시작되므로 피상속인이 먼저 준비를 시작해야 한다.

■ 상속의 절차

생전 증여 ⇒ 유언서 작성 ⇒ 사망신고 및 장례절차 ⇒ 상속재산 파악 ⇒ 상속재산 분배 ⇒ 상속재산 이전등기 및 이전등록 ⇒ 상속세 신고·납부 ⇒ 상속세 세무조사

피상속인에게 상속의 준비는 한마디로 인생을 어떻게 마무리 지을 것인가 하는 문제이다. 우리가 재산을 증식하기 위해 피땀 흘려 일하는

이유는 결국 상속과 증여하기 위함이다. 단순히 나 자신이 잘 먹고 잘 살기 위한 것이라면 사실 큰돈이 필요하지 않다. 물론 좀더 좋은 것을 먹고, 좋은 것을 입으면서 살기 위해서는 더 많은 돈이 필요하지만 실제 내가 버는 돈을 그렇게 나 자신만을 위해 쓰는 사람은 거의 없다. 어쨌든 나 이외의 사람들에게 주면서 살아간다. 그러다가 결국 사망하면 모든 재산을 남겨두고 간다.

따라서 상속은 평생 준비하고 고민하고 실행해야 하는 인생여정이다. 그중에서 가장 먼저 해야 하는 고민은 살아 있는 동안 어떻게 얼마를 증여하느냐이다. 그다음은 사망을 앞두고 유언서를 작성해두는 일이다. 유언서의 중요성은 아무리 강조해도 지나치지 않다. 그렇다면 유언서는 꼭 사망 직전에 작성해야 할까? 외국의 사례를 보면 어느 정도 재산을 보유하는 자산가들은 이미 사망의 그늘이 드리워지기 훨씬 전부터 유언서를 작성해놓는다. 유언서는 살아 있는 동안에 수정도 가능하므로 (비용이 좀 들긴 하지만) 이 얼마나 편리한가? 어떤 부자는 유언서를 일정 기간에 한 번씩 수정하면서 자신을 돌아보고 자녀들이나 수혜자들을 한 번 더 돌아본다고 한다. 여하튼 사망 전에 필히 해두어야 할 것이 유언서 작성이다.

그다음 모든 바통이 자녀들이나 상속인들에게 넘어간다. 이제 상속인들은 장례를 치르고 앞으로의 일을 준비해야 한다. 장례를 치르는 일조차도 우리나라에서는 쉽지 않다. 그나마 도와줄 형제나 친척이 많거나 요즈음 많이 이용하는 상조회사를 이용하는 경우가 아니라면 사망신고부터 장례식장을 구하고 묘지를 구하는 등의 장례절차를 밟는 일까지 어느 것 하나 만만한 것이 없다.

피상속인의 재산파악은 피상속인과 상속인 간의 신뢰가 얼마나 구축되어 있는지를 보는 하나의 척도다. 아직도 가부장적인 우리나라의 현실에서 피상속인의 재산을 상속인들이 훤히 꿰뚫고 있는 경우는 거의 없는 것 같다. 여기서부터 상속의 성공 여부가 정해진다. 피상속인의 재산파악은 주로 금융자산과 부동산자산을 중심으로 이뤄지고, 그 밖의 재산은 시간이 흐르면서 확인되기도 한다.

상속인 간의 재산분배는 유언서로 작성되어도 문제가 생기기 마련이다. 웬만큼 유언서를 잘 만들어놓지 않는다면 항상 논란이 생길 수 있다. 재산 앞에서는 피도 눈물도 없다. 어쨌든 재산분배는 상속의 핵심이다. 피상속인이 평생을 노력해 재산을 모았는데 만일 상속재산 분배과정에서 피상속인의 뜻과 다르게 상속재산이 분배되거나 상속인들이 서로 원수가 되는 일이 생겨서는 안 된다. 그런 일이 발생하지 않도록 상속인은 서로 양보하고 협조하여 원활하게 상속재산을 분배해야 한다.

상속세 신고는 일반적으로 상속재산 분배와 동시에 진행되어야 한다. 어떻게 상속재산 분배가 되느냐에 따라서 부담해야 할 상속세가 달라지기 때문이다. 상속세 신고는 반드시 해야 한다. 요즈음 국세청의 전산망이 잘되어 있어서 상속인들보다 피상속인의 재산파악이 훨씬 더 정확하고 빠르다. 그리고 상속세 신고기한이 지나면 얼마 있지 않아 바로 과세관청에서 상속세 무신고에 대한 조사를 실시하므로 상속세를 신고하지 않겠다는 생각은 처음부터 하지 않는 것이 좋다.

상속세 신고가 끝나도 상속이 전부 마무리가 된 것은 아니다. 상속세 세무조사가 남아 있기 때문이다. 세무조사 과정에서도 상속인들 간의 분쟁거리가 생길 수 있다. 사망 전에 다른 상속인에게 증여한 재산이 발견되었다든지, 아니면 또 다른 피상속인의 재산이 발견되었다든지 하여 새로운 분쟁거리가 생기기도 한다. 상속세 세무조사가 끝나면 모두 끝나는 것일까? 국세청에서는 일정규모 이상의 상속재산이 있는 경우에는 상속개시일로부터 5년간 사후관리를 지속적으로 해서 혹시 이후에 신고하지 않은 재산이 나타나지 않는지를 주시하고 있으므로 주의해야 한다.

03

누구에게
상속재산을 주어야 하나

상속재산 분배의 효력

상속재산은 어떻게 분배될까? 첫째, 유언이 있다면 우선 유언대로 적용된다. 피상속인의 유언에 따라 상속재산이 분배된다. 이러한 유언은 그 형식과 종류를 법에서 정하고 있다. 따라서 형식이나 요건이 미비한 유언이라면 추후에 또 다른 재산분쟁의 실마리가 될 수 있으므로 주의해야 한다. 피상속인이 유언하지 않았다면, 그다음은 상속인 간의 협의에 의해서 재산을 분할할 수 있다. 상속재산이 부동산과 금융재산 등으로 여러 종류가 있는 경우 상속인들이 선호하는 재산이 서로 다를 수 있다. 따라서 서로 공동명의로 해두는 것보다 본인이 관리하기 쉽도록 협의분할을 통해 각자 필요한 재산을 단독으로 나누어 갖는 게 유용하다. 하지만 재산을 보면 더 갖고 싶은 욕심이 생기게 마련이다. 따라서 상속인 간의 자발적인 협의가 이루어져 재산분배가 마무리되는 일은 많지 않다. 특히 상속인이 많고 상속재산이 많을수록 재산분배의 문제해결은 법원의 손에 넘어가는 경우가 많다. 상속인 간에 협의분할이 원만하게 진행되지 않을 때는 상속인의 신청을 받아 법원에서 판단한다.

상속재산을 받는 데도 순서가 있다

피상속인이 유언을 하면 당연히 유언에서 상속재산을 받도록 지정된 자가 상속재산을 받는다. 하지만 유언이 없다면 피상속인이 사망함에 따라 자연적으로 상속을 받는 사람이 있는데 이를 법정상속인이라고 한다. 이러한 상속인에도 순서가 있다. 상속권을 최우선적으로 받을 수 있는 1순위 상속인은 직계비속이다. 즉, 자녀나 자녀가 없다면 손자녀가 1순위 상속인이 된다. 이러한 1순위 상속인이 아무도 없다면 직계존속이 2순위 상속인이 된다. 2순위 상속인도 없으면 형제자매가 3순위 상속인이 되고, 4순위 상속인은 4촌 이내 방계혈족이 된다. 이때 동일 순위 내에 상속인이 여러 사람이 있을 경우 촌수가 가장 가까운 사람들이 공동상속인이 된다. 또한 배우자는 1순위 상속인 또는 2순위 상속인과 동일한 순위가 되고 1순위, 2순위 상속인이 없을 때는 배우자가 단독상속을 하게 된다.

상속순위	대상	비고
1순위	직계비속	피상속인의 배우자는 직계비속 또는 직계존속과 동일한 순위임, 1순위와 2순위가 없는 경우 단독상속
2순위	직계존속	
3순위	형제자매	
4순위	4촌 이내 방계혈족	

유언의 종류

앞서 설명한 유언에는 어떤 종류가 있을까?

민법에서는 유언으로 할 수 있는 내용으로 재단법인의 설립, 상속재산 분할방법의 지정 또는 위탁, 상속재산 분할금지, 유언집행자의 지정 또는 위탁, 유증, 신탁, 친자부인, 인지, 후견인 지정 등을 정해놓고 있다. 이러한 유언은 법에서 정한 방식으로만 가능하다. 민법에서는 유언의 방식을 5가지로 규정하고 있다.

① 자필증서에 의한 유언

② 녹음에 의한 유언

③ 공정증서에 의한 유언

④ 비밀증서에 의한 유언

⑤ 구수증서에 의한 유언

　이러한 유언은 유언을 집행하기 위한 준비절차로 검인과 개봉을 해야 한다. 즉 유언의 증서나 녹음을 보관하고 있는 자 또는 발견한 자는 유언자의 사망 후 지체 없이 가정법원에 제출하여 그 검인을 요구해야 한다.

■ 유언방식별 비교

구분	자필증서	녹음	비밀증서	공정증서	구수증서
내용	유언서 전문, 연월일, 주소, 성명 모두 자서	유언내용 음성 녹음(성명, 연월일 수술), 증인 확인	유언서 봉인, 봉인을 증인이 확인, 봉인증서 표면에 제출연월일 기재, 확정일자(제출일로부터 5일 이내)	유언내용 구술, 공증인 기재, 낭독, 증인의 확인	급박한 사유 발생, 유언자가 유언의 취지 구수, 증인이 낭독, 확인, 나머지 4개의 유언이 불가능한 경우에만 허용
날인	날인 필요, 타인이 대신 날인 가능, 무인(拇印)도 무관		유언서를 봉인한 봉투 표면에 유언자와 증인이 서명 또는 기명·날인	유언자와 증인 모두 서명 또는 날인	유언자와 증인이 서명 또는 기명·날인
증인	필요없음	1명 이상	2명 이상	2명 이상	2명 이상
검인	불필요	불필요	확정일자 받음	불필요	필요(위난종료 후 7일 이내)
장점	비밀유지, 혼자서 가능, 비용 없음, 간편성	필기가 필요없음, 간편성	비밀유지	객관성, 신뢰성, 정확성, 분실위험 없음	급박한 경우에 이용
단점	효력다툼 위험성 높음, 위조·분실 우려	비밀누설, 소멸 우려	다툼 위험성 높음, 분실·훼손 우려	절차, 비용부담이 큼, 비밀누설, 요건 엄격	실효성 의문

유언으로 할 수 있는 것

민법에서는 유언으로 할 수 있는 내용을 별도로 규정해놓고 있다. 즉 유언의 내용은 유언하는 사람이 임의로 어떤 내용을 포함시켜도 상관없으나 민법에서는 그 법률적인 효력은 부여하지 않는 경우도 있다. 예를 들어 '장남은 손자를 3명 이상 낳아라'와 같은 유언은 유언하는 사람이 할 수 있지만, 그러한 유언이 장남에게 법률상 효력이 있는 권리나 의무를 부과하지는 않는다.

■ 유언으로 할 수 있는 것

구분	내용
유증(민법 제1074조)	유언에 의한 증여, 사망 시에 효력이 발생한다
재단법인의 설립(민법 제47조)	유언에 의해 재산을 출연하여 재단법인을 설립할 수 있다.
신탁(신탁법 제2조)	재산권을 일정한 수탁자에게 관리 처분하도록 할 수 있다. 이때 유언자가 위탁자가 된다
인지(민법 제859조)	자신의 혼인 외의 출생자를 친생자로 확인하는 것으로 유언에 의해 유언집행자가 인지절차를 밟게 된다
친생부인(민법 제850조)	자신의 친생자로 추정받는 혼인 중 출생자를 친생자가 아닌 것으로 유언할 수 있다. 이때 유언집행자가 친생부인의 소를 제기하게 된다.
후견인 지정(민법 제931조)	자녀인 미성년자를 법정대리할 후견인을 지정할 수 있다
상속재산 분할방법의 지정 또는 위탁(민법 제1012조)	유언으로 구체적인 재산분할 방법을 지정하거나 제3자에게 위탁할 수 있다
상속재산 분할금지(민법 제1012조)	5년이 넘지 않는 기간으로 분할 금지를 할 수 있다.
유언집행자의 지정 또는 위탁 (민법 제1093조)	유언내용을 집행할 자를 유언자가 직접 지정하거나 제3자에게 위탁할 수 있다.

04 상속재산 나눠갖기

법정상속지분

피상속인이 유언 등으로 상속인의 상속분을 지정하지 않았다면 법에서 정하는 법정상속분에 따라 상속재산을 배분하면 되는데 이 상속분은 같은 순위 상속인 간에는 균등하고, 피상속인의 배우자에 대해서만 다른 상속인보다 50% 더 가산하여 배분하면 된다.

구 분	상속인(사례별)	상속분(사례별)
직계비속과 배우자가 있는 경우	장남 : 배우자	1 : 1.5
	장남 : 장녀 : 배우자	1 : 1 : 1.5
	장남 : 장녀 : 차남 : 차녀 : 배우자	1 : 1 : 1 : 1 : 1.5
직계존속과 배우자가 있는 경우	부 : 모 : 배우자	1 : 1 : 1.5

협의분할은 언제까지 해야 하나?

유언이 없거나 유언이 무효가 되면 상속인들은 언제나 협의에 의해서 상속재산을 분할할 수 있다. 상속재산 협의분할은 포괄적 수증자를 포함한 상속인 전원이 참가해야 하고, 일부 상속인들만 참가하여 협의된 분할은 무효다. 만일 상속인 간에 협의분할이 원만하게 이루어지지 않는다면 결국 가정법원에 분할을 청구해서 법원의 조정 또는 심판을 받아야 한다.

협의분할에 따른 세금 문제

상속재산의 분할은 상속이 개시된 때로 소급하여 그 효력이 발생한다. 만약 상속개시에 따라 상속재산에 대하여 등기 · 등록 · 명의개서 등(이하 '등기 등'이라 한다)을 하여 각 상속인의 상속분이 확정되어 등기 등이 된 후, 다시 그 등기 등이 된 상속재산에 대하여 공동상속인 사이의 협의로 재분할하여 특정 상속인이 당초 상속분을 초과하여 취득한 재산가액은 당해 재분할에 의하여 상속분이 감소된 상속인으로부터 증여받은 재산으로 보아 증여세를 과세한다.

■ 증여세가 과세되지 않는 상속재산 재분할

- 상속세 과세표준 신고기한 이내에 재분할에 의하여 당초 상속분을 초과하여 취득한 경우
- 상속회복청구의 소에 의한 법원의 확정판결에 의하여 상속인 및 상속재산에 변동이 있는 경우

- 민법 제404조의 규정에 의한 채권자대위권의 행사에 의하여 공동상속인들의 법정상속분 대로 등기 등이 된 상속재산을 상속인 사이의 협의분할에 의하여 재분할하는 경우
- 상속세 과세표준 신고기한 내에 상속세를 물납하기 위하여 법정상속지분으로 등기·등록 및 명의개서 등을 하여 물납을 신청했다가 물납허가를 받지 못하거나 물납재산의 변경명령을 받아 당초의 물납재산을 상속인 간의 협의분할에 의하여 재분할하는 경우

즉, 상속개시 후 상속재산에 대하여 각 상속인의 상속지분이 확정되어 등기 이전된 후 신고기한을 경과하여 특정상속인의 상속지분을 다른 상속인에게 무상으로 소유권 이전등기한다면 그 이전되는 재산가액에 대하여 증여세가 과세된다. 다만 공동상속인이 민법상의 상속지분대로 등기하였다가 같은 날 특정상속인 앞으로 이전등기함으로써 사실상 민법상의 협의분할에 의하여 상속등기한 것에 해당하는 경우에는 이 재산을 상속받은 자산으로 본다. 따라서 이 경우에는 증여세도 과세되지 않을뿐더러 취득원인도 상속에 해당되는 것으로 보아 양도소득세의 취득일 및 8년 자경의 경작 기간 등을 판단하게 된다.

상속분의 양도 및 양수와 관련된 세금 문제

상속인은 자신의 상속분을 매매하여 지분을 현금화할 수 있다. 예를 들어 상속부동산을 공동상속인 중 1인이 전부 상속받는 대신 나머지 상속인들에게 현금을 지급하는 경우를 말한다. 이를 법률상 용어로 '상속분의 양도'라고 한다. 이렇게 공동상속인 중 1인이 전부 상속받으면 상

속 이후 상속재산의 처분 및 관리가 용이하고 상속재산을 원형 그대로 보존할 수 있다는 장점이 있다. 이처럼 부동산을 공동상속인 중 1명이 상속받는 대신 나머지 상속인들에게 현금을 지급하기로 협의분할한 경우에는 상속인들의 지분에 해당하는 재산이 부동산을 상속받은 1명의 상속인에게 유상으로 이전되는 것으로 보고 상속분을 넘겨준 상속인들에게 양도소득세 과세문제가 발생할 수 있다.

하지만 이렇게 되었을 경우 상속분의 매매에 대한 대가를 지급한 금액이 상속재산의 평가액이 되어 실제 상속재산가액이 늘어날 수가 있다. 다만 그렇게 되면 양도소득세는 양도차익이 없는 것으로 되어 세금 낼 것이 없다. 그러나 실무적으로 과연 과세관청인 세무서에서 이런 상속인 간의 협의분할 내용을 과연 알 수 있을까 하는 점이 의문이다. 왜냐하면 실제 상속등기를 함에 있어서 단순히 협의분할로 상속인 중 1명에게 등기해주는 것으로 되어 있다면, 그 이면에 상속인들 간의 현금이 오고 간 사실을 찾아내기가 어려울 수 있기 때문이다. 물론 이 경우에도 상속인들의 금융조사가 실시된다면 상속분의 양도 사실이 나타날 수는 있다.

사망한 아버지의 상속지분은 아들이 물려받는다

노야근 씨는 부친이 지병으로 사망함에 따라 동생 2명과 상속지분을 협의 중이었다. 하지만 노 씨마저 최근 경기침체에 따른 직장 내 업무스트레스로 갑자기 쓰러져서 사망하게 되었다. 노 씨의 동생들은 노 씨가 사망함에 따라 노 씨의 몫까지 나누어 가지려고 했다. 하지만 노 씨에게는 부인과 아들 1명이 있었다. 이 경우 노 씨의 형제들은 자신들이 원하는 대로 노 씨의 상속분까지 나누어 가질 수 있을까?

상속분을 협의하던 중에 상속인 한 명이 사망하면 그 상속분은 사망한 상속인의 상속인들에게 다시 이전되는 것이 타당하다. 따라서 노 씨가 비록 사망 전에 자신의 지분을 명확하게 해놓지 않았지만, 노 씨의 부인과 아들은 노 씨의 상속인으로써 노 씨를 대신하여 당초 노 씨가 받아야 할 상속지분을 청구할 수 있다.

■ 노 씨 형제들의 법정상속분

상속인	노 씨 사망 전 법정상속분	노 씨 사망 후 법정상속분
노 씨	1/3	노 씨의 부인 : 3/15 노 씨의 아들 : 2/15
동생 1	1/3	1/3
동생 2	1/3	1/3

상속세나 유류분에 문제가 있으면 유언장을 수정하라

강소심 씨는 자신이 사망하면 자녀들이 재산으로 다투는 일이 염려되어 변호사와 상의하여 미리 유언장을 작성해서 공증을 받아두었다. 어느 날 친구들 모임에 나간 강 씨는 한 친구에게 사돈어른의 사망으로 지금 자기 며느리가 상속재산 분할소송을 진행 중이라는 이야기를 들었다. 친구의 며느리는 집안의 큰딸로 사돈어른이 큰딸과 작은딸 몰래 모든 재산을 외아들 명의로 해놓아서 유류분 청구소송을 하고 있다는 것이었다.

사실 강 씨도 재산 대부분을 장남에게 주고, 나머지 일부를 배우자와 딸 2명에게 주도록 유언해놓았다. 그런데 비록 유언을 해놓았지만 친구의 며느리와 같이 사후 남매간에 소송에 휘말릴 수 있을 것 같았다. 그래서 강 씨는 다시 변호사를 찾아가 배우자와 딸 2명에게 자신들의 유류분만큼 상속되도록 유언장을 다시 수정하였다.

이처럼 유언장은 한번 작성하면 죽을 때까지 변경할 수 없는 것이 아니라 사정에 따라 유언하는 사람의 뜻대로 얼마든지 수정할 수 있다. 하지만 너무 잦은 유언장의 수정은 오히려 유언의 진정성을 떨어뜨리거나 기존 유언장과의 불일치 등의 이유로 또 다른 소송의 원인이 될 수 있으므로 유의해야 한다.

미성년자가 상속받을 땐 특별대리인 선임해야

미성년자가 법률행위를 할 때에는 일반적으로 친권자인 부모가 법정대리인이 되어 미성년자를 대리하여 법률행위를 하게 된다. 하지만 이러한 법정대리인인 친권자와 미성년자인 자녀들 사이에 '이해상반되는 행위'를 하는 경우에 있어서는 미성년자의 특별대리인을 선임하여 그 특별대리인이 미성년자를 대리하여 법률행위를 하도록 하고 있다. 판례에서는 "이해상반행위란 행위의 객관적 성질상 친권자와 그 자녀 사이 또는 친권에 복종하는 여러 명의 자녀 사이에 이해의 대립이 생길 우려

가 있는 행위를 가리키며 친권자의 의도나 그 행위의 결과 실제로 이해
의 대립이 생겼는가의 여부는 묻지 않는다. 공동상속재산 분할협의는
그 행위의 객관적 성질상 상속인 상호 간의 이해의 대립이 생길 우려가
있는 행위이다"라고 하고 있다.

따라서 상속재산 분할협의는 미성년자 각자마다 특별대리인을 선임
하여 각 특별대리인이 각 미성년자를 대리하여 상속재산 분할협의를 하
여야 하고, 만약 친권자가 여러 명의 미성년자의 법정대리인으로서 상
속재산 분할협의를 한 것이라면 이는 민법 제921조에 위반되며 이러한
대리행위에 의하여 성립된 상속재산 분할협의는 적법한 추인이 없는 한
무효이다.

또한 특별대리인 1명이 여러 명의 미성년자를 대리하여 상속재산 분
할협의를 하였다면 이 또한 민법 제921조에 위반되며 이러한 대리행위
에 의하여 성립된 상속재산 분할협의는 피대리자의 전원에 의한 추인이
없는 한 무효이다. 대개 이러한 미성년자에 대한 적법한 대리권의 문제
는 부모가 이혼하거나 재혼한 경우로 이혼이나 재혼 이후 어느 한 쪽이
사망함으로써 발생하는 경우가 많다.

손자에게 상속재산을 물려주는 방법

손자녀에 대한 조부모의 사랑은 각별하다. 친자녀가 때론 서운하고
얄미울 때가 있어도 손자녀는 한없이 사랑스러운 건 인지상정인가 보
다. 이렇게 손자녀에 대한 사랑이 상속에까지 영향을 미쳐 간혹 자신의

재산을 손자녀에게 주고 싶어하는 경우가 있다. 그렇다면 기존의 상속인인 자녀를 제쳐놓고 손자녀에게 재산을 상속할 수 있을까? 가장 쉬운 방법은 재산을 손자녀에게 상속한다는 유언을 남겨놓은 것이다. 물론 이 경우에도 기존 상속인이 유류분을 주장할 수 있으므로 유류분만큼은 기존 상속인들에게 남겨주어야 할 것이다. 상속세 측면에서 피상속인의 유언에 따라 모든 재산을 손자가 상속받은 경우에는 상속재산가액에서 기초공제, 자녀공제, 일괄공제(5억 원) 등 각종 상속공제를 받지 못한 금액에 상속세가 과세되고, 세대생략 할증과세가 적용되어 오히려 불리할 수 있으므로 주의해야 한다.

피상속인이 유언하지 못하고 사망한 경우라면 1순위 상속인이 상속포기함으로써 2순위 상속인인 손자녀가 상속을 받을 수 있다. 이런 경우는 보통 상속인이 자신의 자녀에게 상속재산을 곧바로 물려주고 싶을 때에 이루어진다. 1순위 상속인이 상속포기를 함으로써 자신의 자녀 즉, 사망자의 손자녀에게 재산을 물려줄 수 있다. 이 경우에도 역시 상속세는 유언으로 손자녀에게 상속할 때와 마찬가지로 일반상속보다 절세 측면에서는 불리할 수 있으므로 주의해야 한다.

05

상속재산 돌려받기

아버지의 외사랑이 소송으로 비화되다

여미안 씨에게는 3명의 아들과 1명의 딸이 있었다. 여 씨는 어려운 시절 제대로 학교도 보내주지 못하고 결혼 후에도 생활이 그렇게 넉넉하지 못해 힘들게 생활하는 큰딸만 생각하면 늘 마음 한구석이 아팠다. 그러한 마음을 갖고 있던 여 씨는 늘 자기 주위에서 자신의 재산을 노리는 3명의 아들이 더욱 밉게 보일 수밖에 없었다.

여 씨는 어느 날 아는 친구와 상속 문제를 이야기하다가 함께 공증사무실을 찾아가 미리 유언서를 작성하기로 하였다. 여 씨는 유언서를 작성한 후 2년 뒤에 사망하였다. 여 씨의 사망으로 상속재산 분배를 하려던 여 씨의 상속인들 중 아들 3명은 유언장을 보고 깜짝 놀랐다. 여 씨를 곁에서 모시던 자신들은 상속재산 분배에서 배제된 채, 누나에게만 모든 재산을 물려준다는 내용이었다.

여 씨의 아들 3명은 바로 유류분에 대해 소송을 청구하였다. 게다가 소송과정에서 여 씨가 살아생전에 누나에게 지방에 있는 임대건물을 증여한 사실이 드러나서 이 임대건물까지 유류분 청구소송대상에 포함시켰다. 결국 아들 3명은 자신들의 유류분 지분을 찾아갔지만, 자신들의 몫을 적게 받았다는 생각에 누나와 소원해졌다.

상속과 관련된 상담을 하다 보면, 부모가 특히 편애하는 자녀가 있음을 확인할 수 있다. 열 손가락 깨물어 아프지 않은 손가락이 없다지만 좀더 열심히 살고, 부모에게 잘하는 자녀라든지, 아니면 마음이 더 가는 자녀(어렵게 생활하는 자녀도 될 수 있다)가 있기 마련이다. 이런 경우 부모는 그 자녀에게 좀더 많은 재산을 남겨주고 싶어서 방법을 묻는다. 이런 경우 대부분 미리 증여를 한다든지, 아니면 유언을 미리 해서 재산을 남겨주는 것을 권장한다.

하지만 다른 자녀 입장에서 볼 때는 같은 자녀로서 불쾌하고 억울해할 일이다. 특별히 잘 못한 것도 없고, 본인이 부모님을 더 잘 모셨다고 생각했는데 자신에게 상속재산을 남기지 않는다면 땅을 치고 통곡할 일이다. 이런 경우를 대비해서 법에서는 여러 가지 보완장치를 두고 있다.

상속회복 청구권

어느 한 쪽 상속인의 상속권이 참칭상속권자로 인하여 침해된 때에는 침해를 당한 상속인 또는 그 법정대리인이 상속회복의 소를 제기할 수 있다. 이를 상속회복 청구권이라 한다. 상속회복 청구권은 그 침해를 안 날로부터 3년, 상속권의 침해행위가 있은 날로부터 10년이 경과하면 소멸한다.

일반적으로 상속회복청구의 상대방은 ① 참칭상속인, ② 다른 상속인의 상속분을 침해하는 공동상속인, ③ 참칭상속인 등으로부터 상속재산을 전득한 제3자 등이다. 여기서 참칭상속인이란 정당한 상속권이 없음에도 재산상속인임을 신뢰하도록 하는 외관을 갖추거나, 상속인이라고 참칭하면서 상속재산의 전부 또는 일부를 점유함으로써 진정한 상속인의 재산상속권을 침해하는 자를 말한다.

이러한 상속회복 청구소송은 주로 '소유권이전말소등기의 소'의 형태로 진행된다. 판례도 "진정한 상속인임을 전제로 상속으로 인한 재산권의 귀속을 주장하면서 참칭상속인 등을 상대로 상속재산인 부동산에 관한 등기의 말소 등을 청구하는 소송이 '상속회복청구의 소'라고 해석함이 상당하다"라고 하고 있다. 만일 상속회복 청구소송을 통해 그 주장이 받아들여진다면, 이미 이전된 상속재산은 다시 돌려받을 수 있다.

■ **상속회복청구의 소와 상속세 및 증여세법 관계**

구분	내용
배우자상속재산 분할기한의 특례 해당 (상속세 및 증여세법 제19조 제2항 및 같은 법 시행령 제2항 제1호)	배우자상속공제를 받기 위해서는 상속세 신고기한의 다음 날부터 6월 이내(배우자상속재산 분할기간 한)에 배우자상속재산을 신고해야 하나 상속회복청구의 소를 제기한 경우에는 배우자상속재산 분할기한의 다음 날부터 6개월 이내까지 상속재산분할 신고를 하면 된다.
상속세 경정 등의 청구특례 해당 (상속세 및 증여세법 제79조 제1항 제1호 및 같은 법 시행령 제2항)	상속세에 대한 경정 등의 청구에 있어서 상속회복청구의 소에 따라 상속인 간 상속재산가액의 변동이 있는 경우에는 그 확정판결일로부터 6개월 이내에 결정 또는 경정할 수 있다.

<table>
<tr><td>증여세가 과세되는 상속재산 재분할 대상에서 제외
(상속세 및 증여세법 제31조 제3항 및 같은 법 시행령 제2항 제1호)</td><td>일반적으로 상속 협의분할 이후 다시 상속재산을 재분할 하는 경우에는 증여세가 과세되나, 상속회복청구의 소에 의한 확정판결에 따라 상속재산에 변동이 있는 경우에는 증여세가 과세되지 않는다.</td></tr>
</table>

유류분 반환청구권

피상속인이 재산처분을 자신의 의지대로 한다면 재산분배를 받지 못하는 자녀는 피상속인의 사망 후 생활이 궁핍해질 수 있다. 이러한 현상을 막기 위해서 피상속인의 재산처분 자유에 일정한 비율의 제한을 가하여 상속인을 보호하고자 하는 제도가 유류분 제도이다.

결국 유류분 제도로 인해 상속인은 피상속인의 재산에 대한 최소한의 재산분배 청구권을 가지게 된다. 상속권이 있는 상속인의 유류분은 피상속인의 배우자와 직계비속의 법정상속분의 1/2씩이고, 상속인이 직계존속이나 형제자매이면 법정상속분의 1/3씩이다.

유류분을 산정할 때에는 어느 재산을 기초로 하여 산정할 것인가가 1차적인 쟁점이 된다. 대개의 유류분 반환청구권은 상속이 이루어지고 난 뒤에 이루어지는데 만약 반환청구하는 때를 기준으로 할 경우 유류분

■ 상속인별 유류분 비율

상속인 구분	유류분
직계비속	법정상속분의 1/2
배우자	법정상속분의 1/2
직계존속	법정상속분의 1/3
형제자매	법정상속분의 1/3

반환청구권의 대상이 되는 재산이 남아 있지 않은 경우가 발생할 수 있다. 따라서 유류분 반환청구권의 기준이 되는 재산은 피상속인이 사망시기를 기준으로 이전에 증여한 재산을 포함하고 채무액을 차감한 금액을 기초로 한다.

유류분 청구권의 기준재산가액
= 상속개시 시에 가진 피상속인의 재산 + 사망 전에 증여한 재산 − 채무

사망 전에 증여한 재산을 어느 범위까지 포함시킬 것인가도 문제가 되는데 민법에서는 사망 전 1년 이내의 증여재산에 대해서만 유류분 청구권을 행사할 수 있다고 되어 있지만, 판례에서는 사망 전에 상속인 중 특별수익자가 있는 경우에는 그 특별수익재산은 원칙적으로 모두 유류분 청구권의 기준재산가액에 포함된다고 하고 있다. 따라서 아무리 피상속인이 살아생전에 맘에 드는 자녀에게 미리 증여를 통해 재산을 물려준다고 하더라도 유류분 청구권의 범위 내의 재산에 해당된다면 다시 돌려주어야 하는 경우가 발생할 수 있다.

기여분 청구권

기여분이란 공동상속인 중에서 상당한 기간 동거, 간호 그 밖의 방법으로 피상속인을 특별 부양하거나 피상속인 재산의 유지 또는 증가에 관하여 특별히 기여하였거나, 피상속인을 특별히 부양한 자가 있을 경

우에 이를 상속분을 산정할 때 고려하는 것을 말한다. 일반적으로 기여분은 공동상속인의 협의에 따라 결정되지만, 공동상속인이 기여분에 관하여 협의가 되지 않거나 협의할 수 없는 때에는 가정법원이 기여자의 청구에 따라 기여분을 결정한다. 기여분은 상속이 개시된 때 피상속인의 재산가액에서 유증의 가액을 공제한 액을 넘지 못하며, 유류분과의 관계에서 기여분은 유류분에 영향을 미치지 아니하고 유류분은 기여분을 공제한 나머지 상속재산을 기초로 산정된다.

이러한 기여분은 기여의 시기ㆍ방법 및 정도와 상속재산의 액, 기타 사정을 참작하여 정한다. 또한 상속재산에 대한 기여분은 기여자가 상속순위 내에 드는 경우에 한하여 고려하므로 재산상속인이 아니면 기여분 청구를 할 수 없다.

유류분과 상속세, 재산평가방법이 다르다

일반적으로 유류분을 계산하기 위해서 유류분 청구권의 기준가액을 계산해야 하는데 이때 유류분 기준가액의 계산은 상속개시일 당시의 시가로 계산한다. 특히 사망 전에 증여한 재산의 기준가액을 계산하는 경우에도 상속개시일 당시의 시가로 계산하여 유류분을 산정한다. 하지만 상속세 계산 시 상속개시 당시에 피상속인이 보유하고 있는 재산에 대해서는 원칙적으로 유류분 기준가액 계산방법과 마찬가지로 상속개시일 당시의 시가(시가가 확인이 어려운 경우에는 세법상 보충적 평가방법에 따른 가액)에 따라 계산하지만, 사망 전 10년 이내에 증여한 재산을 합산하는 경우 그 증여재산가액은 증여 당시의 시가로 평가하여 계산한다.

■ 유류분 대상 재산평가방법 vs 상속세 대상 재산평가방법

구분	유류분 기준가액 계산	상속세 계산
상속재산가액	상속개시일 당시의 시가	상속개시일 당시의 시가 (시가 확인이 어려운 경우 세법상 정한 보충적 평가방법에 따른 가액)
증여재산가액	상속개시일 당시의 시가	증여일 당시의 시가 (기증여재산에 대한 증여세 신고 시 신고한 평가액)

미리 증여받은 재산이 많으면 상속받을 재산지분이 줄어든다

상속인 중에서 피상속인으로부터 재산의 증여 또는 유증(유서에 의한 증여)을 받은 지분, 즉 특별수익분이 있으면 그 특별수익이 상속지분에 달하지 않으면 모자란 부분까지만 상속분을 인정한다. 이것은 공동상속인 중에 피상속인으로부터 재산의 증여 또는 유증을 받은 특별수익자가 있을 때 공동상속인 사이의 공평을 기하기 위하여 그 수증재산을 상속분의 선급으로 다루어 구체적인 상속분을 산정함에 있어 이를 참작하기 위함이다.

또한 미리 증여받은 재산이 많은 사람은 나중에 상속세를 납부할 때에도 증여받은 지분에 대한 상속세도 추가로 부담해야 한다. 상속세는 상속인들이 받은 지분만큼 그 지분비율대로 부담하고, 상속세 계산 시에는 이미 사망 전 10년 이내에 증여받은 재산도 다 포함해서 계산함으로 이미 기존에 낸 증여세를 차감하고도 추가로 납부할 상속세가 발생한다면 이 상속세에 대해서는 총상속재산 중 증여받은 상속인의 상속재산지분과 증여받는 재산가액이 차지하는 비율만큼 추가로 세금을 더 부담해야 한다.

유류분 권리자에게 재산을 돌려주는 경우 세금은?

피상속인으로부터 부동산을 출연받은 자가 법원 판결에 따라 당해 출연부동산을 유류분 권리자에게 반환할 때 그 반환한 재산의 가액은 당초부터 출연이 없었던 것으로 보아 상속세 과세가액에 포함한다. 다만 출연받은 재산을 그대로 반환하지 않고 그 대가에 상당하는 현금으로 반환할 때에는 양도소득세가 과세된다.

상속인이 유류분 반환청구권을 행사하지 않아 상속받은 재산이 없는 경우

피상속인이 상속개시 전에 소유하고 있던 전 재산을 상속인 이외의 자에게 증여하고, 이에 대해 상속인이 유류분 반환청구권을 행사하지 아니함에 따라 상속으로 취득한 재산이 없는 경우에는 그 상속인에게는 당연히 상속세 납부의무가 없다.

유류분 반환청구의 소멸시효와 그에 따른 상속세 경정청구

유류분 반환청구는 유류분 권리자가 상속의 개시와 반환하여야 할 증여 또는 유증 사실을 안 때로부터 1년 이내에 하거나 상속개시일로부터 10년 이내에 해야 한다. 만일 이 기간 내에 반환청구권을 행사하지 않는다면 결국 그 권리는 소멸되어 더 이상 상속재산을 찾아올 수 없다.

만일 어느 상속인의 유류분 반환청구 소송제기에 따라 피상속인의 유증을 받아 상속재산을 취득한 자가 법원의 판결에 의하여 당해 상속재산 중 일부를 그 상속인에게 반환하는 경우에는 해당 확정판결이 있는 날부터 6월 이내에 상속세 경정을 청구할 수 있으며, 세무서장은 법정상속인이 당해 상속재산을 반환받은 사실이 확인되면 그에 따라 상속세를 경정해야 한다.

공동상속인 중 특별수익자가 있는 경우 유류분 청구권

유책임 씨는 2개월 전 부친을 여의었고, 유 씨에게는 어머니와 형이 있다. 유 씨의 부친은 사망하기 2년 전 자신이 소유하고 있는 대지와 주택을 유 씨의 형 명의로 이전해주면서 어머니와 동생인 유 씨를 잘 돌보아 달라고 부탁했다. 하지만 유 씨의 형은 부친이 사망한 후 연락을 두절한 채 어머니도 모시지 않고, 생활비도 주지 않고 있다. 유 씨와 유 씨의 모친은 따로 받은 상속재산도 없어 생계유지가 막막한 실정이었다. 이 경우 유 씨와 모친은 유 씨의 형을 상대로 유류분 청구를 할 수 있을까? 부친이 사망하기 2년 전에 형에게 이전한 증여재산도 유류분 청구의 대상이 될 수 있을까?

유류분은 피상속인의 상속개시 시에 있어서 가진 재산의 가액에 증여재산의 가액을 가산하고, 채무의 전액을 공제하여 이를 산정한다. 증여는 상속개시 전 1년간에 행한 것에 한하여 그 가액을 산정한다. 당사자 쌍방이 유류분 권리자에 손해를 가할 것을 알고 증여한 때에는 1년 전에 한 내용도 포함한다. 원칙적으로 상속개시 전 1년간에 행한 증여에 한하여 유류분 재산에 포함하고 있다. 따라서 이 법규정대로라면 부친과 형 사이의 증여는 2년 전에 이루어졌기 때문에 유류분 재산에 포함되지 아니한다고 할 수 있다. 하지만 판례는 공동상속인 중에서 피상속인으로부터 특별수익한 자가 있는 경우와 관련하여 "공동상속인 중에 피상속인으로부터 재산의 생전 증여에 의하여 특별수익을 한 자가 있는 경우에는 그 증여가 상속개시 1년 이전의 것인지 여부, 당사자 쌍방이 손해를 가할 것을 알고서 하였는지 여부에 관계없이 유류분 산정을 위한 기초재산에 산입된다"라고 밝히고 있다. 따라서 유 씨와 유 씨의 모친은 각자의 법정상속지분의 2분의 1에 상당한 유류분을 청구할 수 있고, 그 유류분 산정의 기준이 되는 재산에는 유 씨의 형이 2년 전에 부친으로부터 증여받은 대지와 주택을 포함하여 산정할 수 있다.

다만 앞서 살펴보았듯이 유류분 권리자의 증여 또는 유증재산의 반환청구권은 유류분 권리자가 상속개시와 반환하여야 할 증여 또는 유증을 한 사실을 안 때로부터 1년 내에 하지 아니하면 시효에 의하여 소멸하고, 상속개시로부터 10년이 경과한 때도 소멸하므로 유류분을 청구하고자 하는 사람은 이 기간을 준수하여 유류분 청구권을 행사하여야 한다. 참고로 유류분 산정 시 산입될 증여재산이란 상속개시 전에 이미 증여계약이 이행되어 소유권이 수증자에게 이전된 재산을 가리키는 것이고, 아직 증여계약이 이행되지 아니하여 소유권이 피상속인에게 남아 있는 상태로 상속이 개시된 재산은 당연히 피상속인의 상속개시 시에 있어서 피상속인이 가진 재산에 포함되는 것이므로, 수증자가 공동상속인이든 제3자이든 가리지 아니하고 모두 유류분 산정의 기초가 되는 재산을 구성한다.

> **TIP**
>
> **외국국적자의 상속과 외국국적자의 상속권**
>
> **외국국적자인 피상속인의 재산의 상속분배는?**
>
> 차이나 씨는 화교의 딸로 우리나라에서 태어나 우리나라 국적을 가지고 있으나 차 씨의 부친은 중국 국적을 가지고 있고, 실제 중국에서 큰 사업을 하고 있었다. 그러던 중 차 씨의 부친이 사고로 사망하였다. 차 씨는 중국 국적인 부친의 재산을 자신이 상속받을 수 있는지, 차 씨의 상속지분은 얼마나 되는지 궁금했다.
>
> 국제사법상 피상속인이 사망하면 그 상속절차 및 상속재산 분배 등은 사망 당시 그 피상속인의 본국법에 따르게 되어 있다. 따라서 차 씨의 경우에는 부친의 본국법인 중국의 민법이나 상속법에 따라 상속권 및 상속지분이 정해진다.
>
> **외국국적자의 상속권**
>
> 금도미 씨는 어렸을 때 해외로 입양을 가 외국 국적을 취득하였다. 그러던 중 금 씨는 우리나라에 있는 친부모를 찾게 되었다. 친부모를 만난 지 얼마 되지 않아 친부가 사망하였다. 금 씨는 친부의 사망에 따라 자신에 상속권이 있는지 궁금했다.
>
> 국제사법상 피상속인이 사망하면 상속절차 및 상속재산 분배 등은 사망

당시 그 피상속인의 본국법에 따르도록 되어 있다. 금 씨의 친부는 우리나라 국민이고 그 상속절차는 우리나라 민법에 따르도록 되어 있으며 우리나라 민법에서는 혈족인 친생자에게 상속권이 인정되므로 금 씨는 친부의 상속재산에 대해 당연히 상속권을 가진다.

06

상속받을까, 포기할까?

상속포기와 한정승인

상속은 피상속인의 사망과 동시에 피상속인의 모든 권리와 의무가 상속인의 의사와는 관계없이 상속인에게 이전되는 효과가 발생한다. 그런데 만일 피상속인이 소유하고 있던 권리, 즉 재산보다 의무인 채무가 더 많다면 상속인에게 이 채무가 대를 이어 물리게 된다. 이렇게 상속인에게 가혹한 일이 생기는 것을 방지하기 위해 민법에서는 상속포기제도와 한정승인제도를 두고 있다.

상속포기는 대체로 피상속인의 채무가 재산보다 많다고 확실시되는 경우에 상속인이 취할 수 있는 절차이고, 한정승인은 대개 피상속인의 채무가 재산보다 많은지 적은지 확실하지 않을 때 취할 수 있는 절차이다. 상속을 포기하고자 하는 상속인은 상속개시가 있음을 안 날로부터

3개월 내에 상속개시지(고인이 사망 당시 살고 있던 최후의 주소)를 관할하는 가정법원에 상속포기 신고를 하면 되고, 한정승인을 받고자 하는 상속인은 역시 상속개시가 있음을 안 날로부터 3개월 내에 상속재산의 목록을 첨부하여 상속개시지를 관할하는 가정법원에 한정승인 신고를 하면 된다.

상속개시 전에 상속포기가 가능할까

성포악 씨는 부친이 병으로 입원하자 부친의 제사를 본인이 주관해야 하고, 모친도 자신이 모시고 살아야 하므로 동생인 성순진 씨에게 부친의 재산에 대한 상속권을 모두 포기하겠다는 각서를 쓰라고 강요했다. 형이 워낙 강압적인 태도였고, 일단 부친을 간호하는 일이 우선이라고 생각한 성순진 씨는 형이 하라는 대로 포기각서를 썼다. 이후 부친이 사망하자 형은 성순진 씨의 포기각서를 근거로 상속재산을 모두 차지하려고 했다. 그렇다면 성순진 씨는 더 이상 자신의 상속권을 주장할 수 없을까?

상속포기는 사망 이후에 이루어진 경우에 한해 그 법률적 효력이 인정된다. 즉, 상속 전에 형제들 간에 상속포기각서를 받아 상속포기 의사를 밝혔다고 하더라도 이는 유효한 법률행위가 아니므로 상속개시 이후에 상속포기 의사를 밝혔던 상속인도 자신의 법정상속지분을 주장할 수 있다. 따라서 성 씨는 부친의 사망 전에 작성한 포기각서와는 관계없이 부친의 재산에 대한 자신의 상속지분을 상속받을 수 있다.

상속을 포기하면 상속공제액은 어떻게 될까

박식해 씨는 기존에 부친으로부터 증여받은 재산이 많고, 소득도 충분하여 굳이 부친의 재산을 상속받을 필요가 없었다. 그래서 자신은 상속포기를 하고 상속재산을 모두 모친과 자신의 동생에게 이전되도록 하였다. 그런데 박 씨는 한 가지 의문점이 생겼다. 본인이 상속을 포기함에 따라 모친의 법정상속지분이 3/7에서 3/5으로 늘어나는데 그렇다면 배우자공제한도도 더 높아지는 것이 아닌지 궁금했다.

상속세 계산 시 사망한 사람의 배우자가 살아 있는 경우에는 배우자공제를 해주도록 되어 있다. 이러한 배우자공제나 자녀 등에 대해서 공제해주는 친족공제는 그 배우자나 자녀가 상속포기 등으로 상속을 받지 않아도 해당 공제를 모두 받을 수 있다. 배우자공제는 그 한도액을 계산할 때 상속인 중 상속을 포기한 자가 있다고 하더라도 그자가 상속을 포기하지 않은 경우의 배우자 법정상속분을 곱하여 계산해야 한다.

■ 박식해 씨의 배우자공제 계산식

Max[min (①, ②, ③), ④] = 배우자공제액
① 실제 배우자 상속가액
② 배우자 상속공제 기준 금액 X 3/7(법정상속지분) ⇒ 다른 상속인의 상속포기 시에도 상속포기 전 법정상속지분을 적용함
③ 30억 원
④ 5억 원

상속포기하더라도 상속세 내야

무심한 씨는 얼마 전 사망한 부친이 남긴 재산이 별로 없는데다, 혹시 부과될지 모르는 상속세도 내기 싫어 상속포기를 했다. 더욱이 무 씨는 부친 사망 전 이미 부친으로부터 자기 몫보다 많은 금액의 예금을 증여받았던 터라 다른 상속인들과 부딪히기도 싫었다. 부친 사망 후 얼마 지나지 않아 세무서에서 부친의 상속에 대한 상속세 조사가 나왔으나 무 씨는 상속포기를 했으므로 상속세 조사에도 전혀 신경을 쓰지 않았다. 하지만 상속세 조사가 끝난 후 얼마 되지 않아 세무서에서 무 씨에게 상속세와 증여세를 납부하라는 세무조사결과 통지서를 보내왔다. 무 씨는 상속포기를 했는데 무슨 세금을 내라는 거냐며 세무서에 항의했으나 돌아오는 건 세금 고지서밖에 없었다.

일반적으로 상속을 포기하면 상속을 포기한 사람은 처음부터 상속인이 아니었던 것으로 본다. 또한 상속세는 상속인이 상속받은 재산의 범위 내에서 부담하므로 무 씨와 같이 상속포기를 하면 상속받은 재산이 없어 실제 상속세를 납부할 의무가 없다. 세법이 개정되기 전 판례에서도 상속을 포기하면 민법상 상속인이 아니므로 상속세 납부의무 및 연대납부의무가 없다고 하였다.

하지만 만일 상속포기한 경우 상속세를 과세하지 못한다면 무 씨와 같이 사전증여받은 재산이 있거나 1년 내 2억 원 또는 2년 내 5억 원이 넘는 금액을 인출되어 사용처가 밝혀지지 않는 추정상속재산가액이 있는 경우라도 상속포기한 자에 대해서는 더 이상 상속세를 과세할 수 없는 불공평한 일이 발생할 수 있다. 따라서 세법은 1998년 12월 28일 그 규정을 개정하여 상속포기를 한 경우에도 그 상속인이 상속세 납부의무를 질 수 있도록 하였다.

단순승인한 것으로 보는 경우에는 상속포기 못 함

상속인 중 1인이 다른 공동재산상속인과 협의하여 상속재산을 분할한 때에는 단순승인을 한 것으로 보아 상속을 취소할 수 없다. 그 뒤 가정법원에 상속포기 신고를 하여 수리되었다 하여도 포기의 효력이 생기지 않는다.

• 민법 제1026조 (단순승인한 것으로 보는 때)

① 상속인이 상속재산에 대한 처분행위를 한 때

② 상속인이 한정승인 또는 포기의 신청기간 내에 한정승인 또는 포기를 하지 않은 때

③ 상속인이 한정승인 또는 포기를 한 후에 상속재산을 은닉하거나 부정소비하거나 고의로 재산목록에 기입하지 않은 때

07

숨어 있는 상속재산 어떻게 찾나

■ 아버지 재산을 모른다?

자산가들과 상담하다 보면 자신의 재산을 자녀에게 노출하기 꺼리는 경우가 많다. 여러 가지 이유가 있겠지만 대부분 재산이 많은 사실을 안 자녀가 그 재산만을 탐내고 일을 게을리할 수 있다는 점이 제일 두렵다고들 한다. 그런 이유로 실제 부모가 사망하고 난 후 제대로 재산을 파악하지 못해서 고생하는 자녀가 많다. 물론 부모의 재산이 하나씩 드러나면서 자신이 상속받을 재산이 많아진다면 그러한 고생쯤은 감수할 수도 있다. 하지만 드러나는 재산과 함께 부채가 늘어난다든지 계속 진행 중인 해결 안 된 문제들이 발생한다면 자녀로서는 여간 당황스러운 일이 아니다.

그렇다면 이러한 경우 자녀들은 어떻게 재산을 파악해야 할까? 우선 금융재산은 금융감독원 민원센터에 사망사실을 확인할 수 있는 서류와 상속인임을 확인할 수 있는 서류, 다른 상속인의 동의서, 신청인의 신분 증 등을 지참하여 피상속인의 금융자산 내역조회를 신청하면 계좌내역 을 받을 수 있다. 그리고 부동산은 국토해양부 국토정보센터나 거주지 시·군·구청에 신청하여 정보를 제공받을 수 있다. 기타 등록차량은 차량등록사업소, 골프회원권은 골프회원권 거래소, 콘도회원권도 콘도 회원권 거래소 또는 해당 콘도법인, 기타 등록 선박 및 항공기 등은 해 당 등록을 담당하는 부처에 신청해서 재산내역을 확인할 수 있다.

조회대상	신청장소 및 방법
금융재산	• 신청 장소 : 금융감독원 민원센터 ☎ 국번 없이 1332, www.fcsc.kr 기타 금융감독원 지점 및 출장소, 농협 회원조합 및 단위조합(분소), 국민은행 각 지점, 삼성생명 고객 플라자에서도 신청 가능 • 준비 서류 : 호적등본과 상속인 동의서 등 신청인이 상속인 또는 상속 인 대표임을 확인하는 서류, 사망진단서 등 계약자의 사망사실 확인 서류, 신청인의 신분증 등
부동산	• 신청 장소 : 국토해양부 국토정보센터 또는 각 피상속인의 거주지 시·군·구청 담당과 • 준비 서류 : 국토정보자료 이용신청서, 사망자 제적등본, 상속인의 호 적등본, 신청인의 신분증

　　이렇게 확인했지만 나타나지 않은 상속재산이 간혹 세무조사를 받는 과정에서 나타나기도 한다. 부모가 예전에 사놓은 비상장주식이라든지, 채권, 골프회원권 등이 있다. 이런 경우에는 상속재산 신고를 누락했다 고 하더라도 재산이 있는지 몰라서 상속세 신고를 누락했으므로 상속 세가 추징되더라도 신고불성실 가산세의 부담은 피해갈 수 있다. 다만

납부를 늦게 한 데 따른 납부불성실 가산세는 부담해야 함에 유의해야 한다.

상속재산을 이전하는 방법

피상속인의 상속재산이 파악된 다음에는 상속인 간의 재산분배절차를 거쳐 비로소 상속재산을 상속인의 소유로 이전하게 되는데 그 이전절차 또한 상속재산의 종류 및 형태에 따라 방법이 모두 다르다. 우선 부동산은 상속인 간 작성한 협의분할서를 첨부하여 관할등기소에 등기신청하여 상속을 원인으로 한 소유권이전등기를 하면 된다. 그리고 금융자산은 역시 부동산과 마찬가지로 상속재산 협의분할서를 첨부하여 피상속인의 계좌를 해지하거나 명의변경할 수 있다. 등록되어 있는 자동차나 선박 역시 상속재산 분할협의서나 판결문을 가지고 가서 이전등록신청을 하여 등록변경하면 된다.

■ **상속재산별 재산이전방법**

재산종류	이전방법
부동산	협의분할에 의한 등기신청, 소유권이전등기
금융재산	협의분할서 첨부, 계좌 명의변경 또는 해지
차량, 선박, 항공기 등	협의분할서 첨부, 등록변경
금, 서화, 골동품	그냥 점유만 하면 됨
골프회원권, 콘도회원권	관련 회원권 관리 회사 및 해당 골프장 및 콘도법인에 서류 제출하여 명의 변경

금융자산을 상속할 때 어떻게 해야 하나

호탕한 씨는 부친이 사망하자 금융감독원에 계좌를 조회하였다. 부친에게 여러 개의 계좌가 있음이 확인되어, 호 씨는 모친과 다른 형제의 동의를 받아 부친의 계좌잔고를 확인할 수 있었다. 부친의 계좌에는 여러 은행 및 증권사로 나뉘어 20억여 원 가까운 잔액이 남아 있었다. 호 씨는 금융자산을 어떻게 상속받을 수 있을까?

예금과 같은 금융자산은 해당 금융기관에 예금주의 사망사실을 알리면 즉시 그 예금을 지급정지시킨다. 따라서 예금주인 피상속인의 사망 후에는 금융자산도 일반 부동산과 마찬가지로 상속인 전원의 협의를 통해 상속재산 분배를 확정 짓고 해당 계좌가 기재된 공증받은 상속재산 분할협의서나 상속인이 모두 공동으로 연명하고 인감증명을 첨부한 계좌해지 및 이전신청서를 제시해서 현금으로 나누거나 계좌를 상속인 명의로 이전해갈 수 있다. 만일 상속재산 분할협의가 종료되지 않은 상태에서 금융자산을 해지 또는 이전하려고 하거나 상속인 중 일부가 연락되지 않는 등 부득이한 사유로 전체 상속인의 동의를 받지 못할 때는 추가로 금융기관에 이 계좌의 해지 또는 이전에 따른 손실은 모두 본인들이 부담한다는 손실담보약정서를 추가로 제출해야 한다. 하지만 대부분 금융기관에서는 전체 상속인의 협의분할서가 제출되지 않으면 계좌 해지나 이전을 해주지 않으려 한다. 이는 자칫 금융기관이 상속인의 재산 분쟁에 말려들까 하는 우려 때문이다.

08

상속할까, 증여할까?

상속할 때의 장단점

증여와 달리 상속은 피상속인이 사망하고 난 후에야 재산이 이전된다. 따라서 재산을 이전해주는 사람이나 재산을 받는 사람에게 있어서 절차상 좀더 복잡하고 귀찮은 일이 많이 발생한다. 우선 고인이 사망한 경우 사망에 따른 장례절차도 밟아야 하고, 이후 재산 파악에서부터 상속인 간의 재산분배 문제, 이후 재산이전 문제 등 어느 것 하나 만만치 않다. 반면에 세금 측면에서는 기본적으로 증여로 재산을 이전받는 것보다는 상속으로 이전받는 것이 유리하다. 물론 이런 경우는 현재와 같이 상속세 및 증여세법상 세율이 상속세나 증여세가 동일하다는 전제하에서 가능한 일이다. 추후 상속세율이나 증여세율 그리고 상속공제액이나 증여재산공제액 등의 변화가 있다면 세금 측면에서 유리한지 불리한지 여부는 다시 확인해보아야 한다. 어쨌든 상속은 증여로 재산을 이전받을 때보다 상속세 계산 시 공제되는 항목 및 금액이 많다. 기본적으로 상속세는 배우자가 살아 있을 때 10억 원까지 상속공제가 가능한데다 금융재산상속공제를 최대한 2억 원까지 받을 수 있다. 따라서 상속재산으로 금융재산만을 가지고 있다면 12억 원까지는 상속세를 낼 필요가 없다.

하지만 재산을 주는 사람의 입장에서 생각해본다면 증여보다는 오히려 그냥 상속으로 하고 싶은 맘이 더 강할 수도 있다. 개인별로 이유가 다를 수 있지만, 본인이 살아 있는 동안에는 자신의 재산을 맘껏 이용하고 자녀로부터 대우도 받으면서 주위 눈치도 전혀 신경 쓰지 않고 살 수 있다는 심적인 여유를 무시할 수 없을 것이다. 실제 사전상속, 즉 증여를 서두르지 않는 이유가 대부분 이러한 심리적 이유 때문이다. 사실 재산을 나누어줘야 할 입장에서는 굳이 빨리 나누어줘서 자신의 경제권을 미리 포기할 필요는 없을 것이다. 그러나 막상 임종을 앞두고서는 빨리 증여하지 못해 서두르는 모습을 보면 꼭 그런 것도 아니지 않을까 하는 생각이 든다. 물론 상속에 대한 지식이 부족하기 때문일 수도 있다.

증여할 때의 장단점

여러 가지 측면을 고려해볼 때, 사실 상속보다 증여로 재산을 이전하면 장점이 단점보다 많다. 지금부터 구체적으로 살펴보겠지만, 이 책의 처음부터 끝까지 대부분의 설명은 사전증여에 초점이 맞춰져 있다. 실제 상속 문제에 있어서 증여를 고려하지 않는다면 사실 큰 의미가 없다. 이미 사망 후에 논의하는 상속은 단순히 재산을 누가 얼마만큼 더 가져가고, 세금을 어떻게 정확하게 계산해서 마무리를 지을까 하는 내용이다. 하지만 상속이 일어나기 훨씬 전부터 증여 등을 염두에 두고 준비한다면 그 과정은 너무나도 다양해진다. 누구에게 재산을 줄 것인지, 어떤 재산을 먼저 증여해주는 것이 나은지, 언제 증여해줄 것인지, 증여는 어떤 방식으로 할 것인지, 증여세를 낼 자금은 어떤 식으로 마련할 것인지, 증여 후에 증여받은 자녀가 어떻게 관리할 수 있게 도와줄 것인지 등 실로 많은 부분을 생각하고 실행해야 한다. (사실 재산을 지키고 돈을 벌기 위해서 이 정도의 노력을 하지 않는 것이 있을까?)

이렇게 증여는 상속을 대비하는 측면에서 장점이 있다. 증여함으로써 좀더 쉽고 간편한 절차로 나의 의지가 반영된 상태로 재산을 이전할 수 있고, 또한 증여재산공제액이 작아 세부담액은 상속보다 많아질 수 있으나 상속세 면세점을 훨씬 넘는 재산을 보유하고 있다면 미리 증여함으로써 세금을 분산시키고, 적은 세금을 낼 수도 있다. 하지만 단점도 있다. 본인의 의지와는 상관없이 간혹 증여해준 재산이 무의미하게 소비되어 버리거나, 증여세를 낼 자금의 여력이 많이 없음에도 증여해버리고 증여받은 재산으로 증여세를 내버림으로써 자산원본이 잠식되어 중간에 투자규모가 줄어드는 문제도 발생한다.

미리 증여하면 유류분 청구를 피해갈 수 있을까?

간혹 증여하는 사람들 중에는 상속할 때 자신의 의지와 관계없이 여러 상속인이 재산분배 문제로 다투고 결국 자신이 재산을 주고 싶어하던 자녀에게 재산이 가지 않게 되는 결과를 방지하고자 미리 재산을 증여하기도 한다. 과연 미리 재산을 증여했다고 해서 자신의 뜻대로 재산배분가 이루어진 것일까?

그렇지 않다. 앞서 살펴보았듯이 유류분 청구제도가 있기 때문이다. 이미 증여받은 상속인 이외의 나머지 상속인들이 자신들의 유류분만큼도 재산을 분배받지 못했다면 결국 유류분 청구소송을 통해 자신들의 재산을 되찾아올 수 있기 때문이다. 이러한 것은 피상속인이 그의 재산을 살아생전에 증여하지 않고 유언이나 사인증여의 형태로 재산이전을 지정해놓더라도 마찬가지이고, 자신의 재산을 상속인이 아닌 다른 제3자나 공익단체 등에 기부한 경우에도 유류분만큼은 침해할 수가 없다.

더욱이 아무리 오래전에 증여한 재산이라고 하더라도 그 증여가 언제 이루어진 것인지 여부를 불문하고 유류분 산정을 위한 기초재산에 포함되므로 유류분만큼은 피상속인의 뜻대로 할 수가 없다. 특히 다른 상속인들 몰래 증여하고, 증여자와 수증자가 비밀을 지킨다고 하더라도 세무조사 과정에서 상속개시일로부터 10년 전에 증여한 재산이 거의 모두 나타나므로 다른 상속인들 모르게 증여하기는 쉽지가 않다.

상속용어 한번에 정리하기

■ 한 눈에 보는 알기 쉬운 상속용어

용어	설명
기여분 제도	피상속인의 상속재산에 대해 일정한 시간이나 노력을 투자하여 피상속인의 재산이 증가하는 데 기여한 공이 있는 상속인 등에게 일정한 상속권을 부여해주는 제도이다.
대습상속 (민법 제1001조)	상속인이 될 직계비속 또는 형제자매가 상속개시 전에 사망하거나 결격자가 된 경우에 직계비속이 사망하거나 결격된 자의 순위에 갈음하여 상속인이 되는 것을 말한다.
동시사망의 추정	상속권이 발생할 수 있는 두 사람 이상의 가족이 동일한 재난이나 사고 등으로 사망하여 객관적인 사망순서의 확인이 불가능한 경우 그 가족이 동시에 사망한 것으로 추정하는 것을 말한다.
사인증여	증여자의 생전에 증여계약을 맺었으나 그 효력은 사망 후에 발생되는 증여
상속	사망하거나 또는 실종선고를 받은 자(피상속인)의 법률상 지위를 일정한 자(상속인)들이 포괄적으로 승계하는 것
상속개시일	사망일 또는 실종선고일
상속인	재산을 상속받을 사람
상속포기	피상속인의 부채가 상속재산보다 많은 경우 상속인의 의사를 무시하고 자산과 부채가 모두 상속인에게 승계되는 것을 방지하기 위해 상속인들이 상속권을 포기할 수 있도록 하는 것
상속회복의 소	상속권을 가진 상속인이 자신의 상속권을 침해당했을 때 참칭상속인 등을 상대로 소송을 제기하는 것을 말한다.
상속회복 청구권	상속권이 참칭상속권자로 인하여 침해된 때에 상속권자 또는 그 법정대리인은 상속회복의 소를 제기할 수 있다. 그 침해를 안 날로부터 3년, 상속권의 침해행위가 있은 날로부터 10년을 경과하면 소멸한다.
유류분	유언에 따라 재산을 상속하는 경우 피상속인의 의사가 지나치게 감정에 치우치면 여러 사람의 상속인 중 한 사람에게만 상속하거나 타인에게 전 재산을 유증(유언에 의한 재산증여)함으로써 사회적으로 바람직하지 못한 상황이 발생할 수 있다. 그래서 민법에서 각 상속인이 최소한도로 받을 수 있는 상속분으로 정한 상속지분을 말한다.
유증	유산의 전부 또는 일부를 무상으로 타인(수유자)에게 주는 단독행위
증여	당사자의 일방(증여자)이 자기의 재산을 무상으로 상대방(수증자)에게 수여하는 의사를 표시하고 상대방이 이를 승낙함으로써 효력이 발생하는 계약
참칭상속인	상속권을 주장함에 있어서 마치 자신이 상속재산에 대한 상속권이 있다고 스스로 칭하여 다른 사람의 상속권을 침해하는 상속인을 말한다.

출연	어떤 사람이 자기의 의사에 따라 돈을 내거나 의무를 부담함으로써 재산상의 손실을 입고 남의 재산을 증가시키는 일
특별수익자	피상속인으로부터 재산을 증여 또는 유증받은 자
특별연고자 (민법 제1057조의 2)	상속인 수색공고기간 내(1년) 상속권을 주장하는 자가 없는 경우 상속재산의 전부 또는 일부를 분여해달라고 청구할 수 있는 사람으로 피상속인과 생계를 같이하고 있던 자, 피상속인을 요양·간호한 자, 기타 피상속인과 특별한 연고가 있던 자를 말한다.
피상속인	사망한 사람 또는 실종선고를 받은 사람
한정승인	상속재산으로 자산이 많은지 부채가 많은지 불분명한 때에 상속으로 인하여 취득할 재산의 한도 내에서 피상속인의 채무를 변제할 것을 조건으로 상속을 승인할 수 있는 제도

상속을 위한
상속세의 비밀

상속이 개시된 후 장례절차도 마무리되고, 어느 정도 상속인
이 마음의 안정을 찾으면 제일 먼저 상속세를 걱정한다. 상속세 세율이 너무 높
아 상속세 자체가 부담이 될 뿐만 아니라, 상속재산을 파악하고 상속세를 계산
하는 일 또한 쉽지 않기 때문이다.

실무에서 세금신고를 대행하는 세무사들에게조차 상속세는 쉽지 않다. 다른 소
득세나 부가가치세 등과 같이 자주 접할 수 있는 업무가 아닌데다 간혹 상속재
산이 많고, 재산의 종류까지 다양하다면(특히 금융재산이 있는 경우라면) 상속
세를 신고 대행하는 일 자체가 까다로울 수밖에 없다.

이렇게 세무사들조차도 어려워하는데 일반인이나 금융전문가인 PB, FP, FC에
게는 더욱 어려울 수밖에 없다. 2장에서는 상속세의 전반적인 계산구조와 각종
상속공제 및 상속재산평가, 상속세 납부 문제 등에 대해 설명했다. 1장과 함께
이 장을 꼭 읽어본 후에 다른 내용들을 읽어나간다면 상속에 대해 좀더 쉽게 이
해할 수 있을 것이다.

어설픈 상속준비로
상속세 폭탄 맞다

공무원 차꼼꼼 씨는 부친의 상속세 때문에 고민이 많았다. 부친의 갑작스러운 사망으로 정신없이 상을 치른 지 얼마 되지 않았음에도 상속세 신고를 해야 한다는 생각에 걱정이 이만저만 아니었던 것이다. 부친의 재산이 많다는 것은 이미 알고 있었지만, 상속절차가 너무 복잡하고 상속세 또한 어느 정도로 나오는지 알지 못했다. 물론 공무원 차 씨는 법을 공부했고, 주위에 세금에 대해 아는 사람들이 있어 상속에 대한 정보를 많이 알고 있었지만 직접 상속 문제를 겪게 되니 정말 막막할 따름이었다.

상속절차 때문에 여기저기 묻고 다니는데, 말이 조금씩 다르고 재산을 이전하는 법적인 절차와 상속 세금과 관련된 절차를 동시에 진행하기도 쉽지 않았다. 그러던 차에 부친이 거래하던 세무사를 찾은 차 씨는 세무사의 도움으로 상속 문제를 어느 정도 정리를 할 수 있게 되었다.

세무사는 부친에게 상속을 미리 준비해야 한다고 여러 차례 말씀드렸지만, 워낙 완고하신 분이라 몇 번 말씀드리다 포기했다는 것이다. 차 씨는 세무사로부터 기본적인 상속진행 절차 및 준비해야 할 사항을 들을 수 있었다.

상속진행 절차를 준비하는 일은 만만치 않았다. 차 씨의 형제는 모두 4남매로 차 씨가 비록 장남이지만 자신의 뜻대로 상속절차가 잘 진행되지 않았다. 차 씨의 모친 또한 어느 정도 재산권을 가지고 싶어했고, 여동생 2명은 똘똘 뭉쳐서 자신의 지분을 한 치도 양보할 생각이 없었다.

이렇게 상속재산 분배에 온통 시간을 보내는 사이 상속세 신고기한을 한 달 채 남겨놓지 않게 되었다. 차 씨의 마음은 더 조급해졌다. 마음 같아서는 그냥 다 던져버리고 싶지만 어쨌든 마무리를 지어야 할 일이었다.

우선 상속세 규모를 알아보기 위해 세무사를 다시 찾아간 차 씨는 납부해야 할 상속세 금액에 깜짝 놀랐다. 상속받은 재산 100억 원 가운데 자그마치 35억 원 가까운 금액이 세금이었다. 하지만 신고기한까지도 재산분배가 마무리되지 않자 세무사는 차 씨에게 일단 상속세 신고라도 할 것을 권하였고, 차 씨는 세무사의 의견을 따라 상속세 신고를 마쳤다.

차 씨는 신고한 후 6개월쯤 지나 세무조사를 한다는 통보를 받았고, 이후 세무조사 과정에서 부친이 남동생에게 10억 원을 증여해준 사실과 모친 명의로 이체시켜 놓은 20억 원, 어디에 사용했는지 알 수 없는 20억 원 등이 확인되었다. 차 씨와 그 가족이 내야 할 세금이 급격하게 불어났다. 가산세까지 포함해 거의 70억 원에 이르는 금액을 상속세로 내게 되었다. 결국 차 씨와 상속인들은 상속받은 재산의 대부분을 상속세로 납부하였다.

09

상속세 계산은 너무 어려워

상속재산 분배가 끝나지 않았더라도 일단 상속세 신고를 해야 한다. 상속세는 신고만 하더라도 상속세 산출세액의 10%에 해당하는 금액을 신고세액공제받을 수 있기 때문이다. 상속세는 과연 어떻게 계산되는가? 상속재산 분배와 관련된 법률이 쉽지 않은 만큼 상속세 계산방법 역시 쉽지가 않다. 또 상속세를 제대로 신고하기 위해서는 먼저 어떤 상속재산이 상속세 과세대상이 포함되는지를 구분해야 하고, 상속재산의 평가방법에 어떤 것을 적용할 것인지 결정하고 그 평가방법에 따라 상속재산가액을 구해야 한다. 공제가 가능한 상속공제는 어떤 것이 있고, 상속세 산출세액에서 공제해야 될 상속세액공제는 어떤 것이 있는지 여부 등도 판단해야 한다.

■ 상속세 계산구조

항목	내용
총상속재산	① 민법상 상속재산 ② 유증재산 ③ 사인증여재산 ④ 간주상속재산 (보험금, 신탁재산, 퇴직금 등) ⑤ 사전증여재산 (상속개시일 전 10년〈5년〉이내 피상속인이 상속인〈상속인이 아닌 자〉에게 증여한 재산가액) ⇒ 98년 12월 31일 이전 증여분은 합산기간이 5년〈3년〉임 ⑥ 상속추정재산
(－) 비과세재산	① 금양임야 ② 묘토인 농지 (①+②가 2억 원을 초과하는 경우 : 2억 원 한도)
(－) 상속세 과세가액 불산입재산	공익법인 등에 출연한 재산 공익신탁재산
(－) 공과금, 장례비용, 채무	장례비용 = MIN[가. Max(① 500만 원, ② 실제 장례지출금액), 나. 1000만 원]+MIN[①납골시설 사용을 위해 지출한 금액, ② 500만 원]
＝ 상속세 과세가액	
(－) 상속공제액	① 인적공제(기초공제, 배우자상속공제, 기타인적공제, 일괄공제 등) ② 물적공제(가업·영농상속공제, 금융재산상속공제, 재해손실공제)
(－) 감정평가비용	감정평가비용=① MIN[감정평가법인에 지급한 수수료, 500만 원]+② MIN[비상장주식평가수수료, 1000만 원] ＊ 감정평가법인에 지급한 수수료는 감정평가가액으로 상속세를 신고·납부한 경우에 한함 ＊ 비상장주식 평가수수료는 평가대상법인의 수 및 신용평가전문기관의 수별로 각각 1000만 원을 한도
＝ 과세표준	
(×) 상속세율	10~50%
＝ 산출세액	
(+)세대생략상속에 대한 할증과세(대습상속 제외)	상속인 또는 수유자가 피상속인의 자녀를 제외한 직계비속인 경우에는 상속세 산출세액에 피상속인의 자녀를 제외한 직계비속이 상속받은 재산가액비율에 30%를 곱한 금액을 가산함
(－) 세액공제	① 신고세액공제(상속개시일로부터 6개월 이내에 신고하면 10%) ② 증여세액공제 ③ 단기 재상속세액공제 ④ 외국납부세액공제
(+) 가산세	① 신고불성실 가산세 : 부당한 무신고·과소신고 시 부당세액의 40%, 일반무신고 시 20%, 일반과소신고 시 10% ② 납부불성실 가산세 : 1일 0.03%(연리 10.95%)
＝ 차가감납부할 세액	

과세표준	세율	누진공제
1억 원 이하	10%	
1억 원 초과 5억 원 이하	20%	1000만 원
5억 원 초과 10억 원 이하	30%	6000만 원
10억 원 초과 30억 원 이하	40%	1억 6000만 원
30억 원 초과	50%	4억 6000만 원

10 상속재산, 어떤 것들이 있나

상속인이 상속받는 재산, 즉 피상속인의 소유로 되어 있는 모든 재산이 상속대상이 된다. 따라서 기본적으로 상속대상이 되는 모든 재산이 상속세 과세대상이 된다. 다만 법률상, 즉 민법상 상속재산이 아니라고 하더라도 상속세가 과세되는 재산이 있다.

민법상 상속재산의 범위

민법상 상속재산으로 되어 있는 것은 모두 상속세 과세대상이 되는 재산이 된다. 고인이 상속개시 당시 소유하고 있던 토지, 건물, 입목(立木), 사업(농업)용 재산, 유가증권, 가사용 재산, 귀금속, 보석, 서화, 골동품, 전화가입권, 예금, 현금 등의 모든 재산이 상속세 과세대상이 된다. 그렇다면 저작권, 상표권, 특허권, 실용신안권 등도 상속재산이 될 수 있을까? 일반적으로 일신전속권에 속하는 권리는 상속재산이 될 수 없으나 재산적 가치가 있는 모든 권리는 상속재산에 해당된다고 생각하면 된다. 따라서 상속개시일 당시에 피상속인이 받아야 할 채권이 있다면 이러한 채권도 상속재산에 당연히 포함된다. 다만 이러한 채권이 상속개시일 당시 회수 불가능하다면 상속재산에 포함시키지 않을 수도 있다.

■ 본래의 상속재산으로 보는 것

구분	종류
토지	논, 밭, 대지, 임야, 목장용지, 공장용지, 기타토지 등 단, 도로는 재산가치가 "0"으로 평가되는 경우가 있음
건물 등	주택, 상가, 오피스텔, 구축물 등
사업용 재산	기계, 비품 등
유가증권 등	상장주식, 비상장주식, 출자금, 간접투자자산 등
예금	현금, 예금, 금전신탁 등
권리	채권, 특허권, 영업권, 사업권 등
재단	공장재단, 광업재단 등
등록된 동산	차량, 선박, 항공기 등
동산, 수목	입목, 과수, 금, 골동품, 그림 등

상속재산에 포함되는 채권과 포함되지 않는 채권

상속세 과세대상이 되는 상속재산에는 피상속인에게 귀속되는 재산으로서 금전으로 환가할 수 있는 경제적 가치가 있는 모든 물건과 재산적 가치가 있는 법률상 또는 사실상의 모든 권리를 포함한다. 따라서 상속개시일 현재 피상속인에게 귀속되는 채권도 당연히 상속재산에 포함된다. 다만 당해 채권의 전부 또는 일부가 사전 약정에 따라 상속개시일 현재 회수 불가능하다고 인정되면 그 가액은 상속재산가액에 산입하지 않는다. 또 임대보증금 중 일부 금액이 상속개시일 현재 회수 불가능한 채권에 해당하는지 여부를 판단할 때에는 당초 임대차계약 내용 등을 구체적으로 확인해서 판단해야 한다.

간주상속재산

상속세가 부과되는 재산은 '본래의 상속재산'이며 민법상 상속재산 외에 세법이 상속재산으로 간주하는 '간주상속재산'이 있다. 세법에서는 간주상속재산과 같이 피상속인이 소유하고 있던 재산 이외의 것에 대해서도 상속세를 부과한다는 규정을 두고 있다. 간주상속재산 중에서는 보험금과 퇴직금이 대표적이다. 상속재산으로 보는 보험금의 가액은 수식으로 살펴보면 아래와 같다.

■ 상속재산으로 보는 보험금

$$\text{간주상속재산인 보험금} = \text{보험금 수령액} \times \frac{\text{피상속인이 부담한 보험료의 합계액}}{\text{피상속인의 사망 시까지 불입된 보험료의 합계액}}$$

구분	종류
보험금	생명보험금, 손해보험금
신탁재산	피상속인이 신탁한 재산
퇴직금	퇴직금, 퇴직수당, 공로금, 연금 또는 이와 유사한 것으로 피상속인에게 지급될 것

추정상속재산

상속개시일 전 1년(또는 2년) 이내에 피상속인의 재산을 처분 또는 인출하거나 채무를 부담한 경우에는 그 처분대금 또는 인출대금, 채무발생액이 2억 원(또는 5억 원) 이상일 때 그 금액에 대한 사용처를 밝혀야 하고, 그 사용처가 불분명하면 해당 금액을 상속인이 상속받은 것으로 추정한다. 더 자세한 내용은 뒤에서 살펴보기로 한다.(94쪽 '사망일 전 2년 내 재산처분은 주의해야')

■ 추정상속재산 기준금액

구분	기간	기준금액
상속개시 전 처분한 재산	상속개시일 전 1년 이내 상속개시일 전 2년 이내	재산종류별(*)로 2억 원 이상 재산종류별(*)로 5억 원 이상
상속개시 전 발생된 채무	상속개시일 전 1년 이내 상속개시일 전 2년 이내	채무발생 합계액이 2억 원 이상 채무발생 합계액이 5억 원 이상

＊재산종류별이란
 1) 현금·예금 및 유가증권
 2) 부동산 및 부동산에 관한 권리
 3) 1), 2) 이외의 기타재산

상속인에게 10년(상속인이 아닌 자에게는 5년) 이내 증여한 재산

상속세 계산 시 과세대상이 되는 상속재산에는 상속인이 피상속인의 사망일 이전 10년 이내(상속인이 아닌 자는 5년)에 받은 증여재산도 포함된다. 따라서 만일 피상속인이 상속세를 줄이기 위해 상속인에게 사전에 재산을 일부 증여해주었다고 하더라도 그 증여일로부터 10년 이내(상속인이 아닌 자는 5년)에 피상속인이 사망하면 결국 그 증여한 재산도 상속재산가액에 합산되어 상속세를 계산하므로 의미가 없게 될 수 있다. 물론 합산되는 증여재산가액은 증여할 당시에 재산가액으로 평가하여 합산되므로 이미 증여한 재산가액이 사망 당시에 비해 많이 비싸졌다면 그 가격상승분만큼 상속세를 절세하는 효과를 볼 수 있다.

상속세가 과세되지 않는 재산

전사 및 이에 준하는 사망, 또는 전쟁 및 이에 준하는 공무수행 중 입은 부상 또는 질병으로 인한 사망으로 상속이 개시될 때에는 피상속인이 소유한 모든 재산에 대하여 상속세를 부과하지 않는다. 또 다음에 나열하는 재산도 공익목적 또는 사회정책적인 목적 때문에 상속세를 부과하지 않는다.

① 국가·지방자치단체 또는 공공단체에 유증(사인증여 포함)한 재산
② 문화재보호법 규정에 의한 국가지정문화재 및 시·도지정문화재와 동

법의 규정에 의한 보호구역 안 토지로서 당해 문화재 또는 문화재자료
가 속해 있는 보호구역 안의 토지

③ 민법 제1008조의 3에 규정된 재산

상속세 과세가액에 산입되지 않는 공익목적 출연재산

종교 · 자선 · 학술 기타 공익사업을 영위하는 공익법인에게 출연한
재산의 가액은 상속세 과세가액에 산입하지 않는다. 이러한 공익목적의
재산출연은 권장되어야 마땅하나 때론 이 제도가 탈세의 수단으로 이용
되는 경우도 있어 국세청에서는 사전에 요건을 갖추는지 여부를 확인하
고 사후에도 제대로 관리가 되는지 확인하는 형태로 점검하고 있다.

공익법인에 출연한 재산의 가액이 상속세 과세가액에 산입되지 않기

위해서는 그 재산을 상속세 신고기한 이내에 출연해야 하고, 상속인이 재산이 출연된 공익법인의 이사현원(5인에 미달하는 경우에는 5인으로 본다)의 1/5을 초과하여 이사가 되지 않아야 하며, 이사의 선임 등 공익법인의 사업운영에 관한 중요사항을 결정할 권한을 가지지 않아야 한다. 다만 재산의 출연에 있어서 법령상 또는 행정상의 이유로 출연재산의 소유권이전이 지연되거나 상속받은 재산을 출연하여 설립할 공익법인의 설립허가 등이 지연되는 경우에는 그 사유가 종료된 날부터 6개월 이내에 그 재산의 출연을 이행하면 된다.

종중재산이 내 명의로 되어 있다면

점잔은 씨는 종손으로 종중의 제사를 계속 주재해오고 있다. 어느 날 점 씨가 노환으로 사망하자 점 씨 명의로 되어 있는 종중 소유의 농지가 문제가 되었다. 점 씨의 상속인들은 사실상 종중 소유인 농지가 점 씨 명의로 되어 있어 자신들에게 상속세가 부과될까 염려스러웠다.

점 씨의 명의로 등기되어 있는 이 농지는 여러 대에 걸쳐 종손 명의로 보유하고 있는 종토로 종중 명의로 변경코자 지방자치단체 등에 문의해보았으나 종중의 농지 보유가 불가했고, 이에 점 씨는 본인 소유가 아닌 종중 소유라는 확인서(인감증명 첨부)를 제출, 해당 지방자치단체에 사유를 설명하여 종중 명의로 재산세 고지를 받아 납부하고 있었다.

이와 같이 실제는 종중재산으로서 피상속인이 상속개시일 현재 명의수탁하고 있는 재산임이 명백히 확인되면 당해 재산에 대하여 상속세가 과세되지 않을 수 있다. 이때 해당 토지가 처음부터 종중이 소유한 재산 인지 여부를 구체적으로 확인할 수 있는 종중회의록, 종중재산목록 등 을 증거자료로 제출해야 한다.

상속재산가액 30억 원의 의미

상속세를 신고하면 세무조사를 한다. 이러한 세무조사는 그 금액의 크고 작음에 관계없이 원칙적으로 모든 상속 건을 대상으로 한다. 하지 만 작은 금액은 서면결정이라는 방식으로 서류검토만으로 끝나고, 큰 금액은 정상적인 상속세 조사를 한다. 이때 기준은 상속재산가액이 얼 마인가이다. 기준이 되는 상속재산가액은 10년 이내에 증여하여 합산 되는 재산과 추정상속재산까지 모두 포함한 금액이다.

그런데 이 상속재산가액이 30억 원이 넘지 않으려고 애쓰는 모습을 우리는 간혹 볼 수 있고, 때로는 상속세 신고를 할 때 세무사들이 30억 원이 넘지 않도록 신고해야 한다고 컨설팅하는 경우를 자주 볼 수 있다. 이유가 뭘까? 상속재산가액이 고액상속재산가액(30억 원 이상을 말한다) 에 해당하면 국세청 내부업무 처리지침에 따라 지방국세청 조사국에서 조사하고, 고액상속재산가액에 해당되지 않으면 세무서 조사과나 재산 세과에서 조사한다.

지방국세청 조사국은 상속세만 전문적으로 담당하는 베테랑들이 근 무하고 있고, 시간적·인력 측면에서 일선 세무서보다는 강도가 높은 조사가 이루어질 가능성이 높다고 생각하기 때문이다. 경험상으로 볼 때에도 일면 맞는 말이기도 하고, 일면은 좀 과장된 면이 없지도 않다. 굳이 실력으로 따지자면 세무서 직원이나 지방국세청 직원이나 인사교류가 있기 때문에 큰 차이가 없다. 다만 실제로 조사의 집중도 측면에서 본다면 일선 세무서는 사실 상속세 조사에 힘을 쏟을 여력이 많지 않다. 그런 측면에서 본다면 일선 세무서에서 조사를 받는 편이 상속인들의 입장에서는 훨씬 나을 수도 있다.

과연 신고누락을 해가면서까지 상속재산가액을 고액상속재산가액 이하가 되도록 해야 할까? 상속세 신고누락에 따른 가산세 추징이 부담스러울 수 있다. 부당한 신고누락은 신고불성실 가산세만 40%(사안에 따라서는 부당한 신고누락이라고는 보기 어려운 경우도 있지만 이런 폐해를 막기 위해서는 이런 경우까지도 부당한 신고누락으로 포함시키려고 할 수도 있다)까지 붙고, 납부불성실 가산세까지 포함하면 가산세 부담이 적지 않다.

결론적으로 말하면 상속재산가액을 굳이 억지로 30억 원 미만으로 떨어뜨리면서까지 신고할 필요는 없다. 다만 장기적인 상속 · 증여전략에 따라 미리 증여하고 증여세 신고를 하여 상속 시 신고할 상속재산가액을 줄여놓는 것은 권장할 만하다. 어쨌든 상속인으로서는 아무래도 지방청 조사국의 조사보다는 세무서에서 조사를 받는 편이 부담이 덜할 수 있다.

11

사망일 전 2년 내 재산처분은 주의해야

상속문제를 고민함에 있어서 가장 어려운 점이 과연 내가 언제 사망하는가이다. 이 문제는 사실 인간이 어떻게 할 수 있는 부분이 아니다. 이렇게 예측할 수 없는 상속시기와 관련해서 특히 세금 측면에서 주의해야 할 점이 많다. 그중 2년 내 처분재산과 관련된 문제이다. 재산이 많은 자산가들은 수시로 고액의 부동산을 처분하거나, 예금을 인출하거나, 대출을 받거나 할 수 있다. 그리고 그 돈을 여러 용도로 사용한다.

세법에서는 통상적으로 상속이 일어나기 전에 상속재산을 현금화시킨 다음(사실 현금화된 자산의 이동을 포착하고 추적하는 일은 쉽지 않다) 재산을 빼돌리는 행위를 막기 위해 일정한 요건의 재산을 상속재산으로 추정하도록 하고 있는데 그것이 바로 추정상속재산이다. 추정상속재산은 사망 전 부동산 등을 처분한 재산가액이 1년 내 2억 원, 2년 내 5억 원 이상(해당 기간에 누적된 금액으로 계산됨)일 때 재산을 처분한 후 그 금액이 어디에 사용되었는지에 대한 소명의무를 납세자, 즉 상속인에게 부여한다. 만일 상속인이 이를 밝히지 못하면 그 밝히지 못한 금액의 일정 금액을 상속재산에 포함시킨다.

그런데 문제는 이러한 자금을 사망한 피상속인이 사용하였는데, 상속인이 그 자금사용처를 밝혀야 한다는 점이다. 일반적인 상속세 세무조사에서 있어서 이 부분이 가장 많은 논쟁거리가 되고, 조사의 대상이 되는 이유이다. 필자의 경험에 따르면 상속인이 부친의 재산관리에 관여하지 않았다면 사용처를 알아내기가 여간 쉽지가 않다. 부친이 오랜 시간 동안 지병을 앓다 사망한 경우라면 실제 상속인이 재산처분이나 이전에 관여했을 가능성이 높지만, 경제활동을 왕성하게 하던 분이 갑자기 사망했을 때 실제 상속인인 자녀가 그 사용처를 밝혀내는 일은 엄청난 시간과 비용, 그리고 때로는 고통이 수반되는 힘든 작업이다.

반면에 과세권을 가지고 있는 세무서 조사관들의 입장에서는 처분재산가액만 밝혀 놓고, 상속인이 그 사용처를 밝히기를 기다리기만 하면 되므로 어떻게 보면 아주 쉬운 조사가 될 수 있다. 그래서 상속세와 관련된 세무조사가 나오면 가장 먼저 보는 부분이 과연 2년 내 처분재산이 있느냐 없느냐 하는 것이다.

■ 추정상속재산 기준

구분	금액기준	대상금액
상속개시 전 재산처분 또는 인출	재산종류별로 상속개시일 전 1년 이내 2억 원 이상이거나 2년· 이내 5억 원 이상인 경우	사용처 미소명금액 − MIN[① 처분재산가액·재산 인출액 × 20%, ② 2억 원]
상속개시 전 채무부담	채무발생액이 상속개시일 전 1년 이내에 2억 원 이상이거나 2년 이내 5억 원 이상인 경우	사용처 미소명금액 − MIN[① 부채부담액) × 20%, ② 2억 원]

만일 진짜 현명한 부모라면 이런 일에 대해 미리 대비해두어야 한다. 누가 보더라도 명백하게 사전상속이 아니라는 점을 증명해줄 자료를 다 갖추어놓을 필요가 있다.

사망 직전에 양도한 부동산, 자녀도 몰랐다

어중간 씨는 자녀도 잘 모르는 부동산을 전국 각지에 여러 개 보유하고 있었다. 어 씨는 매주 한두 번씩은 꼭 전국에 있는 부동산을 보러 여행을 떠난다. 가족들은 그저 아버지가 낚시나 등산, 여행을 좋아하는 정도로만 알고 있었다. 그러던 어 씨가 교통사고로 사망하였다. 어 씨의 사망에 따른 상속절차를 밟은 가족들은 상속세 신고까지 모두 마쳤다. 부친의 재산내역을 정확하게 알 수 없었던 가족들은 금융감독원과 구청에서 재산내역을 모두 뽑았다.

얼마 후 세무서에서 세무조사가 나와 상속세 신고가 누락된 재산이 있음을 밝혀냈다. 알고 보니 돌아가시기 얼마 전 부친이 부동산을 양도한 것이다. 그런데 부친은 그 양도대금을 현금으로 조금씩 찾아서 종교단체, 종중, 불우이웃, 사회복지단체 등에 나누어주었다. 하지만 이 사실을 전혀 몰랐던 자녀들은 이후 이 사실을 알았지만 그 증빙서류를 모두 찾기는 불가능했다. 결국 사용처를 밝히지 못한 상속인들은 사용처를 밝히지 못한 금액에 대해 세금을 추징당했다.

12

상속공제 제대로 받자

상속재산을 제대로 파악했다면 이제는 상속세 계산 시 공제받을 수 있는 내용이 있는지 상속공제를 꼼꼼히 검토해봐야 한다. 세법에서는 여러 가지 공제제도를 두고 있는데 간혹 공제를 더 받을 수 있음에도 상속공제를 못 받는 경우도 있다. 그리고 이러한 상속공제는 미리 상속개시가 일어나기 전에 재산분배비율을 조정함으로써 공제를 더 받고 덜 받고 할 수도 있다.

인적공제

피상속인의 상속인이 누가 있느냐에 따라 공제 여부가 결정되는 것을 말한다. 즉 사람에 따라 공제액이 정해진다. 이러한 인적공제는 기초공제, 배우자공제, 기타인적공제 등이 있고, 일괄공제를 두어 공제액 적용을 간편하게 하고 혜택을 좀더 늘려주는 효과를 준다.

기초공제

기본적으로 상속세를 계산할 때 무조건 공제해주는 금액이다. 기초공제는 비거주자가 사망하여 국내에 있는 재산이 상속되는 경우에도 똑같이 공제를 해준다. 따라서 적어도 상속재산가액이 2억 원 이하라면 과세될 상속세는 없다.

배우자상속공제 _ 엄마에게 재산을 더 주자

배우자공제는 상속받는 사람 즉, 상속인 중에 배우자가 있을 때 적용되는 공제로, 살아생전 배우자가 재산형성에 기여한 점을 고려한 것이다. 따라서 다른 인적공제액보다 배우자공제액이 크다. 기본적으로 배우자공제는 배우자에게 상속재산이 이전되는지 여부와는 관계없이 상속인 중에 피상속인의 배우자가 있다는 것 자체만으로도 5억 원을 공제해준다. 또한 배우자공제액은 30억 원 한도 내에서 추가로 더 공제를 받을 수 있다. 이를 식으로 나타내보면, MAX[가. min(① 배우자실제상속가액, ② 배우자법정상속분 범위 내 금액, ③ 30억 원), 나. 5억 원]으로 나타낼 수 있다.

■ 배우자상속공제 계산식

- 배우자법정상속 범위 내 금액 = 기준금액 × 배우자의 법정상속분 – 배우자에게 증여한 재산의 증여세 과세표준
- 기준금액 = 총상속재산가액(증여재산가액을 제외한 금액) – 수유자가 유증 등을 받은 재산가액 – 비과세 및 상속세 과세가액 불산입액 – 공과금 및 채무 + 상속인이 합산기간 이내에 증여받은 재산가액

배우자상속공제를 받기 위해서는 상속세 신고기한 다음 날부터 6월이 되는 날("배우자상속재산 분할기한"이라 한다)까지 배우자의 상속재산을 신고해야 한다. 단 상속회복청구의 소가 제기되는 등 상속인이 확정되지 아니하는 부득이한 사유로 배우자상속분을 분할하지 못하는 사실을 관할세무서장이 인정하는 경우에는 위 배우자상속재산 분할기한의 다음 날부터 6월이 되는 날까지 상속재산을 분할하여 신고해야 한다. (배우자상속재산 분할기한의 다음 날부터 6월을 경과하여 과세관청의 세액 결정이 있는 경우에는 그 결정일까지 상속재산분할을 신고하여야 한다)

기타 친족공제

앞서 말한 배우자 외에 다른 상속인이 누구냐에 따라 각별로 여러 가지 공제규정이 있다. 자녀공제, 미성년자공제, 연로자공제, 장애인공제 등이 있다.

■ 기타 친족공제 금액

종류	대상자	공제금액
자녀공제	자녀	1인당 3000만 원
미성년자공제	상속인(배우자 제외) 및 동거가족 중 미성년자	1인당 [500만 원×20세에 달하기까지의 연수]
연로자공제	상속인(배우자 제외) 및 동거가족 중 60세 이상인 자	1인당 3000만 원
장애인공제	상속인(배우자 포함) 및 동거가족 중 장애인	1인당 [500만 원×75세에 달하기까지의 연수]

일괄공제

세법에서는 일괄공제라는 규정을 두는데, 이 일괄공제는 기초공제와 기타 인적공제 대상이 되는 경우 계산의 간편성과 최소한의 공제액 확보 등을 위해서 공제해준다. 기초공제와 기타 인적공제의 합을 공제받든지 아니면 일괄공제를 받든지 둘 중 하나를 선택해서 큰 금액을 공제받을 수 있다. 일괄공제액은 5억 원으로 기초공제와 기타 인적공제의 합이 5억 원보다도 적다면 당연히 일괄공제를 받는 편이 유리하다. 최근에는 자녀 수가 보통 2명 이하이므로 실제 기타 인적공제가 3억 원을 넘는 경우가 거의 없다. 따라서 대부분은 그냥 일괄공제 5억 원을 적용하면 된다. 다만 일괄공제 규정은 배우자가 단독으로 상속받을 경우에는 적용하지 않으므로 주의해야 한다. 아래 표에서 보듯이 기본적으로 상속인으로 배우자와 자녀가 있는 일반적인 경우라고 하면 상속재산가액이 10억 원 이하일 때는 상속세가 과세되지 않는다.

■ 사례별 최소한의 인적공제 금액

사례	최소한의 인적공제액
상속인이 배우자와 자녀인 경우	10억 원 (일괄공제 5억 원 + 배우자공제 5억 원)
상속인이 배우자만인 경우	7억 원 (기초공제 2억 원 + 배우자공제 5억 원)
상속인이 자녀만 있는 경우	5억 원 (일괄공제 5억 원)

물적공제

물적공제는 인적공제와는 다르게 상속받는 재산이 어떤 종류인지에

따라 공제액이 달라진다. 이러한 물적공제에는 가업상속공제와 영농상
속공제, 금융재산상속공제, 재해손실공제, 동거주택상속공제가 있다

가업상속공제

오랜 시간 동안 사업을 영위해온 중소기업의 가업승계를 원활하게
도와주기 위해 가업상속공제 제도를 두고 있다. 이 가업상속공제는 가
업상속재산 40%를 공제받고, 한도금액은 60억 원(15년 이상 경영한 경우
80억 원, 20년 이상 경영한 경우 100억 원)이 된다. 가업상속공제는 그 혜택
및 공제금액이 크므로 공제요건을 까다롭게 둔다.

영농상속공제

영농상속은 피상속인이 영농(양축 · 영어 및 영림 포함)에 종사하는 경우
로 영농상속재산 전부를 영농에 종사하는 상속인이 상속받음을 말한다.
이러한 영농상속공제는 영농상속재산가액 전액(2억 원을 한도로 함)을 공
제해준다.

금융재산상속공제

금융재산상속공제는 말 그대로 상속받는 재산 중에 금융재산이 있는
경우에 공제를 받을 수 있다. 이때 금융재산이란 금융기관에서 취급하
는 예금 · 적금 · 부금 · 계금 · 금전신탁재산 · 보험금 · 공제금 · 주식 ·
채권 · 출자지분 · 어음 및 유가증권과 기타 비상장주식, 회사채 등을 말
한다. 금융재산은 금융재산가액에서 금융채무(금융기관에 대한 채무)가액
을 차감한 순금융재산가액의 20%를 금융재산상속공제로 공제받을 수

있다. 이때 금융재산상속공제액의 한도는 최대 2억 원까지이고, 순금융재산가액이 2000만 원 이하이면 전액을 공제받을 수 있으며, 2000만 원을 초과하면 그 순금융재산가액의 20%가 2000만 원이 되지 않더라도 최소 2000만 원은 공제를 받을 수 있다. 다만 최대주주 또는 최대출자자가 보유하는 주식 또는 출자지분은 상속공제 대상이 되는 금융재산에 포함되지 않는다.

■ 금융재산상속공제액

순금융재산가액 (금융재산가액−금융채무가액)	금융재산상속공제액
2000만 원 이하	당해 순금융재산가액 전액
2000만 원 초과	MIN[가.max(① 당해 순금융재산가액 × 20%, ② 2000만 원), 나. 2억 원]

TIP

그렇다면 수표는?

금융재산상속공제액을 계산함에 있어서 '수표'는 금융재산상속공제의 대상이 되는 금융재산에 해당되지 않는다. (재삼46014−536, 1999.3.17)

재해손실공제

상속세 신고기한 이내에 화재·붕괴·폭발·환경오염사고·자연재해 등의 재난으로 인하여 상속재산이 멸실·훼손되었다면 그 재난으로 인하여 손실된 상속재산가액을 상속세 과세가액에서 공제한다.

동거주택상속공제

거주자의 사망으로 상속이 개시되는 경우로, 피상속인과 상속인이 상속개시일부터 소급하여 10년 이상 계속 동거한 주택이 상속개시일 현재 1세대 1주택(소득세법에 따른 1세대 1주택으로 고가주택을 포함함)이고 상속개시일 현재 무주택자인 상속인이 상속받는 주택이라면 주택가액(주택에 부수되는 토지의 가액을 포함한다)의 100분의 40에 상당하는 금액을 상속세 과세가액에서 공제한다. 다만 그 금액이 5억 원을 초과하면 5억 원을 한도로 한다

■ 상속공제 요약정리

상속공제 종류	공제 내용과 요건
기초공제	2억 원
배우자상속공제	피상속인의 배우자가 있는 경우 : 최소 5억 원 ~ 최대 30억 원 : MAX[min(가.① 배우자실제상속가액, ② 배우자법정상속 범위 내 금액, ③ 30억 원), 나. 5억 원] * 배우자법정상속 범위 내 금액 = 기준금액 × 배우자의 법정상속분 − 배우자에게 증여한 재산의 증여세 과세표준
기타 인적공제	① 자녀공제 : 자녀 1인당 3000만 원 ② 미성년자공제 : 미성년자 1인당 500만 원 × 20세에 달하기까지의 연수 ③ 연로자공제 : 60세 이상인 자 1인당 3000만 원 ④ 장애인공제 : 장애인 1인당 500만 원 × 75세에 달하기까지의 연수
일괄공제	5억 원 ['기초공제+기타인적공제'의 금액과 비교해서 큰 것으로 공제가능]
가업상속공제	MAX [2억 원, MIN(가업상속재산가액 × 40%, 60억 원)]
영농상속공제	영농상속재산가액 (2억 원을 한도로 함)
금융재산상속공제	(1) 순금융재산가액이 2000만 원을 초과하는 경우 : MIN(가. MAX[① 당해 순금융재산가액 × 20%, ② 2000만 원], 나. 2억 원) (2) 순금융재산가액이 2000만 원 이하인 경우 : 당해 순금융재산가액 전액
재해손실공제	상속세 신고기한 이내에 화재 · 붕괴 · 폭발 · 환경오염사고 · 자연재해 등의 재산으로 인하여 상속재산이 멸실 · 훼손된 경우 손실된 상속재산가액을 공제
동거주택 상속공제	주택가액(주택부수 토지가액 포함)의 40%(5억 원 한도)

공제액에도 한도가 있다

앞에서 언급한 상속공제금액도 모든 금액을 공제받을 수 있는 것이 아니고, 세법에서 정한 공제한도를 넘어서는 상속공제를 받을 수가 없다. 상속공제의 한도는 상속세 과세가액에서 ① 상속인이 아닌 자에게 유증 등을 한 재산의 가액, ② 상속인의 상속포기로 그다음 순위의 상속인이 상속받은 재산의 가액, ③ 상속세 과세가액에 가산한 증여재산가액(증여재산공제 후 금액)을 차감한 금액이다. 이 공제한도 규정 때문에 상속인이 다음 순위의 상속인에게 상속재산을 넘겨주거나, 상속세 과세가액 중 피상속인이 살아생전에 증여한 재산이 많은 경우에는 상속공제한도가 줄어들어 상속세 부담이 커질 수 있다. 따라서 다음 순위의 상속인에게 상속재산을 넘겨주려는 경우나 사망 전에 재산을 증여하려는 경우에는 상속공제액에 미치는 영향을 고려하여 상속계획을 세워야 한다.

■ 상속공제한도 계산식

> 공제한도 = 상속세 과세가액 − 상속인이 아닌 자에게 유증 등을 한 재산의 가액 − 상속인의 상속포기로 그다음 순위의 상속인이 상속받은 재산의 가액 − 상속세 과세가액에 가산한 증여재산가액 (증여재산공제 후 금액)

피상속인이 비거주자일 때 상속공제는?

피상속인이 비거주자이면 상속재산공제 중 기초공제 2억 원과 상속재산 감정평가에 따른 수수료만 공제받을 수 있다. 상속인이 거주자인지 비거주자인지는 상관없이 피상속인의 거주 여부만으로 상속공제액이 결정된다. 공제한도액은 거주자와 같은 식으로 계산하여 구한다.

피상속인이 비거주자일 때는 국내 소재 상속재산에 대한 공과금은 상속세 과세가액 계산 시 공제가 가능하나, 장례비용은 공제를 받을 수가 없다.

상속세 신고기한까지 상속재산이 분할 안 된 경우

배우자상속공제를 받기 위해서는 상속세 신고기한의 다음 날부터 6월이 되는 날(배우자상속재산 분할기한)까지 배우자의 상속재산을 신고하여야 한다. 단 상속회복청구의 소가 제기되는 등 상속인이 확정되지 않은 부득이한 사유로 배우자상속분을 분할하지 못한 사실을 관할세무서장이 인정하는 경우에는 배우자상속재산 분할기한의 다음 날부터 6월이 되는 날까지 상속재산을 분할하여 신고하여야 한다. (배우자상속재산 분할기한의 다음 날부터 6월을 경과하여 과세관청의 세액 결정이 있는 경우에는 그 결정일까지 상속재산 분할을 신고하여야 한다)

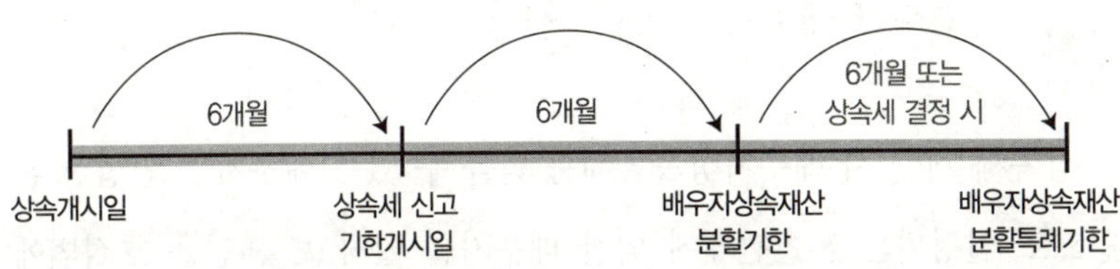

상속세 및 증여세법에서는 배우자가 실제 상속받은 재산에 대한 배우자상속공제 적용 시 부득이한 사유로 상속재산을 분할할 수 없는 경우에는 상속재산 미분할 사유를 배우자상속재산 분할기한(상속세 신고기한으로부터 6월이 되는 날)까지 신고하면, 배우자의 상속재산 신고를 배우자상속재산 분할기한으로부터 6월이 되는 날 또는 상속세 결정 시까지 하는 경우에 이를 배우자상속재산 분할기한 이내에 신고한 것으로 보도록 규정하고 있다.

그리고 상속재산을 분할하지 못한 부득이한 사유에 대해서는 상속회복청구의 소를 제기한 경우와, 상속인이 확정되지 아니한 부득이한 사유 등으로 배우자의 상속분을 분할하지 못하는 사실을 관할세무서장이 인정하는 경우로 규정하고 있다. 그런데 상속세 및 증여세법에서는 어떠한 사유이든지 관할세무서장이 사실 판단하여 이를 인정하기만 하면 비로소 부득이한 사유에 해당한다고 규정하고 있다.

결국 배우자상속재산 분할기한까지 신고된 상속재산 미분할 신고서에 의하여 상속인이 확정되지 않은 부득이한 사유가 배우자상속분을 분할하지 못하는 사실에 해당하는지 여부를 관할세무서장이 상속세 과세표준과세액 결정 시 판단하여 적용할 수 있다.

비거주자인 배우자, 사실혼 관계인 배우자

상속세 계산 시 배우자상속공제를 받을 수 있는 배우자는 민법상 혼인으로 인정되는 혼인관계에 의한 배우자를 말하고, 혼인은 호적법에 따라 혼인신고를 함으로써 성립하고 배우자의 사망과 이혼으로 해소된다. 대한민국 국적을 상실하여 남편호적부에서 제적되었더라도 이혼하지 않고 계속하여 혼인관계를 유지하고 있으면 배우자상속공제를 받을 수 있다. 따라서 흔히 말하는 사실상 혼인관계에 있는 배우자는 배우자상속공제를 받을 수 없다.

부부가 동시에 사망하면 상속세도 많이 낸다

구슬퍼 씨의 양친은 결혼 20주년을 기념하여 떠난 해외여행 도중 차량이 낭떠러지에 떨어져 전복되는 사고로 모두 사망하였다. 아직 학생이었던 구 씨는 장례식을 치른 후에도 양친의 사망사실이 믿기지 않아 한동안 힘든 시기를 보냈다.

양친이 사망한 지 두세 달쯤이 지났을 때, 구 씨는 주위 친척들로부터 양친의 재산상속 문제를 처리하라는 이야기를 듣고서는 우선 양친의 상속재산을 파악해보았다. 구 씨의 부친은 사망 당시 시가 7억 원 상당의 아파트 1채와 금융자산 2억 원 정도를 보유하고 있었다. 구 씨는 주위 친척들로부터 상속재산이 10억 원 미만이면 세금이 없다면서 상속등기절차만 잘 처리하면 된다는 이야기만 듣고 부동산에 대한 상속등기절차 및 금융자산이전 절차만 마무리하고 별생각 없이 계속 학교에 다니고 있었다.

그러던 중 상속세 신고기한(상속개시일로부터 6개월 이내)이 임박한 시점에 구 씨는 우연히 학교 친구의 삼촌이 세무사라는 이야기를 듣고 친구의 삼촌에게 혹시 세금이 어떻게 되는지 한 번 알아봐 달라고 부탁했다. 그런데 친구의 삼촌으로부터 돌아온 답변은 뜻밖이었다. 부친의 사망과 관련하여 세금이 과세된다는 것이었다. 부부가 동시에 사망한 경우에는 배우자공제를 받지 못하고 일괄공제 5억 원만 받을 수 있기 때문에 구 씨에게 납부하여야 할 상속세가 있다는 내용이었다. 결국 구 씨는 세무사에 의뢰하여 상속세를 신고·납부하였다.

민법에서는 2명 이상이 동일한 위난으로 사망한 경우에 동시에 사망한 것으로 추정하는데 이를 '동시사망의 추정'이라고 한다. 이렇게 동시 사망으로 추정되면 동시 사망한 사람들 사이에는 상속권이 발생하지 않는다. 즉 부부인 두 사람 간에는 상속 문제가 발생하지 않고, 배우자가 없는 것과 동일한 효과가 발생한다. 부부가 동시 사망하면 각자의 상속재산에서 배우자공제 없이 상속세를 계산해야 한다. 따라서 상속세를 계산함에 있어서 배우자공제 5억 원 또한 받을 수 없게 된다. 결국 구 씨는 양친이 동시에 사망함에 따라 양친을 한꺼번에 잃는 슬픔과 만일 양친 중 어느 한 쪽부터 먼저 사망하셨다면 물지 않았어도 될 상속세까지 물게 되는 이중고를 겪게 되었다.

상속에서 이득이 되는 재산만을 승계받는 것은 아니다. 상속이 일어나면 피상속인의 모든 권리와 의무가 상속인에게 포괄적으로 승계되므로 간혹 재산에 딸린 채무나 피상속인이 사망 전에 납부하지 않았던 공과금 또한 함께 이전되기도 한다. 이런 채무를 공제하지 않은 채 상속세를 계산하여 상속인에게 세금을 부담시킨다면 상식적으로 이치에 맞지 않는다. 따라서 세법에서는 피상속인이 부담해야 하는 공과금과 채무를 이전받게 되면 그 공과금과 채무는 상속세 계산 시 상속재산가액에서 빼준다. 또한 사망에 따라 장례를 치르는 데 여러 가지 비용이 발생한다. 이 경우에도 장례나 봉안시설 등에 들어가는 비용도 상속세 계산 시 재산가액에서 공제해준다.

어떤 공과금을 공제해주나

상속재산가액에서 빼주는 공과금은 피상속인이 납부했어야 할 조세·공공요금·회비 등을 말한다. 이러한 공과금은 상속개시일 현재 피상속인이 납부할 의무가 성립된 것이어야 한다. 하지만 상속개시일 이후 상속인이 잘못하여 부담해야 할 가산세·가산금·체납처분비·벌금·과료·과태료 등은 공제되는 공과금에 해당하지 않는다.

어떤 채무가 대상이 되나

상속재산가액에서 공제해주는 채무는 어떤 형태나 명칭에 관계없이 상속개시 당시 피상속인이 부담해야 할 확정된 모든 부채를 말한다. 하지만 채무의 성격상 그 금액도 많고, 자금흐름이 때로는 투명하지 않고, 어떨 때는 그 증빙이 불확실하고 위조 가능한 경우도 많아서 세법에서는 공제 가능한 채무의 입증방법 및 범위 등을 엄격히 규정하여 허위가공 채무로 탈세하는 것을 막으려고 힘쓰고 있다.

공제할 수 있는 채무임을 확인받기 위해서는 국가·지방자치단체 및 금융기관에 대한 채무는 해당 기관에서 채무가 있음을 확인해주는 서류(부채잔액증명서, 금융거래내역서 등)를 제출하면 되고, 기타 채무는 채무부담계약서, 채권자확인서, 담보 및 이자 지급에 관한 증빙 등을 제출해야 한다.

특히 사인 간의 채무는 그 객관적인 금융흐름이나 담보 확보 및 제공 여부, 채무가 발생할 수밖에 없었던 정황 등까지도 확인대상이 될 수 있다. 이러한 공제가능한 채무로는 원채무에 대한 미지급 이자, 구상권행사가 불가능한 보증채무, 역시 연대채무자의 채무불능 및 구상권행사가 불가능한 연대채무, 사업장 사용인의 퇴직금 상당액, 상속받은 건물 등에 대한 임대보증금 등이 해당된다.

하지만 채무 중에서도 공제가 불가능한 채무가 있는데, 증여계약을 체결하였으나 상속개시 당시까지 그 이행이 완료되지 않은 증여채무로서 상속개시 전 10년 이내에 피상속인이 상속인에게 진 증여채무와 상속개시 전 5년 이내에 피상속인이 상속인 이외의 자에게 진 증여채무는 채무의 범위에서 제외된다.

피상속인의 재산을 담보로 상속인이 대출을 받은 경우

한상환 씨는 피상속인인 부친이 사망하기 2년 전에 부친 소유의 부동산을 담보로 부친 명의로 은행에서 2억 원을 대출받았으며, 이를 한 씨 자신의 사업자금으로 사용하였다. 은행채무에 대한 이자는 그동안 상속인인 한 씨가 계속 변제하고 있었으며 상속개시로 인하여 이 부채를 상속인인 한 씨가 승계하였다. 한 씨는 부친 명의로 된 부채 2억 원을 상속개시 시 부친의 채무로 보고 부친이 2억 원을 대출받아 한 씨에게 증여한 것으로 보아 증여세 및 상속세가 과세되는지 궁금했다.

금융기관으로부터 피상속인 명의로 대출받은 금전을 상속인의 사업자금으로 사용한 경우로서 그 대출금에 대한 이자지급 및 원금 변제상황과 담보제공 사실 등에 의하여 사실상의 채무자가 상속인임이 확인되는 경우에는 당해 대출금을 피상속인으로부터 증여받은 것으로 보지 않는다. 또한 피상속인의 상속재산가액에서 차감해야 할 피상속인의 채무에도 해당하지 않는다. 즉, 이런 경우에는 실제 대출받은 사람도 상속인인 한 씨이고, 그 대출을 상환하는 사람도 한 씨이므로 이 대출금액은 상속세 계산에 아무런 영향을 미치지 않는다.

장례비 영수증 잘 챙기자

장례비용은 피상속인이 부담해야 할 채무나 공과금은 아니지만, 사망 시 꼭 필수불가결하게 발생하는 비용이므로 실비변상적인 측면에서 공제해준다. 따라서 기본적으로 장례비용은 실제 발생한 비용을 공제해주기 때문에 장례비용 및 봉안시설에 사용된 비용은 그 증빙서류를 잘 보관해야 한다.

하지만 이러한 장례비용 등도 사회통념상 지출되는 범위를 벗어난 고가비용까지도 인정해준다면 과도한 허례허식을 조장할 수 있으므로 일정한 한도를 두고 있고, 반대로 실제 증빙이 없다고 하더라도 사회통념상 최저한으로 발생했으리라 여겨지는 정도의 금액은 무조건 공제해주도록 하여 상속인의 편의를 봐주고 있다.

따라서 봉안시설에 사용된 비용을 제외한 장례비용은 그 금액이 500만 원 미만이면 증빙이 없다고 하더라도 500만 원을 공제해주고, 그 금액이 1000만 원을 초과하면 1000만 원까지만 공제하도록 하고 있다. 봉안시설에 사용된 비용 역시 장례비용과는 별도로 그 금액이 500만 원을 초과하면 500만 원까지만 공제하도록 하고 있다.

장례식 비용으로 인정되는 비용

- 시신의 발굴 및 안치에 직접 소요되는 비용
- 묘지 구입비 (공원묘지 사용료 포함)
- 비석, 상석 등 장례에 직접 소요된 제반비용

장례식 비용으로 여겨지지 않는 비용

- 49제에 소요된 비용

의료비를 누가 내느냐에 따라 상속세가 달라진다

이동철 씨는 주위 사람들에게 효자로 유명하다. 10년째 몸져누워 계신 부친을 모시고 살면서 병간호를 해왔다. 이 씨의 모친은 언제나 이 씨를 보고 흐뭇해했다. 이 씨의 동생들도 그런 형에 대해 항상 고마워하고 든든해했다. 이 씨는 사업에 성공하여 어느 정도 재산도 가지고 있었다. 2년 전 부친 명의로 된 토지가 수용되면서 30억 원이라는 보상금이 부친 명의의 계좌에 들어왔다. 이렇게 부친 명의의 재산이 많아도 이 씨는 부친의 병원비를 항상 자신의 소득으로 지불하였고, 이를 아들된 마지막 도리라고 생각했다. 하지만 이 씨는 부친이 사망한 이후 상속세 신고 시 부친의 병원비가 공제되지 않아 결국 그 병원비에 대한 금액만큼 상속세를 더 부담했다.

이 씨와 마찬가지로 신태환 씨의 부친 역시 오랜 기간 병원에 입원하였고, 여러 차례 수술 및 간병인 이용 등으로 꽤 많은 비용이 사용되었다. 하지만 신 씨는 한 번도 자신의 돈으로 병원비를 낸 적이 없었다. 부친이 토지보상금으로 받은 통장예금을 인출해서 병원비 및 간병인 비용을 지불했다. 더욱이 최근 부친이 돌아가시기 전까지 발생한 병원비는 부친 명의 계좌에 잔액이 부족하다는 이유로 미지급된 상태에서 장례를 치르게 되었다. 이후 맹 씨는 상속세 조사에서 부친의 계좌에서 인출된 예금의 사용처로 병원비 및 간병비를 인정받았고, 마지막에 지급하지 못한 병원비 일부는 상속세 신고 시 채무로 인정되어 해당 금액까지 공제받을 수 있었다.

도의적으로 볼 때 이 씨의 행동이 신 씨보다 훨씬 인간적이지만, 단순히 세금 측면에서 볼 때 이 씨의 행동은 현명하지 못했다. 병원비가 실제 많이 지출되는 경우에는 이러한 병원비나 간병비용이 세금에 엄청나게 영향을 미치기 때문이다. 차라리 아낀 세금으로 부모님께 더 효도할 수 있다는 생각을 한다면 이 씨는 좀더 현명하게 대처할 수 있지 않았을까 생각한다.

■ 피상속인의 병원비 부담과 상속세 관계

구분	상속개시 전 부담	상속개시 후 부담
피상속인이 부담	자금사용처로 인정받을 수 있음	피상속인의 채무로 공제가능
상속인이 부담	혜택 없음	피상속인의 채무로 공제가능(이 경우에도 당초 병원비의 채무자가 피상속인으로 되어 있는 것이 공제받기 유리함) 단, 장례비는 피상속인의 채무가 아님

14 상속재산 어떻게 평가하나

상속세는 일반적으로 언제 사망하느냐에 따라 세금에 차이가 날 수 있다. 상속세를 계산할 때 상속재산가액을 정하는 시점이 상속개시 시점, 즉 사망 시점이 되기 때문이다. 상속세법에서는 피상속인이 사망한 시점, 즉 상속개시일 현재의 시가로 상속재산가액을 평가하는 것이 원칙이다. 다만 상속재산가액의 시가 확인이 어려울 때에는 보충적인 평가방법을 사용하여 평가할 수 있다. 보충적인 평가방법을 적용하면 토지는 상속개시 당시의 개별공시지가로 평가하고, 건물은 상속개시 당시의 국세청장이 고시한 기준시가, 주택은 개별주택가격 등으로 평가한다.

부동산은 종류별로 평가 기준이 다르다

부동산은 기본적으로 사망 당시의 시가로 평가해야 한다. 하지만 부동산마다 그 시가를 알아내는 일은 쉽지 않다. 다행히 사망일로부터 전후로 6개월 내에 사고팔아 그 거래가액이 나온다면 그 금액을 시가로 볼 수 있지만, 그렇지 않을 때에는 부동산의 특성상 시가를 알기란 어렵다. 이렇게 시가를 알기 어렵기 때문에 상속세 계산을 할 때 대부분 부동산의 가액은 세법에서 정한 보충적인 평가방법으로 평가한다.

■ 부동산 종류별 보충적 평가방법

부동산의 종류	보충적인 평가방법 시 적용하는 기준가액
토지	개별공지시가
일반 건물	건물의 신축가격·구조·용도·위치·신축연도 등을 참작하여 매년 1회 이상 국세청장이 산정·고시하는 가액
오피스텔 및 상업용 건물	국세청장이 토지와 건물의 가액을 일괄하여 산정·고시하는 가액. 고시한 가액이 없으면 일반 건물과 같은 방법으로 평가
주택	개별주택 가격 및 공동주택 가격

그런데 부동산 중에서 대단위 상가나 아파트, 오피스텔 등은 종종 유사매매사례가액을 적용하여 과세할 수 있으므로 주의해야 한다. 유사매매사례가액이란 말 그대로 상속하고자 하는 부동산과 유사한 형태의 부동산에 대한 매매금액이 있으면 그 금액을 사례로 삼아 시가를 파악하여 부동산 가액을 측정하는 것이다. 대표적인 예로 아파트가 있는데, 예를 들어 A 아파트 101동 1209호(20평형)가 상속재산에 있을 때, 같은 동 1008호(20평형)가 상속일로부터 6개월 내에 거래된 사실이 있다고 하면

1008호의 거래금액을 시가로 보아 재산가액을 평가한다. 어디까지를 유사매매사례가액으로 볼 것인지에 대한 논란은 많지만 대법원 판례 등에서는 유사매매사례가액을 대체로 폭넓게 인정하는 추세이므로 유사매매사례가액이 있는 부동산은 상속세 신고 시 특별히 주의해야 한다.

금융재산은 시가다

금융재산은 일반적으로 은행의 예금과 적금, 펀드, 보험, 주식 등을 말한다. 이런 금융재산은 매일 시세가 정해지고 그 가격이 공시되어 쉽게 알 수 있다. 따라서 금융재산은 보통 그 자체가 시가라고 할 수 있다. 다만 이런 금융재산도 그 종류에 따라 개별적으로 평가하는 방법에 조금씩 차이가 있다.

■ 금융재산 종류별 평가방법

금융재산의 종류	평가방법
예금, 저금, 적금 등	평가기준일 현재 입금총액 + 기 경과기간에 대한 미수이자 − 원천세 상당액
간접투자증권	평가기준일 현재 한국증권거래소의 기준가격에 따르거나 자산운용회사 또는 투자회사가 산정·공고한 기준가격 (평가기준일 현재의 기준가격이 없다면 평가기준일 현재의 환매가격 또는 평가기준일 전 가장 가까운 날의 기준가격)
종신정기금	목적으로 된 자의 75세까지의 기간 중 각 연도에 받을 정기금액을 기준으로 연 6.5%로 할인한 현재가치

주식은 상장주식이냐, 비상장주식이냐에 따라 다르다

상장주식과 코스닥 상장주식은 시세가 객관적으로 확인된다. 하지만 이들 상장주식도 실제 일시적인 시세조작에 의해 가격 조정이 가능하기도 하므로 이들에 대한 평가는 기본적으로 시세의 평균가로 하고 있다. 다만 비상장주식은 시세 자체를 알 수도 없을뿐더러 실제 거래도 거의 없으므로 이들은 일정한 평가방법에 따라 기업의 가치를 평가하여 주식 가격을 계산하는 방법을 사용한다. 이외에도 최대주주는 경영권을 가지고 있는 프리미엄이 있으므로 이에 대해서는 할증평가하는 규정을 두고 있다.

■ 상장주식 및 코스닥 상장주식에 대한 평가방법

구분	평가방법
상장주식	평가기준일 이전·이후 각 2월 간에 공표된 매일의 증권거래소 최종시세가액의 평균액 – 시가로 봄
코스닥 상장주식	평가기준일 이전·이후 각 2월 간에 공표된 매일의 증권업협회 기준가격의 평균액 – 시가로 봄

■ 비상장주식 평가방법

구분	평가액 계산
일반법인	(순손익가치 × 3 + 순자산가치 × 2) ÷ 5
부동산 과다보유법인	(순손익가치 × 2 + 순자산가치 × 3) ÷ 5

1주당 순자산가치 : 당해법인의 순자산가액 ÷ 발행주식총수
1주당 가액(순손익가치) = 1주당 최근 3년 간의 순손익액의 가중평균액 ÷ 순손익가치 환원율
• 순손익가치 환원율 : 금융기관이 보증한 3년 만기 회사채의 유통수익율을 감안하여 국세청장이 정하여 고시하는 이자율 (2009년 현재 연 10% _ 2002. 12. 31 국세청장 고시)

할증평가를 하지 않아도 되는 경우

- 평가기준일이 속하는 사업연도 전 3년 이내의 사업연도부터 계속하여 세무상 결손금이 있는 법인의 주식

- 평가기준일 전후 6월(증여재산은 3월로 한다) 이내의 기간 중 최대주주 등이 보유하는 주식 등이 전부 매각된 경우(특수관계 있는 자와의 거래 등으로 거래가액이 객관적으로 부당한 경우에는 제외)

- 합병·증자·감자에 따른 증여의제가액 계산을 하는 경우

- 평가대상인 주식 등을 발행한 법인이 다른 법인이 발생한 주식 등을 보유하고 있고, 1차 출자법인이 또 다른 법인이 발행한 주식 등을 보유함으로써 1차 출자법인 및 2차 출자법인이 최대주주 등에 해당할 때 1차 출자법인 및 2차 출자법인의 주식 등을 평가하는 경우

- 평가기준일부터 소급하여 3년 이내에 사업을 개시한 법인으로서 사업개시일이 속하는 사업연도부터 평가기준일이 속하는 사업연도의 직전 사업연도까지 각 사업연도의 기업회계기준에 의한 영업이익이 모두 영 이하인 경우

- 상속세 과세표준 신고기한 또는 증여세 과세표준 신고기한 이내에 평가대상 주식 등을 발행한 법인의 청산이 확정된 경우

- 최대주주 등이 보유하고 있는 주식 등을 최대주주 외의 자가 증여재산 누적합산기간 10년 이내에 상속 또는 증여를 받은 경우로서 상속 또는 증여로 인하여 최대주주 등에 해당하지 아니하는 경우

할증평가제도 과연 없어질까?

최근 기업관련 단체에서 지속적으로 할증평가제도 폐지를 주장하고 있고, 특히 중소기업은 실제 2009년 12월 31일까지만 할증평가를 적용하지 않고 있으므로 앞으로 기획재정부의 세제개편이 어떤 식으로 이루어질지 지켜볼 필요가 있다.

■ 최대주주 등의 보유주식에 대한 할증평가 특례

최대주주 등의 지분비율	가산할 금액
50% 이하	일반적인 평가액 × 20% (중소기업 : 10%)
50% 초과	일반적인 평가액 × 30% (중소기업 : 15%)

* 단, 중소기업에 대해서는 2009년 12월 31일까지는 적용하지 않음

재산 감정평가가 화근이 되어 상속세 더 내다

욕심나 씨는 부친이 살아생전에 언니인 욕심은 씨에게 많은 재산을 증여해주었기 때문에 상속재산 중 많은 부분이 자신의 몫으로 배분되리라 기대하고 있었다. 하지만 언니 욕심은 씨가 조금도 양보하지 않고 자기보다 더 많은 지분을 가져가려고 하자 이에 법원에 소송을 제기하였다. 소송진행 중 재산의 정확한 분배를 위해 상가 및 아파트, 기타 부동산 등에 대해 감정평가를 신청하였다. 이 감정평가 역시 서로 믿지 못하여 욕심나 씨와 욕심은 씨는 각각 자신이 원하는 감정평가법인에 감정의뢰를 신청하여 감정평가를 받았다. 하지만 이 감정평가가 화근이 될 줄은 아무도 몰랐다.

소송이 끝난 후 얼마 되지 않아 세무서에서 세무조사가 나왔다. 세무조사를 나온 세무조사관들은 소송자료를 검토하던 중 감정평가된 사실을 확인하고는 그 감정평가서를 확보하여 감정평가금액대로 세금을 추징하였다. 당초 욕심나 씨와 욕심은 씨는 상속세 신고를 할 때 소송으로 워낙 경황이 없어서 소송 시 감정평가되었다는 사실을 잊은 채 그냥 아파트를 제외한 나머지 부동산은 기준시가로 상속재산을 평가해서 신고

했다. 결국 욕심은 씨와 욕심나 씨는 소송으로 인해 소송비용도 들었을 뿐만 아니라, 기준시가로 신고하고 상속세를 납부해도 될 것을 실제 시세에 가까운 금액으로 상속재산이 평가되어 상속세까지 추가로 더 납부하게 되었다.

15 상속세액공제 더 받기

상속세를 계산함에 있어서 세액공제를 해주는 경우가 있다. 산출세액에서 세액공제를 한 금액이 상속세 결정세액으로 상속인이 최종적으로 신고 · 납부할 세액의 총액이 된다.

상속세 결정세액 = (상속세 산출세액 + 세대생략 할증가산) − (증여세액공제 + 외국납부세액공제 + 단기재상속세액공제 + 문화재자료 등의 징수유예 + 신고세액공제)

증여세액공제

상속세를 과세할 상속세 과세가액을 계산할 때 상속개시일 전 10년 (또는 5년) 이내에 상속인(또는 상속인 이외의 자)에게 증여한 재산을 가액에 합산하도록 되어 있다. 이렇게 이미 증여한 재산을 합산할 때 증여한 재산에 대해 이미 납부한 증여세가 있다면 이 증여세를 상속세 산출세액에서 공제해주는 것이 증여세액공제이다.

왜냐하면 이미 납부한 증여세가 있음에도 증여한 재산을 합하여 계산한 상속세액에서 빼주지 않는다면, 하나의 재산에 대해 세금이 중복과세되기 때문이다. 따라서 세법에서는 이렇게 세금의 중복과세를 막기 위해 증여세액공제를 해주고 있다.

또 증여세액공제를 하게 될 때 세율구간이 달라짐에 따라 공제할 세액이 실제 납부한 금액보다 많아지거나 작아지는 것을 방지하고 상속세 과세표준에서 증여세 과세표준이 차지하는 비율에 따라 증여세액을 공제할 수 있게 증여세액공제 금액의 한도를 두고 있다.

■ 증여세액공제 한도액 계산식

수증자가 상속인 또는 수유자인 경우	상속인 각자가 납부할 상속세 산출세액 × 상속인 각자의 증여재산에 대한 증여세 과세표준 ÷ 상속인 각자가 받았거나 받을 상속재산에 대한 상속세 과세표준 상당액
수증자가 상속인 이외의 자인 경우	상속세 산출세액 × 증여재산에 대한 증여세 과세표준 ÷ 상속세 과세표준

외국납부세액공제

거주자가 사망하면 전 세계에 있는 모든 재산에 대해 상속세가 과세된다. 따라서 국내가 아닌 다른 나라에 상속재산이 있다면 그 나라에서도 상속세나 이와 유사한 세목으로 세금이 과세될 수 있다. 결국 외국납부세액공제는 이렇게 외국에 있는 재산에 대해 상속세가 과세될 때 생길 수 있는 이중과세 문제를 해결하기 위해 만든 법이다.

> 외국납부세액공제액 = 상속세 산출세액 × 외국에서 부과된 상속재산의 과세표준 ÷ 상속세 과세표준
>
> ＊위 공제액이 외국의 법령에 따라 부과된 상속세액을 초과하면 외국에서 납부한 상속세액을 한도로 한다.

외국납부세액공제가 신고기한 내에 외국에서 세액납부가 되지 않아서 신고 시 공제를 받지 못하였다고 하더라도 이후에 국외에 소재하는 피상속인의 상속재산에 대해서 그 외국에서 상속세가 부과된 사실이 관련 증빙서류로 확인된다면 경정청구 등을 통해서 외국납부세액공제를 받을 수 있다.

단기재상속세액공제

상속개시 후에 단기간 내에 다시 상속이 개시될 때 상속세가 부과된 상속재산 중 재상속분에 대한 전의 상속세 상당액을 상속세 산출세액에서 공제하는 것을 말한다.

> 단기재상속세액공제 =
>
> $$\text{전의 상속세 산출세액} \times \dfrac{\text{재산상속분의 재산가액(＊)} \times \dfrac{\text{전의 상속세 과세가액}}{\text{전의 상속재산 기액}}}{\text{전의 상속세 과세가액}} \times \text{재상속공제율}$$
>
> ＊재상속분의 재산가액 : 전의 상속재산가액에서 전의 상속세 상당액을 차감한 것

■ **재상속공제율**

재상속기간	공제율	재상속기간	공제율
1년 이내	100%	6년 이내	50%
2년 이내	90%	7년 이내	40%
3년 이내	80%	8년 이내	30%
4년 이내	70%	9년 이내	20%
5년 이내	60%	10년 이내	10%

신고세액공제

상속세 납세의무자인 상속인이 상속세 신고기한 이내에 상속세 과세표준을 신고하면 상속세 산출세액에 할증과세액을 합한 다음 상속세 징수유예액과 기타 공제·감면세액을 공제하여 계산한 금액의 10%를 공제받을 수 있다.

이 신고세액공제는 신고만 하고 납부하지 않더라도 공제받을 수 있으므로 납부 여부를 떠나서 상속세 신고는 무조건 해야 한다.

신고세액공제 = [(상속세 산출세액 + 세대를 건너뛴 상속에 대한 할증과세액) − (문화재 자료 등의 징수유예액 + 증여세액공제 + 외국납부세액공제 + 단기재상속세액공제)] × 10%

세대생략 할증가산액과 세대생략 증여의 장점

상속인이 피상속인의 자녀가 아닌 직계비속인 손자녀일 때 상속세 산출세액에 손자녀가 받은 상속재산이 차지하는 비율로 계산한 금액의 30%에 상당하는 금액을 추가로 가산하여 과세한다. 다만 대습상속은 제외한다. 이와 같이 세대생략 할증가산액이 추가로 과세된다 하더라도 어차피 손자녀에게 증여할 재산이라면 조부모가 직접 손자녀에게 증여하는 것이 조부모가 자녀(손자녀의 부모)에게 증여하고 다시 그 자녀가 손자녀에게 증여하는 것보다 훨씬 유리하다.

■ 2단계 증여와 세대생략 증여 비교
증여재산가액(평가액) : 2억 3천만 원 (과거 증여재산 없음), 수증자는 모두 성년

(단위:천 원)

구분	2단계로 증여할 때			세대생략 증여할 때	세부담 차이
	조부모→부모	부모→자녀 (증여세 차감 후)	합계	조부모→손자녀	
증여재산가액	230,000	203,000	·	230,000	
증여세 부담액	27,000	22,140	49,140	35,100	△14,040

16 상속세 아무나 내도 상관없어

상속세는 어머니가 내주세요

상속세는 상속재산을 받는 사람, 즉 상속인이 세금을 부담해야 한다. 따라서 기본적으로는 상속인은 각자가 받았거나 받을 상속재산의 비율에 따라 세금을 부담하면 된다. 하지만 상속세의 특수성으로 세법에서는 상속인들이 연대해서 상속세의 납세의무를 부담하도록 하고 있다. 이를 상속세 연대납세의무라고 한다. 연대납세의무는 상속인 중 한 사람이 세금을 내지 못하면 다른 사람에게 세금을 부담하게 할 수 있는 제도이다. 물론 이때에도 상속인에게 본인이 상속받은 상속재산가액보다 더 많은 세금을 부담 지울 수는 없다. 다만 상속인으로부터 상속개시 전 5년 이내에 증여받은 재산만 있는 상속인 이외의 자는 상속세 납부의무 및 연대납세의무가 없다.

그런데 반대로 이 제도를 이용해 절세할 수 있다. 상속세 연대납세의무 때문에 다른 상속인이 나머지 상속인의 상속세 부담분을 대신 납부해주는 행위는 증여에 해당되지 않기 때문이다. 상속세를 누가 부담하더라도 그 상속세를 대신 부담해주는 부분에 대해서는 증여세가 과세되지 않는다. 따라서 법정상속재산 비율이 높고 배우자상속공제 적용으로 상속세를 많이 줄일 수 있는 모친 앞으로 배우자상속공제를 가장 많이 받는 방법으로 상속하고, 모친은 자신이 받은 상속재산 중에서 다른 상속인들을 대신해서 상속세를 납부해준다면 상속세도 줄이고 자녀의 상속세 부담을 줄이면서 증여세도 피할 수 있다. 이 방법이야말로 일거삼득(一擧三得)이라 할 수 있다.

연대납세의무의 범위 = 상속으로 얻은 자산총액 − 부채총액 − 그 상속으로 인하여 부과되거나 납부할 상속세액

상속받은 재산보다 더 많이 세금 내면 증여세 낸다

분당에 사는 도자금 씨는 남편이 사망한 뒤 상속세를 신고하였다. 도씨는 자신도 나이가 많아 어차피 자신이 재산을 상속받아 봐야 곧 재차 상속이 일어날 것 같아 본인은 상속재산을 하나도 받지 않았다. 그리고 상속세 또한 연대납세의무가 있어 상속세를 아무나 내도 된다는 이야기를 들었던 터라 추후 자신의 사망을 대비에 미리 자신의 재산을 줄이고자 자녀가 부담해야 할 상속세를 도 씨가 모두 대신 납부해버렸다. 이후

상속세 조사를 받았고 그리고 얼마 지나지 않아 세무서에서 자녀에게 증여세가 과세될 것이라는 통보를 보내왔다. 도 씨는 상속세를 대신 내주었기 때문에 증여세가 과세된다는 설명을 듣고 의아해했다.

상속세 연대납세의무 제도로 어느 한 상속인이 다른 상속인의 상속세 부담분을 대신 납부하더라도 이에 대해서는 증여세 과세가 되지 않는다. 하지만 이때 상속세를 대신 내어주는 상속인이 자신이 상속받은 재산보다 더 많은 금액의 상속세를 대신 부담한다면 그 초과하는 금액은 증여세 과세대상이 된다. 따라서 도 씨는 상속재산 중 본인이 가져간 재산이 하나도 없음에도 자녀의 상속세를 대신 내주었기 때문에 그 상속세에 대해서 자녀에게 증여세가 부과된 것이다. 만일 도 씨가 본인이 상속세를 낼 정도만큼의 재산을 상속받아 세금을 내었더라면 증여세 문제가 발생하지 않았을 것이다.

상속재산 말고 다른 재산도 압류된다

황당해 씨는 부친의 사망으로 상속을 받게 되었다. 하지만 상속세에 대해서 신고하였으나 형제간의 상속재산 분쟁으로 상속세를 납부하지 못했다. 얼마 후 세무서에서 상속세 조사가 나왔고, 미납된 상속세에 대해서 상속세가 추징되었다. 그런데 다른 형제들은 상속재산을 받자마자 모두 다 탕진해버려 다른 형제들의 상속세분까지 연대납세의무로 황 씨가 부담하게 되었다. 황 씨 또한 부친의 예금을 상속받아서 자신의 사업자금으로 모두 투자해서 상속세가 체납된 상태였다. 그런데 세무서에서는 상속세 체납에 따라 황 씨가 예전부터 보유하고 있었던 상가를 압류해버렸다. 황 씨는 세무서에서 압류한 상가는 상속재산이 아니기 때문에 압류를 빨리 해제하라고 세무서에 항의했다.

황 씨와 같이 상속받은 재산이 이미 사용 또는 처분되었거나, 아니면 압류가 곤란한 경우에는 과세관청에서는 체납에 충당하기 위해 상속받은 재산 말고 다른 재산에도 압류를 할 수 있다. 즉, 상속인의 납세의무 승계 범위와 동일하여 상속인의 연대납세의무 또한 상속인의 고유재산에 대하여도 상속세 징수가 가능하다. 하지만 이런 경우에도 황 씨가 받은 상속분을 초과하는 부분에 대해서는 연대납부의무가 없으므로 이를 초과하는 재산에 대해 압류할 수 없다.

상속세 납부한 자금원도 명확해야 한다

장몰래 씨는 모친이 사망한 후 가족과 함께 상속재산 분할협의를 마무리 짓고, 상속세 신고·납부까지 완벽하게 마쳤다. 모친은 부동산을 제법 보유하고 있었으나 금융자산이 거의 없어 상속세 신고는 간단했다. 따라서 세무조사가 나오더라고 별로 문제될 게 없다고 생각했다. 그러나 세무조사를 받던 장 씨는 세무조사관으로부터 뜻밖의 자료를 제시하라는 요청을 받고 난감했다. 상속세를 조사하던 세무조사관은 장 씨에게 상속세를 낸 자금출처를 제시하라고 요구한 것이었다.

장 씨는 강남에서 개인병원을 운영하였으며 소득세 탈루 부분이 밝혀질까 여러 가족 명의로 분산하여 예금을 관리했다. 그런데 이번에 모친의 상속세를 납부하면서 모친의 재산이 모두 부동산이라 하는 수 없이 자신이 관리하던 차명예금에서 자금을 인출하여 상속세를 납부했다. 결국 장 씨는 상속세 조사로 인해 자신의 과거 누락된 소득세를 추징당하게 되었다.

장 씨와 같이 과세관청에서는 상속세나 증여세를 조사할 때 기본적으로 그 세금을 낸 자금의 출처에 대해서도 세무조사를 할 수 있다. 단지 상속받은 재산으로 세금을 내면 아무런 문제가 없겠지만, 상속받은 재산이 아닌 은닉재산이나 세금탈루로 형성된 자금으로 세금을 납부한 경우라면 그 부분에 대한 증여세나 소득세가 추징될 수 있다.

상속세 신고는 필수,
세금납부는 선택

세금은 내지 않더라도 신고는 꼭 해야

상속절차를 밟음에 있어서 재산분할하는 단계가 마무리된다면 반드시 상속세 신고준비를 해야 한다. 물론 상속세 신고준비는 재산분할 과정에서부터 해야 상속공제나 세금납부 문제 등도 동시에 해결할 수 있다. 간혹 상속 과정을 보면 상속재산을 다 분배해놓고 상속인들이 모두 뿔뿔이 흩어진 상태에서 상속세 신고를 준비한다. 이런 경우 자칫 상속인 중 한 사람이 상속세를 부담하는 일도 간간이 발생한다.

상속세 신고는 절세를 위한 가장 기본적인 한 가지 방법이다. 상속세 신고를 함으로써 신고세액공제 10% 혜택을 볼 수 있기 때문이고, 나중에 신고하지 않았을 때 부과될 가산세도 피할 수 있으므로 상속세 신고는 필수사항이다. 예를 들어 상속세 산출세액이 1억 원이라고 했을 때,

상속세 신고로 공제받을 수 있는 신고세액공제가 자그마치 1000만 원이나 된다. 상속세 규모가 일반적으로 큰 금액임을 비추어볼 때, 이렇게 신고함에 따라 얻는 이익이 결코 작지 않음을 알아야 한다.

상속세 신고는 언제까지

그렇다면 상속세 신고는 언제까지 해야 할까? 상속세 신고는 상속개시일의 말일로부터 6월이 되는 날까지 하면 된다. 예를 들어 부친이 5월 7일에 사망했다고 하면, 5월 말일로부터 6개월이 되는 날인 11월 30일까지 신고하고 납부하면 된다. 그리고 만일 상속세를 납부할 자금이 없다고 하더라도 상속세는 필히 신고해야 한다. 왜냐하면 상속세 신고세액공제는 다른 세목과는 달리 굳이 납부하지 않고 신고만 하더라도 신고세액공제를 해주기 때문이다. 만약 상속인이나 피상속인이 비거주자일 때에는 상속개시일로부터 9월 내에 신고할 수 있도록 하고 있다.

<잠깐!> 증여세 신고 · 납부 기한은? 증여일이 속하는 달의 말일부터 3월
예) 증여일이 5월 15일이면 증여일이 속하는 달의 말일이 5월 31일이고, 이날로부터 3월이므로 증여세 신고기한은 8월 31일이 된다.

상속세는 실제 사실상 사망일을 인위적으로 조작하기는 어려울뿐더러 혹자는 사망일 또한 조정이 가능하다고 해도 그 자체가 사실 도덕적 측면에서 용납될 수 없다. 하지만 증여는 얼마든지 증여자와 수증자의 합의에 따라 증여일이 조정 가능하므로 만일 증여일을 월초로 잡는다면 실제 증여세 신고기한이 증여일로부터 거의 4개월 정도가 되어 1개월 의 시간을 더 벌 수 있다.

상속세 납부는 나누어내든, 상속재산으로 납부할 수 있다

상속세는 그 세액 자체가 크기 때문에 상속인의 세금납부 부담을 덜 어주기 위해 여러 가지 납부제도를 두고 있다. 일반적으로 분납과 물납 제도가 있고, 납부기간을 꽤 길게 주는 연부연납제도가 있다. 그리고 징수유예제도도 이용할 수 있다.

분납은 납부할 상속세나 증여세가 1000만 원을 초과하면 그 납부할 금액 일부를 나누어낼 수 있다. 상속세 및 증여세 분납 기한은 2월이다. 대신 연부연납을 허가받은 경우에는 분납규정을 적용하지 않는다.

■ 분납 가능 세액

납부할 세액	분납할 수 있는 세액
2000만 원 이하	1000만 원을 초과하는 금액
2000만 원 초과	그 세액의 1/2 이하의 금액

그리고 상속세 및 증여세는 다른 세금과는 달리 재산이 이동하는 데 따른 세금이나, 그 재산이 이동하는 데 금전적인 거래가 없기 때문에 세 금납부를 현금으로만 하도록 정한다면 세금을 납부하기가 쉽지 않을 것

이다. 특히 국세청 통계에 따르면 우리나라 상속재산의 60% 이상이 부동산이나 주식 등으로 이루어져 있기 때문에 세법에서는 상속세와 증여세에 한해서는 특별히 물납을 인정하고 있다. 물납은 상속 또는 증여받은 재산 중 부동산과 유가증권의 가액이 50%를 초과하고 상속세 또는 증여세액이 1000만 원을 초과할 때 허용하지만, 물납을 신청한 재산의 관리나 처분이 부적당하다고 인정될 때에는 허가하지 않을 수 있다. 2008년 1월 1일 이후 증여분에 대하여 비상장주식 등은 물납이 가능한 재산에 포함되지 않으므로 주의해야 한다.

연부연납은 물납과 마찬가지로 납세의무자가 상속세 또는 증여세 납부를 쉽게 하도록 하는 제도이다. 특히 상속세는 그 세액이 일반세금보다 규모가 크기 때문에 이러한 상속세를 일시에 납부하게 된다면 상속인이 세금납부에 부담을 느낄 수가 있다. 앞서 보았듯이 당장 현금화시켜 납부할 재산이 거의 없을뿐더러, 가령 물납을 하더라도 본인이 거주하는 주택이나 생계형 부동산 등만을 가지고 있는 경우에는 이마저도 쉽지 않기 때문에 연부연납제도로 납세에 도움을 주고 있다. 연부연납은 상속세 또는 증여세의 납부세액이 2000만 원을 초과할 때 신청할 수 있다. 다만 연부연납은 담보를 제공해야 한다. 연부연납을 할 때에는 나누어서 납부하는 세액에 대해서는 연부연납가산금을 추가로 납부해야 한다. 실제 연부연납가산금의 이율(2009년 6월 1일 이후 상속분부터 1일 9.3/10만 ⇒ 대략 연 3.4%임)은 시중은행 대출이자율보다 더 낮으므로 대출을 받아 세금을 내는 것보다 훨씬 유리하다. 이런 연부연납은 어떤 상속재산을 상속받느냐에 따라 그 기간이 달라진다. 연부연납 허가 후에 각 연도별 연도연납 기한이 되기 전에 세무서장은 납세자의 편의를 위해 연부연납할 세액(연부연납가산금 포함)이 기재된 고지서를 보내준다. 따라서 납세자는 굳이 연부연납 시마다 별도로 납부서를 작성할 필요가 없다.

■ 연부연납 납부사례
총 납부할 상속세 : 6억 원, 연부연납 기간 : 5년

(단위:천 원)

납부 시기	상속세	연부연납가산금 (일당 9.3/100,000)	납부할 상속세 합계	납부 후 상속세 잔액
신고기한	100,000,000	–	100,000,000	500,000,000
1차 연도	100,000,000	16,972,500	116,972,500	400,000,000
2차 연도	100,000,000	13,578,000	113,578,000	300,000,000
3차 연도	100,000,000	10,183,500	110,183,500	200,000,000
4차 연도	100,000,000	6,789,000	106,789,000	100,000,000
5차 연도	100,000,000	3,394,500	103,394,500	–

■ 상속형태별 연부연납 기간

상속종류	연부연납 기간
일반상속	허가일로부터 5년
가업상속재산	허가 후 2년이 되는 날부터 5년
상속재산 중 가업상속재산 비율이 50% 이상인 경우 가업상속재산	허가 후 3년이 되는 날부터 12년

상속세를 못 내서 체납되기도 한다

가끔 상속준비 부족을 설명할 때 필자는 상속세를 못 내거나 오히려 상속세가 상속받는 재산보다 많아지는 사례를 설명하곤 한다. 그런데

이런 내용에 대해 쉽게 이해를 못 하는 사람들이 많다. 또한 상속을 설명하는 책에서조차도 우리나라에서는 상속세율이 50%이므로 아무리 상속세가 많아도 상속세를 못 내는 일은 없다고 소개하기도 한다. 단지 금융자산이 부족해 부동산으로 세금을 내는 사례가 있다고 설명하고 있다. 하지만 과연 상속세를 체납하거나, 상속세가 상속재산보다 많은 경우가 없을까?

상속세를 내지 못해 체납하는 사례가 있다면 과연 어떤 경우에 그런 일을 당할 수 있을까? 대략 다음과 같은 사례에 해당되는 경우에 실제 상속세를 내지 못해 체납하는 경우가 발생한다.

1) 살고 있는 주택을 물납할 수는 없잖아요

2) 돌아가시기 전 아버지가 쓴 돈을 알 수 없어요 (추정상속재산이 많은 경우)

3) 이미 사전에 증여받은 재산을 들켜버렸어요 (사전증여재산을 무신고하고 그 재산을 다 써버린 경우)

4) 상속받고 난 후 모든 재산을 다 탕진해버렸어요

상속세는 생명력이 길다

세금도 일반인의 채권처럼 일정기간 동안 국가가 그 권리를 행사하지 않으면 세금을 부과할 수 있는 권리를 뺏어버리는 제도가 있다. 이런 제도를 제척기간이라고 하는데, 보통 국세부과제척기간이라고 하고, 이 기간이 만료되면 탈세한 사실이 확인된다 하더라도 국가에서는 더 이상 그 사람에게 세금을 부과할 수가 없다.

그래서 보통 국세부과제척기간은 일반적인 신고누락이나 허위신고는 5년이고, 무신고는 7년, 부정한 행위로 국세를 포탈하는 등은 10년으로 이 기간 내에 세금을 과세해야 한다. 그런데 상속세는 그 성격상 기간이 더 길다. 일반적으로 단순 과소신고는 10년이고, 나머지 무신고나 허위과소신고, 기타 부정한 행위로 국세를 포탈했을 때는 15년이다. 게다가 특수한 경우에는 그 상속증여가 있음을 안 날로부터 1년 내에 세금을 추징할 수 있다.

■ 상속 · 증여세의 부과제척기간

구분	내용	부과제척기간
원칙	사기, 기타 부정한 행위로 국세포탈 또는 환급 · 공제받는 경우	15년
	법정신고기한 내 과세표준신고서를 제출하지 아니한 경우	
	법정신고기한 내 과세표준신고서를 제출한 자가 허위 · 누락신고한 경우(*1)	
	위에 해당하지 아니하는 경우	10년
특례	사기 기타 부정한 행위에 의한 포탈로서 다음 중 1에 해당하는 경우(*2) ① 제3자 명의로 되어 있는 피상속인 또는 증여자의 재산을 상속인 · 수증자가 보유하고 있거나 그 자의 명의로 실명전환을 한 경우 ② 계약에 의하여 피상속인이 취득할 재산이 계약기간 중에 상속이 개시됨으로써 등기 · 등록 또는 명의개서가 이루어지지 아니하여 상속인이 취득하는 경우 ③ 국외에 소재하는 상속 · 증여재산을 상속인 · 증여자가 취득한 경우 ④ 등기 · 등록 · 명의개서가 필요하지 아니한 유가증권 · 서화 · 골동품 등 상속 · 증여재산을 상속인 · 수증자가 취득한 경우	당해 재산의 상속이나 증여가 있음을 안 날로부터 1년 이내
	조세쟁송(불복청구)에 대한 결정 · 판결이 있는 경우 (*3) (결정 · 판결에서 명의대여 사실이 확인되어 그 명의대여자에 대한 부과처분을 취소하고 실제로 사업을 경영한 자에게 국세를 부과하는 경우 포함)	결정 · 판결일부터 1년
	조세조약에 의하여 상호합의 절차가 진행 중인 경우(*3)	상호합의 종결일부터 1년
	경정청구가 있는 경우	경정청구일부터 2개월

* 1. 상속 · 증여세의 허위 · 누락신고라 함은 다음에 해당하는 경우를 말한다.
① 상속 · 증여재산가액에서 가공채무를 공제하여 신고한 경우
② 권리의 이전이나 그 행사에 등기 · 등록 · 명의개서 등을 요하는 재산을 상속 또는 증여등기 등을 하지 아니하
   고 그 재산을 상속 · 증여재산의 신고에서 누락한 경우
③ 금융자산을 상속 · 증여재산의 신고에서 누락한 경우

* 2 다음에 해당하는 경우 제외
① 상속인(수유자 포함)이나 증여자 · 수증자가 사망한 경우
② 포탈세액 산출의 기준이 되는 재산가액 50억 원

* 3 쟁송 · 합의절차 진행이 장기화됨에 따라 제척기간 만료 후 결정 등이 되는 경우에도 그 결정 등에 따라 과세
당국이 처분할 수 있도록 하기 위하여 제척기간을 연장한 것이다. 따라서 판결에 따라 부과취소 · 감액경정을 하
는 것이 가능해지며 고지의 하자로 인한 처분취소 판결의 경우 하자를 치유하여 새로 고지하는 처분(증액경정)도
가능하다.

국세청, 내 재산 어디까지 알고 있을까?

상속세를 조사를 받아본 사람들은 깜짝 놀란다. 어떻게 국세청에서 이런 내용까지 알고 있을까? 실제 본인은 몰랐던 내용을 세무조사 나온 세무조사관이 먼저 이야기해주는 경우가 허다하다. 국세청은 TIS(Tax Integrated System, 국세통합시스템)라는 전산시스템으로 납세자의 재산내역 및 그 변동상황을 꿰뚫고 있다. 이 전산시스템은 예전보다 더 발전되고, 자료 및 기능이 점점 개선되고 있다.

그렇다면 이런 전산시스템에는 과연 어떤 내용이 있을까? 가장 기본적으로 가족 내역이나 그 주민등록상 가족뿐만 아니라 호적상 가족도 조회가 가능하다. 그다음으로는 가장 많이 활용되는 분야가 부동산 취득 및 양도내역이다. 또 차량, 선박, 중기 등 등록되는 것들과 상장주식, 비상장주식 보유 및 변동내역, 사업소득 등의 소득 내역, 세무서에 신고한 신고내역, 골프회원권, 콘도회원권 등의 회원권 보유내역, 금융자산 내역(물론 이 경우에는 상속증여 등의 특수한 조사로 한정된다), 출입국 내역 등 웬만한 전산자료는 다 들어가 있다고 해도 무방하다.

국세청 전산망에는 더 많은 자료가 계속해서 쌓여갈 것이다. 따라서 앞으로 탈세하기 위해서는 엄청난 비용과 노력이 들어갈 수밖에 없다. 결국 탈세의 기회비용이 점점 더 높아져서 탈세유인은 점점 줄어들 것이다.

상속재산을 샅샅이 뒤지기 위한 금융재산 일괄조회

국세청은 상속세를 조사할 때 피상속인의 금융재산에 관한 자료를 금융기관의 장에게 일괄적으로 조회하여 그 재산을 파악할 수 있도록 하고 있다. 일반적으로 금융재산 일괄조회를 할 수 있는 대상을 세법에서 규정한다. 그 내용을 살펴보면 세무서장 등이 상속세 및 증여세를 결정·경정하기 위하여 조사할 때에는 금융실명법의 규정에도 불구하고 직업·연령·재산상태·소득신고상황 등으로 보아 상속세 또는 증여세의 탈루혐의가 있다고 인정되거나, 아래 표 안에 해당하는 상속인·피상속인 또는 증여자·수증자의 금융재산에 관한 자료를 일괄하여 조회할 수 있다.

- 부동산 과다보유자로서 종합토지세 및 재산세를 일정금액 이상 납부한 자 및 그 배우자
- 부동산임대에 대한 소득세를 일정금액 이상 납부한 자 및 그 배우자
- 종합소득세(부동산임대에 대한 소득세를 제외함)를 일정금액 이상 납부한 자 및 그 배우자
- 납입자본금 또는 자산규모가 일정금액인 법인의 최대주주 등 및 그 배우자
- 기타 상속세 및 증여세의 부과 · 징수 업무를 수행하기 위하여 필요하다고 인정되는 자로서 기획재정부령이 정하는 자(*)

* 기획재정부령이 정하는 자
① 고액의 배우자상속공제를 받거나 증여에 따라 일정금액 이상의 재산을 취득한 자
② 일정금액 이상의 재산을 상속받은 상속인
③ 일정금액 이상의 재산을 처분하거나 재산이 수용된 자로서 일정 연령 이상인 자
④ 기타 상속세 또는 증여세를 포탈할 우려가 있다고 인정되는 자

과세자료 수집과 지급조서 제출 요구

국세청은 세법으로 각 기관 등에 자료 통지를 의무화하고 있다. 특히 상속은 그 상속 여부가 누락되는 것을 방지하기 위해 크로스체크(Cross-check)하고 있다. 기본적으로 부동산은 상속등기를 통해 자료가 수집되므로 자료를 확보하기 쉬우나, 상속재산 중 부동산이 없거나 상속인이 상속등기이전을 늦게 하면 자칫 상속세를 과세하지 못할 수도 있다. 따라서 국세청에서는 등기자료 이외에 상속개시 사실을 가장 빨리 접하는 시 · 군 · 구 · 읍 · 면장에게 상속개시 또는 원인이 될 사항에 관한 신고를 받았을 때 세무서장에게 통지하도록 의무화하고 있다. 즉, 사망 또는 매장 사실을 신고받았을 때 세무서로 통보하도록 한다.

또한 혹시 등기되지 않은 부동산의 이전을 파악하기 위해 특별시장 · 광역시장 또는 도지사로부터 종합토지세의 과세대상 토지 및 납세의무자의 명세와 그 과세 현황을 통보받고 있다. 부동산이 미등기된 토지라고 하더라도 일반적으로 종합토지세는 부과되기 때문이다. 그 외에도 보험금이나 퇴직금, 퇴직수당도 그 지급자에게 지급조서를 제출하도록 하여 자료를 확보하고 있다. 특히 보험금은 2008년부터 지급조서 제출대상을 확대하여 거의 모든 보험금 관련 자료가 국세청 전산에 구축되고 있다.

■ **자료수집과 관련된 상속세 및 증여세법 규정**

자료 종류	세법조문	자료활용 내용
상속개시 자료	상속세 및 증여세법 제80조 제1항	사망사실 여부 확인, 기초상속조사를 위한 자료 출력에 활용
종합토지세 자료	상속세 및 증여세법 제80조 제3항	현재는 재산세 자료를 말하는 것으로 기존 부동산 등기자료의 보완
보험금 등의 지급명세서	상속세 및 증여세법 제82조 제1항	금융자료 및 소득자료 파악
주식 등의 명의개서 자료	상속세 및 증여세법 제82조 제3항	주식 취득 및 양도에 대한 거래내역 파악
신탁업무 자료	상속세 및 증여세법 제82조 제4항	신탁재산 파악
전환사채 등의 발행 및 인수자의 내역	상속세 및 증여세법 제82조 제6항	전환사채의 취득 및 양도 파악

과세자료의 제출 및 관리에 관한 법률

국세청은 근거과세(납세의무자의 장부나 신고를 근거로 거래 사실을 밝히어 세금을 매기는 일)와 공평과세(같은 규모의 소득이나 수입이 있으면 같은 규모의 세금을 매기는 일)를 실현하고 세무행정의 과학화와 성실한 납세풍토 조성을 목적으로 제정된 '과세자료의 제출 및 관리에 관한 법률'(이하 '과세자료제출법'이라 한다)에 따라 국가기관 등으로부터 과세자료로 활용할 수 있는 자료를 정기적으로 받고 있다. 2009년 2월 4일 개정된 과세자료제출법 시행령에서 규정하는 과세자료의 종류만 해도 71가지에 해당된다. 그 숫자가 많아 전부 다 나열할 수는 없지만, 상속·증여와 관련된 중요한 자료 몇 가지만 다음에서 살펴보자.

■ 과세자료의 범위 및 제출시기

과세자료 제출기관	과세자료명	받을 기관	제출시기
법무부	출입국관리법에 따른 국민의 출국심사 및 입국심사에 관한 자료	국세청	매년 1월 31일 7월 31일
국토해양부, 지방자치단체	건축법에 따른 건축물의 착공신고에 관한 자료	관할세무서	매년 1월 31일 7월 31일
지방해양항만청	선박법에 따른 선박의 등록에 관한 자료	국세청	매년 5월 31일
지방자치단체	건설기계관리법에 따른 건설기계의 등록 · 등록사항의 변경신고 및 등록의 말소에 관한 자료	국세청	매년 1월 31일 7월 31일
지방자치단체	어선법에 따른 어선의 등록에 관한 자료	국세청	매년 5월 31일
법원행정처	가족 관계의 등록 등에 관한 법률에 따른 가족관계등록부 또는 폐쇄등록부의 전산정보자료	국세청	매월 말일
지방자치단체	부동산등기 특별조치법에 따른 검인계약서 중 부동산을 취득할 수 있는 권리의 변동에 관한 자료	관할세무서	매월 15일

이외에도 과세자료제출법에서는 명백한 조세탈루 혐의를 확인하기 위해서는 금융기관의 장에게 조세탈루 혐의가 있다고 인정되는 사람의 금융거래정보 제출을 요구할 수 있도록 하고 있다. 결국 상속세나 증여세를 조사할 때 상속세 및 증여세법에서 규정하고 있는 대상자에 대한 금융거래정보 요청 이외에 과세자료제출법에서 규정한 금융거래정보 요청방법으로 금융조사를 할 수도 있다.

part **3**

상속을 위한 부동산의 비밀

좁은 땅덩어리 때문인지 우리나라 사람들이 부동산에 대해 갖는 애정은 다른 나라 사람들보다 더 각별한 것이 사실이다. 기본적인 지리적 특성이나 민족성이 아니라 하더라고 실물 경제에서 부동산이 부자로 가는 지름길이 되었던 사례를 너무나 많이 봐왔고, 물가가 상승하는 시기에 부동산이 물가상승에 대한 대비책으로 투자가치가 높은 것 역시 사실이다. 이런 현상을 반영하듯 우리나라 피상속인의 상속재산에서 실제 부동산이 차지하는 비율은 62.1%로 매우 높다.(국세청 〈한 눈에 보는 국세통계자료(2009)〉 참고) 이런 이유로 상속이 일어나도 상속세를 낼 자금이 없어 고생하는 사례도 많이 접하게 된다.

우리나라 상속에서 상속재산 중 부동산이 차지하는 비율이 높으므로 상속세의 많은 부분이 부동산과 연결될 수밖에 없다. 어떻게 하면 부동산을 좀더 현명하게 상속할 수 있을까? 3장에는 이러한 부동산을 상속할 때 발생할 수 있는 세금문제와 관련된 내용이 정리되어 있다. 지금도 부동산을 취득하고 있다면 앞으로 상속문제가 발생했을 때 부동산을 어떻게 정리할 것인지도 미리 고민해보아야 할 것이다.

부동산을 사랑한 아버지

강남에서 빌딩임대업을 하는 막세운 씨는 부동산업계에서 부동산 투자로 성공한 사람으로 꽤 유명하다. 젊었을 때부터 경매를 시작해서 여러 부동산을 사고, 다시 그 부동산을 부풀려서 좀더 큰 부동산을 사는 형태로 투자하여 현재 강남에 빌딩 3개, 분당에 빌딩 1개를 보유하고 있다. 막 씨에게는 부인과 아들 2명이 있다. 아들 2명은 해외 유학파로 얼마 전 국내에 들어와서 회사에 취직해서 다니고 있다. 막 씨는 아들들에게 부동산을 증여해주고 싶었지만, 아들들이 회사에 다니고 일하기를 게을리할까봐 쉽게 결정을 내리지 못한 상태에서 시간만 흘러갔다. 그러던 중 막 씨는 암으로 세상을 떠나고 말았다.

부인과 아들들은 상속재산이 많아 상속세가 많을 것이라는 주위 이야기를 듣고 세무사를 찾아갔다. 예상했던 대로 상속세가 엄청났다. 당장에 상속세를 마련하는 일이 급선무였다. 상속재산을 처분하자고 하니 세무사가 극구 말렸다. 물론 제값을 받고 팔면 좋으나 양도하는 금액만큼 상속세가 늘어나기 때문이었다. 그렇다고 건물을 물납하자니 너무 아까웠다. 연부연납을 신청하여 세금을 납부할 수 있었지만, 나누어서 납부할 금액도 워낙 커서 자금사정상 여의치 않았다. 결국 부인과 아들들은 부동산 중 그나마 임대수입이 덜 발생하는 강남에 있는 빌딩 1개를 물납하기로 하였다. 상속에 대해 아무런 준비도 하지 않았던 막 씨는 결국 자신이 사망한 후 애지중지하던 강남 요지의 부동산 하나가 허무하게 세금으로 납부되게 됨으로써 그 대가를 치르게 되었다.

18 상속으로 부동산이 나을까, 금융자산이 나을까

재산평가액이 다르다

상속세를 과세할 때 재산의 평가는 원래 시가, 즉 시세대로 평가해야 하지만 실제 시가를 알기는 어렵다. 이런 이유로 상속재산 대부분은 세법에서 정한 기준시가대로 평가한다. 기준시가는 당연히 실제 거래되는 시가보다는 훨씬 낮으므로 기준시가로 평가하면 시가로 평가하는 것보다 세금 측면에서 유리하다.

한편 금융자산은 일반적으로 상속개시 당시 금융자산의 잔액이 그냥 시가이다. 결과적으로 금융자산으로 상속재산을 가지고 있다면 상속세를 시가로 평가해서 내는 것과 같다.

따라서 재산평가 측면에서 볼 때에는 금융자산보다 부동산으로 상속하는 편이 훨씬 유리하다. 다만 부동산이라도 아파트나 빌라, 대단위 오피스텔 등과 같이 유사매매사례가액이 확인 가능한 부동산은 실제 시가로 과세될 수 있으므로 주의해야 한다.

공제되는 금액이 있거나 없거나

상속세 계산 시 금융자산은 금융자산가액의 20%를 금융자산상속공제로 상속세 과세가액에서 차감할 수 있다. 금융자산이 클수록 더 많은 금액을 공제받을 수 있고 그 한도액은 2억 원이다. 부동산은 특별히 공제해주는 규정이 없다(물론 동거상속주택에 대한 공제, 가업상속자산에 대한 공제는 있으나 이는 일반적인 공제규정은 아니다). 즉, 사안에 따라서는 부동산 평가액이 기준시가로 인해 줄어드는 효과만큼 금융자산상속공제액의 혜택으로 받는 절세효과가 더 클 수도 있다. 하지만 실제로 부동산의 가액이 점점 커진다면 부동산의 평가를 기준시가로 함에 따라 절세효과가 더 커지기 마련이다. 왜냐하면 금융재산상속공제액은 2억 원까지, 즉 금융자산 기준으로 최고 10억 원까지만 공제가 가능하기 때문이다.

세금납부할 때 편리하다

막세운 씨의 사례에서처럼 상속재산을 부동산 위주로 가지고 있다면 실제 상속세를 납부하는 일이 쉽지 않다. 어쩔 수 없이 부동산을 처분하거나 아니면 부동산을 세금으로 물납해야 하는 경우가 발생할 수 있다.

다행히 별로 쓸모없는 부동산이라면 처분하거나 물납하더라도 별 문제가 없겠지만, 알짜배기 부동산을 처분하거나 물납해야 한다면 안타까운 마음이 배가 될 것이다.

금융자산을 가지고 있다면 상속받은 금융자산을 인출하거나 해지하여 세금을 내면 되므로 절차도 간단하고 딱히 고민할 필요도 없다. 다만 금융자산 중에서도 주식은 부동산과 같이 물납하거나 처분해서 세금을 내야 한다.

상속재산도 포트폴리오가 필요하다

김구색 씨는 앞으로 자녀에게 어떤 재산을 남겨놓아야 할지 고민이다. 상속재산의 종류에 따라 상속세가 달라진다는 이야기를 들었기 때문이다. 일반적으로 부동산을 상속재산으로 남겨주는 게 좋다는 의견도 있는 반면, 금융재산을 남겨주는 게 좋다고 이야기하는 사람도 있다. 하지만 무조건 어느 한 쪽이 더 좋다고 할 수 없다.

부동산은 매매사례가액이 확인 가능한 아파트를 제외하고는 사실상 금융재산보다 낮은 가액인 기준시가로 평가되기 때문에 상속세 측면에서 유리하다. 하지만 상속재산이 부동산만 있다면 현금화가 쉽지 않아 상속세 납부에 어려움이 있을 수 있다. 금융재산은 실제 계좌의 잔액이 시가 그대로 적용되어 상속세가 계산되기 때문에 부동산보다 불리할 수 있다. 하지만 금융재산은 금융재산상속공제(금융재산의 20% 공제) 제도로 인해 최대 2억 원까지 공제가 가능하다. 또 부동산 상속은 상속재산 분배나 분배 후 처분이 쉽지 않을 수 있지만, 금융재산은 상속 후에 그냥 현금을 분배하여 사용할 수 있기 때문에 그런 측면에서는 부동산보다 더 유리할 수 있다.

결국 상속재산으로 부동산을 남겨놓는 게 좋을지 금융재산을 남겨놓을 게 좋을지는 상황에 따라 다를 수 있다. 일반적으로 사망 시까지 본인이 사용해야 할 생활자금, 사망 후 상속세를 낼 자금, 상속 이후 상속인이 긴급하게 사용해야 할 자금 정도는 금융자산으로 남겨놓는 편이 좋다. 따라서 상속재산을 어떤 재산으로 남겨놓을지, 상속재산에 대한 적절한 자산 포트폴리오를 어떻게 구성할 것인지를 고민할 필요가 있다.

19

아파트와 단독주택은
상속 세금이 다르다

김궁금 씨의 부친은 얼마 전 노환으로 사망하였다. 김 씨는 부친의 사망에 따라 상속절차를 밟고 부친의 상속재산을 정리하기 시작했다. 부친의 상속재산으로는 금융자산 일부와 주택 2채가 남아 있었다. 김 씨는 여동생과 상속재산을 협의분할하면서 금융자산은 상속세를 낼 자금으로 일단 남겨놓고, 주택 2채는 각각 1채씩 나누어 갖기로 하였다. 주택 2채 중 1채는 시세 10억 정도 하는 아파트였고, 다른 1채 역시 시세 10억 정도의 단독주택으로 부친이 거주하던 곳이었다. 김 씨는 아파트를 받기로 하였고, 여동생은 부친을 모시고 계속 거주하였던 단독주택을 가져가기로 했다.

상속세를 신고하기 위해 세무사 사무실을 찾은 김 씨는 세무사로부터 아파트를 상속받은 사람이 부담해야 할 상속세가 더 많을 거라는 이야기를 들었다. 김 씨는 시세가 동일한 주택을 나누어 가졌는데 부담해야 할 상속세가 서로 다르다는 점이 도무지 이해되지 않았다.

김 씨처럼 상속재산을 분할할 때에는 일반적으로 상속재산을 현재 시가 기준으로 나누어 가진다. 문제는 이렇게 상속인들이 생각하는 시가는 세무서에서 인정하는 시가가 아니다. 특히 단독주택은 특수성이 워낙 강해 실제 시가를 알 수 없을 뿐만 아니라 비교대상이 되는 주택을 찾는 것은 거의 불가능하다. 반면 아파트는 평형이 동일하고 층수 등이 유사한 다른 아파트가 거래된 사실이 있다면 그 가액을 유사매매사례가액으로 하여 시가로 볼 수 있다. 따라서 실제 시세가 비슷한 아파트와 단독주택가 있다면 아파트를 상속받거나 증여받을 때 부담하는 상속세나 증여세가 더 많아진다.

■ 아파트 vs. 단독주택

구분	아파트	단독주택
평가기준	유사매매사례가액	기준시가 (주택 공시가격)
적용기준시가	공동주택 공시가격	단독주택 공시가격
실제 적용된 평가금액	거의 시세와 같음	시세의 60~70% 정도

20

1세대 1주택은 상속공제 해준다

동거하던 1주택은 공제받을 수 있다

국토해양부에서 발표한 2008년 우리나라 주택보급률은 100.7%이다. 단순하게 이 주택보급률로만 본다면 상속받는 재산 중에는 적어도 주택이 한 채씩이 있다는 이야기가 된다. 상속주택이 몇 채 있었는지 아니면 상속주택을 누가 상속받는지에 따라 상속 이후 상속인들의 세부담이 달라질 수 있다. 당연히 상속주택이 많을수록 상속가액이 높아져 상속세가 많아지겠지만 1세대 1주택자로부터 상속받을 때에는 상속세 계산 시 세액공제를 해주고 있다. 이를 동거주택상속공제라고 한다. 동거주택상속공제는 피상속인의 사망으로 인하여 피상속인과 상속인이 10년 이상 동거한 주택이 상속되는 경우 그 주택가액의 40%(5억 원 한도)를 상속세 과세가액에서 공제한다. 이때 주택은 상속개시일 현재 1세대

1주택(고가주택인지 여부는 관계없다)이어야 하고, 상속받는 상속인이 무주택자이어야 한다. 그리고 징집이나 취학, 근무상 형편, 질병 요양 등의 사유로 동거하지 못하는 경우에는 이 기간 동안 계속 동거한 것으로 보기 때문에 이 기간까지 포함하여 동거기간을 계산하면 된다.

공동상속주택은 누구의 소유로 볼까

주택을 상속받으면 그 주택을 누구 명의로 받는지 아니면 공동명의로 상속받는다면 누구의 주택으로 볼 것인지에 따라서 세금 문제가 달라진다. 그중에서도 양도소득세에 영향을 미친다. 상속인 간에 협의가 잘되어 주택을 상속인 중 1명의 명의로만 상속받는다면 당연히 그 주택은 그 상속인의 소유가 되며 그 상속인은 상속받는 주택과 자신의 주택을 합쳐서 주택수를 계산하면 된다.

하지만 여러 사람 명의로 공동상속받게 된다면 소득세법에서는 상속지분이 가장 큰 자의 소유로 보아 주택수를 계산하게 된다. 예를 들어 A, B, C 세 명의 공동상속인이 있는데 이중 A는 3/7 지분을, B는 2/7 지분을, C는 2/7 지분을 상속받았다고 하면, A는 양도소득세 계산 시 주택수를 계산할 때 자신이 보유하고 있는 기존의 주택과 상속받는 주택을 합하여 주택수를 계산해야 하지만, B와 C는 상속받는 주택에 대해서는 그 지분은 가지고 있어도 양도소득세 계산 시 주택수를 고려할 때에는 해당 지분은 주택으로 보지 않는다는 의미이다.

다만 공동으로 주택을 상속받았으나 그 소유지분이 가장 큰 사람이 2명 이상인 경우에는 당해 주택에 거주하는 자를 우선으로 하여 그의 소유 주택으로 계산하고, 거주하는 자가 없거나 함께 거주한다면 최연장자의 소유로 보아 주택수를 계산한다.

상속받은 입주권도 주택으로 본다

소득세법에서는 2006년 1월 1일 이후 최초로 도시 및 주거환경정비법에 따른 주택 재개발사업 또는 주택 재건축사업의 관리처분계획이 인가된 조합원 입주권을 주택으로 보아 주택수 계산에 포함시키도록 하고 있다. 원래 조합원 입주권은 일종의 권리로서 그 입주권이 최종적으로 주택으로 분양 등기되기 전까지는 주택으로 보지 않았지만, 부동산투기 대책의 일환으로 다른 주택을 양도할 경우에 그 조합원 입주권을 주택으로 보도록 세법이 개정되었다.

이렇게 조합원 입주권을 주택으로 본다면 기존에 주택을 보유하고 있다가 해당 주택이 2006년 1월 1일 관리처분계획 인가를 받아 입주권을 취득하게 된 경우 이외에도 2006년 1월 1일 이전에 입주자로 선정된 지위, 즉 입주권을 2006년 1월 1일 이후에 매매나 상속 등으로 취득하게 된 경우에도 주택수에 포함시키도록 하고 있다. 결국 2006년 1월 1일 이후에 조합원 입주권을 상속 등으로 승계취득했다면, 주택으로 보아 주택수 계산 시 이를 포함해야 한다.

1주택 소유의 상속인이 주택을 상속 받으면

상속받기 전 1주택을 소유하고 있던 상속인이 피상속인의 사망으로 주택을 상속받은 경우에 그 상속받는 주택은 상속인이 상속받은 주택 이외의 주택을 양도할 때에는 주택수에 포함하지 않는다. 따라서 상속주택 이외의 다른 일반주택을 양도할 때 그 일반주택이 1세대 1주택 비과세 요건을 갖추고 있다면 주택이 1채만 있는 것으로 보아 비과세를 적용받을 수 있다.

일반적으로 1세대 다주택자가 주택을 양도하면 양도소득세가 50% 또는 60%의 세율로 중과(2010년 12월 31일까지는 일반세율 적용, 투기지역은 일반세율에 10% 추가세율 적용)되고 장기보유특별공제도 배제된다. 하지만 상속받은 주택을 5년 내에 처분하면 양도소득세 중과대상에서 제외시켜 일반세율로 양도소득세가 과세되고, 장기보유특별공제까지 받을 수 있다.

21 근저당권 설정된 부동산 평가하기

대출금으로 상속세를 줄이지 못한다

금융기관에서 대출을 받으면 부동산 등의 담보물에 근저당권을 설정한다. 부동산 등기부등본을 보면 이런 근저당권이 설정될 때 채권최고액과 채권자가 기재된다. 이렇게 금융기관에서 받은 대출금은 채무로서 상속세 계산 시 상속재산가액에서 차감하므로 대출금이 있다면 상속재산이 줄어든다.

따라서 상속세 절세를 위해 대출을 받기도 하는데, 이는 올바른 절세 방법이 아니다. 대출을 받는다고 해서 상속세 자체가 줄어들지는 않기 때문이다. 딱히 사용처도 없는 대출을 받는다면 어차피 그 자금은 금융기관에 고스란히 금융자산으로 남을 것이고, 이 금융자산은 당연히 상속재산가액에 포함되므로 상속세에 변동이 없다. 그리고 금융자산상속공제 대상 금액도 금융재산가액에서 금융채무가액을 차감한 순금융재산가액으로 계산하므로 이 역시 절세효과가 없다. 단지 대출에 따른 이자만 비용으로 지출될 뿐이다.

만일 이 대출금을 예금자산에 두지 않고, 현금으로 찾아서 쓴다고 하자. 이 역시 자금의 사용처가 불분명하다면 상속세 과세대상이 될 수 있다. 대출발생액이 상속개시일 전 1년 내 2억 원 이상, 2년 내 5억 원 이상에 해당하고 사용처를 밝히지 못하면 다시 추정상속재산가액에 해당되어 상속재산가액에 포함된다.

저당권 등이 설정된 재산의 평가

대출받을 때 한 가지 주의해야 할 점은 상속재산을 평가할 때 상속재산에 근저당권 등이 설정된 경우 그 채무액이 상속재산의 평가액보다 클 때는 그 채무액을 상속재산가액으로 볼 수 있도록 하고 있다. 예를 들어 상속재산인 토지를 공시지가로 평가하면 3억 원이었는데, 해당 토지를 담보로 받은 대출금은 채무 잔액이 4억이라고 한다면, 그 4억 원이 토지의 평가액이 되어 상속세가 추가로 더 발생한다.

결국 상속재산이 될 부동산에 대해서 담보를 설정해서 대출을 받는다면 이처럼 상속세에 미치는 영향도 고려해보아야 할 것이다. 상속재산에 저당권 등이 설정되어 있는 경우에는 해당 재산이 담보하는 채권액 등을 기준으로 하여 평가한 가액과 다른 방법으로 평가한 가액 중 큰 금액을 그 재산의 가액으로 한다.

■ 채권액 등을 기준으로 하는 평가액

구분	특례평가액
공동저당권이 설정된 재산	당해 재산이 담보하는 채권액을 공동저당재산의 평가기준일 현재의 가액으로 안분계산한 가액
근저당권이 설정된 재산	평가기준일 현재 당해 재산이 담보하는 채권액
기타 저당권이 설정된 재산	당해 재산이 담보하는 채권액
질권이 설정된 재산	당해 재산이 담보하는 채권액
양도담보재산	당해 재산이 담보하는 채권액
전세권이 등기된 재산의 가액	등기된 전세금 또는 임대보증금

22

부동산 매매 진행 중에 사망하였다면

　구준폭 씨는 파주에 있는 토지를 금준대 씨에게 매도하는 중에 교통사고로 사망하였다. 구 씨의 상속인은 상속세 신고 시 매매 진행 중인 토지를 상속재산에 포함해야 하는지 궁금했다.

　일반적으로 매매 진행 중인 부동산을 상속재산에 포함할 것인지 여부는 사망시점이 잔금을 받기 전인지 아니면 잔금을 받은 후인지에 따라 다르게 취급된다. 세법에서는 기본적으로 부동산의 소유권이전 시기, 특히 매매를 원인으로 소유권이전을 하는 경우에는 잔금청산일이나 소유권이전 등기일 중 빠른 날로 보기 때문이다. 따라서 사망시점에 아직 등기이전이 되지 않았지만, 잔금청산이 이루어졌다면 소유권이 이전된 것이므로 그 소유권이 이전된 후 누구의 소유인지에 따라 상속재산에 포함시키면 된다.

　다만 소유권이전등기도 이루어지지 않고 잔금지급까지 되지 않았다면 과연 상속재산에 포함시켜야 할 것인지, 포함시킨다면 어디까지를 상속재산으로 보아야 할 것인지가 문제가 된다.

매도하는 사람이 잔금을 영수하기 전에 사망한 경우

위 사례에서 구 씨와 같이 매도하는 사람이 잔금을 받기 전에 계약금이나 중도금까지만 지급받은 상태에서 사망하였다면 양도대금 전액에서 사망 전에 받은 계약금과 중도금을 차감한 잔액이 상속재산가액이 된다. 결국 부동산이 아직 소유권이 이전되기 전이므로 부동산가액(시가가 확인 가능하므로)을 상속재산으로 포함시키고, 이미 받은 계약금과 중도금은 소유권이전등기가 되기 전까지는 매도인이 미리 받은 일종의 채무이므로 이 채무를 차감한 것과 동일하다. 단, 이미 받은 계약금과 중도금이 구 씨의 예금계좌에 남아 있다면 이 금액은 당연히 구 씨의 상속재산에 포함시켜야 한다.

매수하는 사람이 잔금을 지급하기 전에 사망한 경우

만일 위 사례에서 금 씨가 계약금과 중도금을 구 씨에게 지급한 상태에서 사망했다면 금 씨의 상속인들은 이미 지급한 계약금과 중도금만을 상속재산에 포함하면 된다. 이 역시 부동산소유권이 아직 이전되지 않은 상태이므로 부동산은 당연히 상속재산에 포함해서는 안 되고 다만 이미 지급한 계약금과 중도금은 일종의 채권으로서 상속재산에 포함된다.

■ 매매계약 이행 중 사망한 경우 상속재산

구분	사망 전에 잔금이 청산된 경우		사망 전에 잔금이 청산되지 않은 경우	
	매도자	매수자	매도자	매수자
매도자 사망 시	부동산 전체가 상속재산 아님	–	양도대금-(계약금+중도금)	–
매수자 사망 시	–	부동산 전체가 상속재산임	–	계약금+중도금

23

사망 전 받은 토지보상금
제대로 관리하기

최근 신도시개발 등의 공공사업 시행으로 거액의 토지보상금을 받는 사람들이 많다. 특히 이런 공공사업 시행에 따른 토지보상금을 수령하는 사람들 대부분이 고령자다. 결국 고령자가 토지보상금을 받는다면 필연적으로 상속세 측면에서 주의해야 할 내용이 있게 마련이다. 이하에서는 토지보상자가 보상금을 받는 경우 상속 측면에서 주의해야 할 내용을 살펴보자.

보상금으로 부동산 구입을 자제하라

일반적으로 토지나 건물 등을 보유하고 있던 사람이 토지수용으로 거액의 토지보상금을 받으면 가장 먼저 부동산 구입을 생각한다. 부동산으로 거액의 토지보상금을 받았으므로 부동산투자에 대한 신뢰도가 높기도 하고, 토지수용으로 이전해야 할 주택이나 사업장 등을 구입할 필요도 있기 때문이다. 하지만 토지보상금으로 부동산을 구입하는 일은 조심해야 한다. 토지보상금을 수령한 자와 그의 가족에 대해 국토해양부와 국세청에서는 입체적으로 부동산 거래내역을 파악하고 있기 때문이다. 따라서 섣부른 부동산 구입 등으로 받지 않아도 될 세무조사를 받아 낭패를 겪을 수도 있다. 물론 거주를 위한 1세대 1주택 또는 경작을 위한 농지 등의 대체취득은 법 허용범위 내에서 실행하는 것은 바람직하고, 꼭 필요한 용도의 부동산은 구입할 수밖에 없다. 다만 이 경우에도 보상금 수령자의 명의가 아닌 다른 가족, 특히 자녀 명의로 취득하는 일은 자제해야 한다. 취득 즉시 국세청으로부터 사전상속혐의조사나 취득자금출처조사를 받을 수 있기 때문이다. 또한 부동산 구입 후 재산세 및 종부세 등의 보유세 부담도 고려해야 하고, 이후 부동산을 다시 처분할 때 세금 중과에 따라 투자 수익이 좋지 않을 수도 있으므로 부동산 구입에 신중을 기해야 한다.

보상금을 자녀에게 줄 때 반드시 신고하라

거액의 보상금을 받고서는 무턱대고 배우자나 자녀에게 보상금을 나누어주는 경우가 많다. 하지만 보상금을 정상적인 증여세 신고 없이 자녀 명의 계좌에 예금하거나, 차명계좌에 입금하는 것은 좋지 않다. 보상금이 지급되면 자녀에게 보상금 일부를 나누어주고 싶은 마음이 생기게 마련이다. 그렇다고 무작정 자녀에게 예금을 증여해주거나, 금융소득종합과세를 피하고자 차명계좌에 입금하면 추후 국세청으로부터 조사를 받아 증여세가 추징될 수 있다. 만일 자녀에게 증여하려면 정상적으로 증여세를 신고·납부하여 자금을 받은 자녀가 편안한 마음으로 자금을 운용할 수 있게 해주는 게 낫다. 특히 연로자가 거액의 보상금을 수령한 경우 향후 상속세 문제를 고려할 수밖에 없는데, 보상을 받은 지 얼마 되지 않아 사망하여 상속세 조사를 받는다면 국세청에서 피상속인이 사망하기 전 10년 이내의 계좌거래내역을 빠짐없이 확인하므로 더욱 주의해야 한다. 특히 사망 전 1년 내에 2억 원 이상, 2년 내 5억 원 이상의 재산이 수용되어 보상금을 받으면 상속인이 그 자금의 사용처를 일일이 소명해야 하므로 어떤 경우든 세금으로부터 자유로울 수 없다.

상속세를 대비할 수 있는 세금 전략을 짜라

실제 나이가 많은 보상금 수령자의 상속세 절세방법은 거의 없으나, 아직 60대 이전이라면 각종 자산운용 시 상속세를 대비한 자산운용 전략을 세울 필요가 있다. 예를 들어 정상적인 증여세 신고를 통한 사전증여를 이용해 미리미리 자산을 상속인에게 배분하고 최종적으로 상속하게 될 재산을 줄여나갈 수 있다. 또한 증여를 통해 금융소득을 분산시킴으로써 금융소득합산과세의 부담을 줄일 수도 있다. 비과세나 분리과세되는 금융상품을 가입하여 세부담을 줄이는 일은 기본이다.

특히 고령자가 보상금을 수령한 후 그 자금으로 부동산을 다시 구입하는 행위는 그다지 바람직하지 않다. 상속이 발생할 때 이 부동산 때문에 상속세를 낼 자금이 부족할 수도 있고, 부동산을 구입하는 과정에서 불필요한 비용도 많이 발생하기 때문이다. 이처럼 보상금을 받앗다면 철저하게 사용계획을 세워 자금을 운용해야 하고, 상속계획도 장기적으로 세워야 한다.

■ **거액 보상금 사용 시 고려해야 할 사항**

부동산 구입	구입비용, 보유에 따른 세금, 취·등록세, 양도 시 양도소득세 문제, 구입에 따른 자금출처조사 문제 등
금융자산 운용	금융소득종합과세 문제, 차명계좌 사용 시 문제 등
증여세	수증자, 증여세 신고 여부 등
상속세	상속세 납부자금, 상속세 절세를 위한 증여 문제 등

24

임대부동산은 임대료로 평가한다

임대부동산의 상속재산 평가하기

이만호 씨는 서울 종로에 있는 빌딩을 상속받았다. 상속받은 빌딩은 비록 서울 중심가에 있는 건물이지만 시세보다는 공시지가와 건물기준시가가 낮게 잡혀 있어서 실제 내야 할 상속세가 많지 않을 것으로 생각했다. 상속세 계산을 세무사에게 의뢰했던 이 씨는 계산된 상속세 규모를 보고 놀라움을 금치 못했다. 상속재산가액이 자신이 생각했던 것보다 높게 잡혀 있었을 뿐만 아니라, 상속재산 평가를 기준시가나 공시지가로 하지 않고 건물의 임대료로 평가한 것을 보고 의아해했다.

이 씨의 생각처럼 일반적으로 상가부동산과 같은 건물을 상속받는다면 토지의 기준시가와 건물의 기준시가를 구해서 그 가액으로 상속재산을 평가한다. 하지만 상가부동산과 같은 임대용 부동산의 임대보증금 및 임대료로 평가한 가액〔임대보증금+(임대료×월수)÷12%(기획재정부령이 정하는 율)〕이 기준시가보다 더 크다면 그 임대료로 평가한 금액을 상속재산가액으로 보도록 하고 있다.

■ 임대가액 계산 시 적용되는 이율(기획재정부령이 정하는 율) 기간별 적용

구분	1999. 5. 7 ~ 2009. 4. 22 상속 · 증여분	2009. 4. 23 이후 상속 · 증여분
적용되는 이율	18%	12%

임대용 부동산을 상속받을 때 부동산 평가액이 임대보증금 및 임대료로 평가될 경우 특히 임대보증금만 받고 있다면 해당 임대보증금은 채무액으로 상속재산가액에서 공제된다. 이때 실제로 그 부동산에 대해서는 상속세가 과세되지 않는다. 부동산 평가액은 임대보증금이고, 상속재산가액에서 공제해야 할 채무액도 임대보증금이므로 결국 상속세가 과세될 금액이 없기 때문이다.

상속세를 줄이기 위해 월세를 임대보증금으로 전환하는 게 나을까?

종로에서 부동산 임대업을 하는 김동찬 씨는 최근 동창 모임에 나갔다가 친구들로부터 월세를 임대보증금으로 바꾸면 상속세를 줄일 수 있다는 이야기를 들었다. 그래서 김 씨도 자신의 건물에 입주해 있는 임차인들에게 어떻게 하면 월세를 전세로 바꾸어달라고 할 수 있을까를 고

민 중이었다. 김 씨의 친구들 이야기와 같이 상속건물의 임대보증금은 그 자체가 채무이므로 해당 임대보증금은 상속재산가액에서 차감된다. 따라서 임대보증금이 클수록 상속재산가액이 줄어들어 상속세가 적어진다. 하지만 임대보증금이 많으면 상속세를 줄일 수 있다고 해서 허위로 임대보증금을 높이는 것은 곤란하다. 결국 상속세 조사에서 과세관청이 세입자에게 임대보증금의 사실 관계 여부를 확인하기 때문이다.

상속이 임박하여 월세를 임대보증금으로 전환하면 세금을 줄이지 못하는 결과가 발생할 수 있다. 왜냐하면 상속세 조사 시 임대보증금의 신고가 제대로 되었는지 조사하는 과정에서 임대보증금으로 수령한 자금이 어디로 갔는지 추적하고 실제 그 임대보증금이 따로 사용되지 않았다면 결국 상속재산에 추가되므로 상속세 절세효과가 전혀 없다. 더욱이 임대보증금을 현금으로 빼간다고 하더라도 상속개시일 전 1년 이내 2억 원, 2년 이내 5억 원 이상이 되는 임대보증금이 빠져나갔다면 상속인은 그 임대보증금의 자금사용처를 밝혀야 한다. 만일 상속인이 그 임대보증금의 사용처를 밝히지 못한다면 그 금액은 상속추정재산으로 보아 상속세가 과세될 수 있기 때문이다.

줄여서 신고한 임대소득, 사망 후에 다 낸다

상속재산 중 부동산, 특히 임대하는 주택이나 상가가 있다면 이미 피상속인이 받은 임대보증금은 채무로서 상속재산에서 차감할 수 있다. 따라서 대부분 상속인은 상속세 신고 시 상속세를 조금이라도 줄이기 위해 임대보증금을 실제 있는 그대로 신고한다. 상속인 입장에서야 지극히 당연한 일이지만, 이후에 생각했던 것보다 더 큰 문제가 발생할 수 있다.

임대하는 부동산이 상속재산에 포함되어 있는 경우에는 상속세 조사 시 실제 임대사실 여부와 임대보증금 및 월세가 정확한지를 각 세입자에게 직접 확인하든지 아니면 서면으로 요청하여 그 금액을 확인한다. 이러한 과정에서 당초에 피상속인이 살아 있는 동안 세무서에 신고했던 임대보증금이나 월세가 실제와 다른 것이 확인될 가능성이 크다. 일반적으로 임대사업자가 소득세나 부가가치세를 줄이기 위해 임대차계약서를 이중으로 작성해서 임대보증금이나 월세를 적은 금액으로 신고하는 경우가 많은데, 상속인들이 이를 무시하거나 아니면 이런 사실을 모른 채 상속세 신고 시 원래 금액으로 채무공제를 하게 된다. 결국 이 경우에 상속세는 줄일 수 있지만, 부가가치세나 소득세를 적게 신고한 부분에 대해서는 세금을 추징당할 수 있다.

부동산재산 상속 vs. 금융재산 상속

구분	부동산재산	금융재산
평가	아파트 같은 시세 확인 가능한 부동산을 제외하고는 시가보다 낮은 기준시가로 평가됨. 1세대 1주택은 주택상속공제	기본적으로 시가로 평가됨. 단, 비상장주식은 보충적 평가방법으로 평가됨
상속공제	1세대 1주택에 대한 주택상속공제만 있음	모든 금융자산에 대한 금융자산상속공제 가능
재산분할 절차	등기절차를 밟아야 하므로 재산분할 절차가 복잡함	등기 절차가 없어 재산분할이 쉬움
상속세 납부재원	상속세 납부를 위한 현금화가 쉽지 않음	이미 현금화되어 있으므로 상속세 납부 재원으로 즉시 활용 가능. 단, 비상장주식의 경우 현금화가 어려움
상속세 신고	신고할 시가 및 기준시가가 대부분 확정되어 있어 신고 시 어려움이 없음	금융계좌 및 금융거래내역이 많은 경우 상속추정재산 및 기증여재산 유무 확인으로 신고가 까다로움
상속세 조사	부동산 거래내역이 100% 노출되어 있어 모두 조사대상이 됨, 조사하기가 비교적 간단함	금융자산의 경우 거래내역을 100% 추적하기 힘들고, 경우에 따라 과세누락되는 사례가 많음, 금융계좌 및 금융거래내역이 많은 경우 조사가 오래 걸림
명의신탁·차명	기본적으로 부동산실명법에 따라 명의신탁이 쉽지 않고, 적발될 경우 과태료 부과 등의 위험성이 있음	비교적 차명이나 명의신탁이 용이하고, 적발하기도 쉽지 않음
노후 생계대책	임대 수입, 주거용	이자 수입, 보험금 수령

part4

상속을 위한 금융의 비밀

상속세 문제에 있어서 가장 민감한 부분이 금융자산이다. 실제 금융자산에 대해 과세관청에서는 특별한 경우를 제외하고 거의 방관하다시피 하고 있으므로 문제의 심각성을 알지 못하다가도 상속이 일어나 상속세 문제가 발생하면 180도로 달라지므로 힘든 상황이 발생하는 경우가 많다. 특히 요즈음 경제활동이 활발해지면서 금융자산이 상속재산에서 차지하는 비율이 점차 증가하는 추세다. 이에 비해 금융자산을 관리하는 일반인의 태도는 걱정스러울 정도로 세금 문제에 둔감하다.

4장에서는 금융자산을 보유하고 있다가 사망할 때 부딪히게 될 여러 상속 문제와 상속세 문제를 정리해놓았다. 특히 금융자산은 자산의 이동 자체가 용이해 탈세의 유혹에 빠지기 쉬운 만큼 상속세 세무조사의 주된 대상이 되고 있으므로 그런 부분에 대해 생각할 수 있는 내용을 포함하고 있다. 이 장을 통해 앞으로 상속을 준비하는 사람들은 어떻게 금융재산을 관리해야 할지 쉽게 감을 잡을 수 있을 것이다.

금융자산으로 장난치지 마

수십 년간 건설회사를 운영했던 명도용 회장은 몇 년 전 뇌졸중으로 쓰러져 집에서 계속 치료 중이다. 최근에는 치매 증세까지 급격하게 심해진 상태이다. 명 회장에게는 아들 2명이 있는데 큰아들은 현재 미국에서 거주하고 있고, 작은아들만이 부친의 곁을 지키고 있다. 명 회장을 모시는 작은아들은 거동이 불편한 부친이 시키는 심부름을 도맡아서 해왔다.

그러던 중 작은아들은 부친의 치매 증세가 심해지자 상속 문제가 걱정되었다. 부친의 심부름으로 은행을 드나들던 아들은 부친이 본인 명의가 아닌 건설회사 운영 당시 직원들(운전기사, 상무, 전무, 집사 등) 명의로 약 100억 원 정도의 예금을 운용하고 있었던 사실을 알게 되었다. 작은아들은 이 차명예금을 계속 가지고 갈 수 없다고 판단했다. 이런저런 걱정을 하던 아들은 세무사인 대학선배를 찾아가 상담했다.

우선 차명예금의 규모가 너무 커서 문제해결이 쉽지 않았다. 다행히 통장이나 인감을 부친이 관리하고 있어서 자금을 인출할 수 있다면 어렵지 않지만 이후에 발생할 문제도 간과할 수 없었다. 무엇보다도 차명 예금이 더 있는지 여부도 정확히 알 수 없을뿐더러, 이미 차명예금의 명의인들 또한 고령자들이어서 혹 명의인들이 사망한다면 그쪽 상속인들과 재산분쟁 및 명의인들의 세무조사 문제도 발생할 수 있었다.

차명예금을 모두 찾아온다고 하더라도 부친이 사망한다면 이 예금은 모두 상속재산에 포함되어 거액의 상속세가 과세될 것이다. 혹시 차명예금을 찾아오지 못하더라도 실제 차명예금이라는 사실이 세무조사에서 밝혀진다면 이 차명예금 역시 모두 부친의 상속재산으로 보아 상속세가 부과됨은 물론 차명예금으로 발생한 금융소득에 대해 종합소득세 합산 신고 누락으로 보아 종합소득세까지 추징당할 수 있다.

25 대출채무가 상속과 증여에 미치는 영향

부자지간의 채권채무 관계를 인정해줄까

자녀 명의로 부동산을 구입할 때 자금출처로 부모에게 빌린 자금(채무)도 인정해주는지 여부를 묻는 사람들이 많다. 기본적으로 세법에서는 부모와 자녀 간의 채권채무 관계를 인정하지 않는다. 따라서 부동산을 구입하기 위해 부모가 자녀에게 빌려주는 돈은 그냥 증여로 보아 증여세가 과세될 수 있다.

하지만 이때에도 부모가 자녀에게 돈을 빌려줄 수밖에 없는 객관적인 사유와 실제 부모로부터 돈을 빌린 자녀가 부모에게 매달 이자를 지급하든지 아니면 원금을 상환한 사실(금융거래내역, 담보제공 등), 자녀의 자금상환능력 등이 객관적으로 확인되면 그 채권채무 관계를 인정받을 수 있다. 다만 세무서에서 채권채무 관계를 인정해주더라도 그 이자지급과 관련하여 자녀가 적정이자율(연 9%)보다 낮은 이자율로 이자를 지급했거나 이자 없이 무상으로 금전을 빌렸다면 그 적정이자와의 차액분에 대해서 자녀에게 증여세가 과세될 수 있으므로 주의해야 한다.

담보 제공에 따른 대출과 증여세 문제

자녀가 본인 이름으로 대출을 받으려고 하더라도 소득 규모나 대출 규제 등으로 필요한 만큼의 자금을 모두 대출받지 못하는 경우가 더러 있다. 이럴 때 부모 명의의 예금이나 부동산 등을 담보로 제공받아 대출받는 사례가 있다. 이처럼 자녀가 대출을 받는 데 있어서 부모의 부동산이나 예금을 담보로 제공받을 때에도 증여세가 과세될까?

타인으로부터 담보를 제공받아 대출받은 경우에는 세법상으로 그 담보제공용역에 따른 수수료가 증여재산가액이 되고, 그 금액이 1000만 원을 초과하면 과세대상이 된다. 이 수수료는 시가로 산정되어야 하는데 실제 수수료 시가를 측정하기가 어렵고 그 과세대상 또한 많지 않아 실제 과세되는 사례는 거의 없다. 굳이 수수료 시가를 측정한다면 신용보증기금 등에서 부과하는 지급보증 수수료 정도(통상 1~2% 정도)가 기준(이 기준이라면 대략 5억 원~10억 원 이상을 담보제공 받아 대출받은 경우에 한해 증여세 과세대상이 됨)이 될 수 있을 것이다.

사망 전에 대출받으면 상속세를 줄일 수 있을까?

상속세를 계산할 때 총상속재산가액에서 피상속인(사망한 사람) 생전에 발생했던 채무로써 사망 당시에 남아 있는 채무잔액을 공제해준다. 따라서 채무잔액이 많으면 많을수록 상속세가 줄어든다. 그렇다면 사망 전에 대출을 많이 받으면 상속세를 줄일 수 있을까?

세법에서는 사망개시일, 즉 상속일로부터 1년 내에 2억 원, 2년 내에 5억 원 이상에 해당하는 금액(해당 기간 동안의 누계치)의 채무가 발생했다면 그 사용처를 제시하도록 하고 있고, 그 사용처를 밝히지 못하면 용도를 밝히지 못한 금액은 상속재산으로 추정하여 상속세를 과세한다. 또한 그 사용처를 밝혀야 하는 금액(1년 내 2억 원, 2년 내 5억 원)보다 대출금액이 적다고 하더라도 일반적으로 사망 전에 임박하여 대출받은 사실이 있다면 세무서에서는 그 자금흐름을 추적하여 자금이 자녀들에게 흘러 들어 가지 않았는지 여부 등을 조사한다.

결국 사망 전에 대출받은 금액이 채무로 상속재산가액에서 공제된다 하더라도, 사망 당시에 그 대출금을 사용하지 않고 예금계좌에 그대로 두거나, 사용하였다고 하더라도 그 사용처가 불분명하거나, 대출받은 자금을 자녀에게 주었다면 상속재산가액에서 채무로 공제받는 대출금액만큼 다시 그대로 상속세 계산 시 상속재산가액에 합산되므로 오히려 상속재산 누락에 대한 가산세나 대출이자만 더 부담하는 결과가 발생한다. 따라서 사망 전에는 피상속인의 병원비나 생활비 등 특정한 사용목적이 있는 경우가 아니라면 굳이 상속세만을 줄이기 위해서 대출을 받는 일은 의미가 없다.

상속세 납부를 위한 부동산 담보대출

주억지 씨는 부친의 사망으로 상속세 신고를 다 마쳤으나 상속세 납부자금을 마련하지 못하던 중, 금융기관으로부터 상속받은 임대용 부동산을 담보로 대출을 받을 수 있었다. 주 씨는 매달 지출되는 대출이자 및 필요경비를 임대소득으로 메워나가고 있었다. 주 씨는 5월 소득세 신고기간이 되자 해당 대출금은 부친의 재산을 이전해오기 위해 지불된 비용과 직접 연관되어 있으므로 세무사에게 필요경비로 처리해 소득세를 신고해달라고 요청했다. 하지만 세무사는 상속세를 납부하기 위해 대출받은 금액에 대한 이자비용을 필요경비로 처리하면 세무서에서 세금을 추징당할 수 있다고 설명했다.

주 씨의 주장대로 주 씨가 매달 지불한 이자비용은 임대용 부동산을 취득하는 과정, 즉 상속을 받음으로써 발생된 비용(상속세)을 지불하기 위한 경비임에는 틀림없으나 이와 같이 상속세 납부와 관련하여 대출받은 금액에 대한 이자비용은 사업과 관련된 비용으로 보지 않고 가사관련 비용으로 보아 부동산 임대업의 필요경비로 산입할 수 없도록 하고 있다. 따라서 만일 주 씨가 원하는 대로 소득세 신고 시 이 이자비용을 필요경비로 처리한다면 세무사의 의견대로 나중에 세무서에서는 해당 이자비용을 필요경비에 해당되지 않는다고 하여 소득세를 추징할 수 있다.

26

보험금의 세무조사와 자금출처조사

보험금 수령할 때도 세무조사 받는다

개인병원을 운영하던 박근심 씨(60세)는 얼마 전 세무서로부터 지난 3년 동안 지급받은 보험금에 대한 사용처와 당초 불입된 보험료의 자금출처에 대해 소명하라는 안내문을 받고 며칠 동안 밤잠을 설쳤다.

보험료에 대한 자금출처는 병원을 운영하면서 발생한 소득으로 불입하였고, 다행히 세무서에 신고된 소득금액 범위 내에서 충분히 소명이 가능하므로 그나마 다행이지만, 지급받은 보험금의 사용처에 대한 소명을 해야 한다고 생각하니 그저 갑갑할 따름이었다. 왜냐하면 지급받은 보험금을 모두 자녀와 손자들에게 나누어주었기 때문이다.

일반적으로 보험에 가입할 때 주의해야 할 사항이 여러 가지 있는데, 보통 이러한 주의사항에 대해 보험사에서 설명을 간과하거나 문제점을 알리지 않고 보험에 가입시키는 경우가 더러 있다. 그중에서도 최근 보험금의 사용처와 보험료의 자금출처가 문제시되고 있다. 그동안 보험금 수령에 대해서는 상속세와 관련한 세무조사 이외에 별도로 보험금 수령 사실만 가지고 세무조사가 이루어지지 않았다. 그런데 최근에 이런 보험금 수령자에 대해서 그 보험금의 사용처와 보험료 불입액의 자금출처에 대한 세무조사가 이루어지고 있다.

이처럼 보험금 수령액에 대한 세무조사 시 보험금의 사용처에 대해서도 조사가 동시에 이루어지고 있으므로 수령한 보험금을 사용할 때도 주의해야 한다. 특히 보험금 수령액이 많고, 보험금 수령자의 나이가 많다면 더욱 정밀하게 조사가 이루어질 수 있으므로 주의해야 한다. 더욱이 2007년 말에 개정된 상속·증여세법에 따르면 보험을 해약하거나 중도인출하면 그 자료를 모두 세무서에 제출하도록 하고 있어 중도에 정기금 등의 형태로 보험금을 인출해 사용할 수 있는 보험상품도 추후 사용처나 자금출처를 조사받을 수 있으므로 주의해야 한다.

박 씨는 그나마 사업으로 벌어들인 소득으로 보험료를 불입하고 있었고, 다행히 계약자와 수익자를 본인 명의로 해두어서 보험료 불입액에 대한 자금출처와 관련된 문제는 발생하지 않았다. 하지만 문제는 보험금의 사용처, 즉 자녀와 손자들에게 나누어준 보험금이었다. 결국 박 씨는 자녀와 손자들에게 증여한 사실을 인정하였고 세무서에서는 관련 증여세를 추징했다.

보험, 상속세 자금마련을 위한 최적의 방법

보험금에 대한 세무조사가 이루어진다고 해도 여전히 상속세를 대비한 최고의 대책으로 보험은 역시 매력적이다. 일단 보험금 납부 자체가 기간이 길어 부담이 없고, 보험금 지급시기가 사망시기에 맞춰 있기 때문에 적시에 상속세 자금으로 활용이 가능하다. 게다가 요즘 보험은 그 종류도 다양하여 중도에 자금을 인출하여 쓸 수 있도록 하거나, 불입을 자유롭게 할 수 있도록 하는 등 본인의 입맛에 따라 보험상품을 고를 수 있다. 어쨌든 과거부터 현재, 그리고 앞으로도 보험은 상속세 자금을 대비한 금융상품으로는 최적의 상품이라 할 수 있다.

하지만 보험에 가입하고 해약할 때는 반드시 세금과 관련된 사항, 특히 자금흐름과 관련된 부분을 확인하고 가입 및 해약해야 한다. 보험상품은 그 계약자와 피보험자, 수익자를 누구로 하느냐에 따라 자금출처 측면에서 증여세나 상속세 문제가 달라진다. 따라서 일반적으로 보험상품에 가입할 때 누구 명의로 보험료를 불입하고 보험금을 수령할 것인지를 따져서 가입해야 한다. 따라서 자금출처가 없는 사람의 이름으로 거액의 보험을 계약하거나, 일시에 거액의 보험금을 해지하여 세무조사의 대상이 되지 않도록 주의해야 한다.

보험금은 보험수익자의 고유재산

피상속인을 피보험자로, 피상속인의 사망을 보험지급 원인으로 설정하여 지급되는 보험금은 기본적으로 보험계약자가 피상속인이라면 상속재산에 포함되어 과세된다. 보험계약자가 피상속인이 아닌 다른 사람이라도 하더라도 실제 보험료를 피상속인의 자금으로 불입하였다면 이 또한 상속재산에 포함되어 상속세가 과세된다.

보험금이 상속재산이 되는지 여부와는 무관하게 보험금에 대한 보험금 지급청구권은 기본적으로 보험계약 시 보험수익자로 지정된 사람의 고유재산이다. 또한 보험수익자가 피보험자가 사망하기 전(보험존속 중) 먼저 사망하면 그 보험금은 보험계약자가 다시 보험수익자를 지정하지 않고 사망한 경우에 준하여 보험수익자의 상속인이 보험수익자가 된다.

27

피상속인의 예금,
상속인이 알거나 모르거나

상속인이 모르는 부친의 예금

자산가 대부분은 자녀에게 본인의 재산이 얼마나 되는지 알려주기를 꺼리는 듯하다. 물론 자녀가 젊을 때부터 재산관리에 참여해 부모의 재산관리를 해오는 경우도 있지만, 대부분 현실은 그렇지 않다. 주된 이유로는 자녀가 부모의 재산이 많다는 사실을 알게 되면 나태해지고 게을러진다는 우려 때문이다. 그리고 부모의 재산을 탐내 나쁜 짓을 할지도 모른다는 생각마저 하기도 한다. 더욱이 자녀뿐만 아니라 사위나 며느리에게는 더더욱 숨기고 싶어한다.

이유야 어쨌든 이런 식으로 재산을 관리한다면 자녀 대부분이 부모의 재산규모를 쉽게 파악할 수 없다. 특히 눈에 보이는 부동산이라면 그나마 확인이 쉽겠지만 예금 등의 금융자산은 사실 부모의 서랍을 뒤져서 어떤 통장을 가졌는지 확인해보지 않고서는 알 방법이 없다. (간혹 그것조차도 두려워서 은행의 대여금고 같은 데 통장을 보관해두기도 한다.) 하지만 이런 행위는 상속을 준비하고 상속세를 절세하는 데 있어서 결코 바람직하지 않다. 특히 이런 상황에서 부모가 갑자기 사망한다면 상속인은 난관에 봉착한다.

상속인이 금융감독원에 조회신청을 하면 부친의 예금을 확인할 수 있고, 또한 거래내역 역시 계좌별로 각 금융기관에 요청하면 알 수 있다. 하지만 거래내역의 세부내용까지 상속인이 일일이 다 알기란 사실 거의 불가능하다. 특히 추정상속재산 규정 때문에 1년 내 2억 원 이상, 2년 내 5억 원 이상이 되는 금액이 인출되었을 경우(이때 2억 원, 5억 원의 기준은 해당기간 동안 전 계좌의 금액을 모두 합친 전체 금액을 말한다) 납세자인 상속인이 그 사용처를 밝혀내야 하므로 그 금액이 여기에 해당된다면 상속인이 그 밝혀내지 못한 부분에 대해 상속세를 부담해야 하는 경우도 생긴다.

뿐만 아니라 10년 내 거래내역 중에 혹시라도 큰 금액이 수시로 현금으로 인출되거나 사용된 내역이 있다면 과세관청에서는 상속인이 사전에 증여받았을 가능성을 염두에 두고 조사를 확대하여 상속인의 예금계좌를 조회할 수 있기 때문에 일이 더 커질 수도 있다. 그렇다면 이러한 이유 때문에 부모는 자신의 자금사용 내역을 일일이 자녀에게 보고해야 할까? 굳이 그럴 필요까지는 없다. 계좌거래내역의 내용을 굳이 숨길 필요가 없다면 통장 옆에 출금된 내용과 관련한 사용처를 일일이 기록하거나 증빙서류를 따로 보관하면 된다. 물론 사용처를 기록하거나 증빙을 남겨놓을 때에는 중요성의 원칙에 따라 큰 금액 위주로 기재하면 된다. 세무조사를 할 때에도 효율성과 중요성의 원칙에 따라 거래금액이 큰 금액을 위주로 조사가 이루어지기 때문이다.

다른 상속인 몰래 쓴 부친의 예금

큰아들 강막서 씨는 부친이 병환으로 몸져눕자 부친의 회사를 자신이 직접 운영하기 시작했다. 강 씨는 평소에도 부친의 회사에서 일을 해왔기 때문에 회사를 운영하는 데 별 지장이 없었다. 시간이 흘러 부친이 사망하였고, 얼마 후 세무서에서 상속세에 대한 세무조사가 나왔다.

상속인으로는 큰아들 강 씨 외에도 모친과 여동생 두 명이 더 있었다. 그런데 세무조사 중에 모친과 여동생들에게 깜짝 놀랄 일이 생겼다. 추가로 내야 할 세금이 더 있다는 것이다. 모친과 여동생들은 신고도 빠짐없이 다 했기 때문에 별 문제가 없을 것으로 생각했다.

하지만 실제로 상속세 신고는 제대로 되지 않았다. 부친이 사망하기 전 부친의 예금계좌로부터 지속적으로 많은 금액이 인출된 사실이 확인됐다. 부친이 몸져누운 사이 강 씨가 부친의 계좌에서 돈을 인출해 사용한 것이다. 또한 부친의 계좌를 관리해주던 집사와 짜고서는 회사의 자금도 몰래 빼돌렸고, 부친 명의로 있던 회사의 주주지분 또한 자신의 명의로 일부 변경시켜 놓았다. 결국 강 씨는 상속세 세무조사 과정에 이런 사실이 덜미를 잡혀 거액의 증여세 및 상속세를 추징당하고 말았다.

28

사망하기 전 10년 동안 금융거래는 깨끗하게

금융거래는 상속세 조사의 핵심

국세청에서 상속세 조사를 할 때 무엇을 제일 관심 있게 볼까? 일반적으로 세무조사에서 관심을 가지는 부분은 금융거래내역이다. 부동산이나 다른 자산은 국세청에서 양도·취득 과정을 수시로 확인하기 때문에 그 흐름이 대부분 파악되고, 실제 재산을 평가하는 부분에 있어서도 사실상 논란이 되는 경우가 많지 않다. 하지만 금융자산은 국세청에서 수시로 계좌거래내역을 볼 수 없을 뿐만 아니라, 현금으로 인출하든지 차명거래를 이용하든지 하는 형태로 탈세에 이용될 여지가 많기 때문이다.

그렇다면 국세청은 피상속인의 금융거래내역을 무제한으로 검토할까? 그렇지는 않다. 통상적으로 금융거래내역을 보는 이유는 상속개시 전에 신고 없이 증여한 재산이 있는지를 확인하고자 함이 가장 크기 때문에 보통 10년 이내의 거래내역만 본다. 세법상 10년 이내의 증여재산에 대해 합산하도록 규정하기 때문이다. 결국 금융거래내역을 조사해서 사망하기 전 10년 이내에 자녀에게 증여세 신고를 하지 않고 사전증여한 금액이 있는지를 확인해서 증여세를 추징하고, 상속세 계산 시 상속세 과세가액에 합산하여 정확한 상속세를 계산하기 위함이다.

따라서 사망하기 전 10년 동안의 금융거래내역을 명확하게 해놓지 않는다면 상속인이 상속세 조사과정에서 어려움을 겪을 수도 있다. 어차피 국세청에서는 10년 동안의 금융거래내역 중 의심이 되는 부분은 모두 상속인에게 거래내용 및 이유 등을 밝히라고 하기 때문이다. 그렇다고 거래내역마다 모두 기록해놓거나 증빙을 남겨놓을 필요는 없지만, 큰 금액의 금융거래내역은 꼭 증빙을 남겨두어야 한다. 특히 사망하기 전 10년 내에 증여세 신고 없이 자녀에게 자금을 이체해주는 행위는 삼가야 한다.

10년 동안만 조심하면 될까

상속세 세무조사 시 원칙적으로 피상속인의 사망일로부터 이전 10년 내의 금융거래내역을 조사한다. 간혹 상담을 하다 보면 피상속인의 금융거래내역에 대해서 상속개시일로부터 5년 전까지만 조사하는 게 아니냐고 문의하는 사람들이 있다. 상속개시일로부터 5년간만 보는 이유는 5년 전 증여한 재산까지만 합산하도록 한 예전 상속세 및 증여세법

규정 때문이다. 만일 지금 상속세 세무조사 시 세무조사관이 상속개시일 전 5년간의 금융거래내역만 조사한다면 업무감사에서 지적당하게 될 것이다. 실제로 과거 일선 세무서의 감사 결과 상속세와 관련한 금융추적조사를 5년간만 한 사례가 빈번하게 드러나 해당 세무조사관이 감사 지적을 당하는 일이 많았다. 현재 상속세와 관련된 금융추적조사를 할 때에는 반드시 상속개시일 이전 10년치의 금융거래내역을 조사하도록 하고 있다.

상속세 및 증여세를 신고하지 않거나 허위·누락하여 신고한 경우에는 그 부과제척기간이 15년임을 감안할 때 실제로는 15년치의 금융거래내역을 조사하는 것이 타당하다고 할 수 있다. 하지만 그렇게 하지 않는 이유는 현재 상속세 세무조사의 전 과정을 볼 때 상속세 세무조사의 초점이 10년 내 상속세 과세가액에 합산하는 증여재산이 있느냐 없느냐에 맞추어져 있기 때문으로 보인다.

사망 전 2년 내의 금융거래는 무조건 상속인이 입증해야 하나

지저분 씨는 나이가 들어 자주 병원에 입원하자 자신의 사망 후 상속세가 많이 나올 거 같아 걱정되었다. 그래서 지 씨는 자신의 예금계좌에서 매달 1000만 원에서 2000만 원 정도의 돈을 현금으로 조금씩 찾기 시작했다. 지 씨는 1년에 현금으로 찾는 금액이 2억 원이 넘지 않으면 상속세 조사에서 별 문제 없을 것이라는 이야기를 주위에서 들었던 터라 1년에 2억 원이 넘지 않는 범위에서 현금을 인출했다. 이렇게 조금씩 찾은 현금은 바로 자녀에게 주지 않고 시간적 여유를 두고 현금으로 나누어주었다. 지 씨로부터 현금을 받은 자녀는 현금을 자신의 예금계좌에 입금해두었다가 필요할 때 꺼내서 사용했다.

지 씨가 사망하자 세무서에서 상속세 조사를 실시했다. 몇 년 동안 지 씨의 통장에서 매달 일정한 금액의 현금이 빠져나가는 내역을 확인한 세무조사관은 사전증여를 의심하지 않을 수 없었다. 사전증여를 의심한 세무조사관은 상속인에게 돈의 사용처를 밝힐 것을 요구했다. 하지만 상속인은 이 금액이 추정상속재산으로 보는 금액에 해당되지 않으므로 돈의 사용처를 밝힐 필요도 없을뿐더러 돈의 사용처도 알지 못한다고 시치미를 뗐다. 사전상속을 의심한 세무조사관은 결국 상속인의 예금계좌 및 거래내역을 조회하였다. 계좌의 입출금 거래내역을 확인한 결과 현금이 지속적으로 상속인 계좌에 입금된 사실을 확인하고 상속인에게 증여세 및 상속세를 추징했다.

지 씨처럼 추정상속재산으로 보는 기준금액(상속개시 전 1년 내 2억 원 초과, 2년 내 5억 원 초과 금액이 인출되거나 처분되거나 채무발생한 것)에 해당되지 않는다면 사실상 그 금액의 사용처를 상속인이 입증할 필요는 없다. 하지만 이처럼 과세관청에서는 그 자금흐름의 성격이나 형태로 보아 상속인에게 흘러들어 갔을 것으로 판단되면 상속인의 계좌를 조회하거나 자금의 흐름을 추적하고, 그 결과 사전증여한 사실이 확인되면 증여세 및 상속세를 추징할 수 있다.

29

비상장주식은 상속의 독?

상속세와 관련된 상담을 하다 보면 가장 안쓰러운 경우가 중소기업을 운영하는 기업주들이다. 대부분 수십 년간 고생해서 어느 정도 기업을 이루어놓으면 이미 본인은 고령이 되어 사업을 자녀에게 물려주든지 아니면 정리를 해야 하는 상황이 된다. 무엇보다도 본인이 몇십 년간 일궈놓은 사업체가 상속세로 인해 위기에 처할 수 있다고 생각하면 그야말로 엄청나게 고민하지 않을 수가 없다.

중소기업의 기업주가 상속하는 재산은 대부분 비상장주식이다. 이런 비상장주식은 상속세를 신고함에 있어서 세무실무자에게 굉장히 까다롭고 귀찮은 분야이다. 일반적인 상장주식이나 부동산 등은 그 평가에 있어서 실제 시세나 기준시가 등을 감안해서 계산하면 되지만, 비상장주식은 그 평가방법이 복잡할 뿐만 아니라 자칫 상속재산 중에 비상장주식이 차지하는 비율이 높다면 상속세를 납부해야 하는 상속인에게는 골칫거릴 수밖에 없다. 그렇다고 실제 그 비상장주식을 처분해서 현금 화시키는 일도 불가능하다.

비상장주식 평가방법

비상장주식은 상장주식과는 달리 실제로 그 시가를 확인할 수 없다. 또한 그 시가가 있다고 하더라도 대부분 특수관계자와의 거래가 대부분이고, 특수관계자가 아니더라도 그 시가의 정당성을 인정받기가 쉽지 않다. 따라서 비상장주식을 상속하거나 증여하는 경우 대체로 보충적 평가방법에 따라 산정한 가액을 비상장주식 평가액으로 하는 것이 가장 무난하다. 비상장주식의 평가방법은 그 회사가 일반 회사인지 아니면 부동산 과다보유 회사인지에 따라 평가방법도 달라진다.

■ 비상장주식의 평가방법 (보충적 평가방법)

- 일반 회사의 1주당 평가액 = (주당 순손익가치×3 + 주당 순자산가치×2) ÷ 5
- 부동산 과다보유 회사의 1주당 평가액 = (주당 순손익가치×2 + 주당 순자산가치×3) ÷ 5

비상장주식의 물납 규정

상속이나 증여는 그 부담하는 세액이 상대적으로 크기 때문에 상속 재산이나 증여재산으로 물납할 수 있도록 하고 있다. 하지만 비상장주 식의 물납을 허락한다면 물납된 비상장주식을 국가에서 공매처분하더라도 실제 그 주식을 낙찰받을 사람이 없어 국고손실로 이어지기 때문에 세법에서는 비상장주식의 물납에 제한을 두고 있다.

물납은 상속 또는 증여받는 재산 중 부동산과 유가증권(비상장주식 제외)의 가액이 상속 또는 증여받은 재산가액의 50%를 초과하고 상속세 납부세액 또는 증여세 납부세액이 1000만 원을 초과하는 경우에 가능하도록 하고 있다. 다만 상속 시 비상장주식 외에 다른 상속재산이 없거나, 상속개시일 현재 상속인이 거주하는 주택 및 그 부수토지를 제외한 다른 상속재산으로 상속세 물납에 충당하더라도 그 충당액이 부족할 때는 비상장주식으로 물납할 수 있다.

비상장주식의 평가액이 증가하면 비상장주식을 돌려받는다

상속인 왕재수 씨는 중소기업을 운영하던 부친의 사업을 이어받았다. 상속재산 대부분을 비상장주식으로 받았다. 그런데 이 중소기업은 실제 수십 년 동안 거의 손실이 난 적이 없는 건실한 회사였기 때문에 비상장주식의 평가액도 만만치 않았다.

세무사를 통해 상속세 신고를 마친 왕 씨는 결국 상속세를 납부할 자금이 없어 비상장주식을 물납하였다. 이후 상속세 조사를 받던 왕 씨는 비상장주식의 평가액이 과소평가되었다고 해서 상속세가 추징되었다. 그런데 얼마 되지 않아 세무서에서 비상장주식 일부를 돌려주는 게 아닌가. 어떻게 된 일일까?

비상장주식을 물납할 때 비상장주식의 물납가액은 상속개시 당시 비상장주식의 평가액을 기준으로 계산한다. 결국 상속세 신고 시 평가한 가액으로 물납가액을 산정하는데, 왕 씨는 이러한 비상장주식의 평가액이 증가함에 따라 물납가액이 증가하여 당초에 납부해야 할 세금과 추가로 추징할 세금의 합계보다 더 많은 비상장주식을 물납한 결과가 되었다. 따라서 그 차액만큼 비상장주식을 돌려받게 된 것이다. 비상장주식을 과세관청에서 잘 평가해서 왕 씨에게는 더 큰 선물을 주게 된 결과가 되었다. 물론 비상장주식으로 물납한 모든 경우가 다 왕 씨처럼 비상장주식을 돌려받게 되지는 않는다. 실제 대부분은 비상장주식의 평가액이 신고했을 때보다 증가하면 증가한만큼 추가로 더 많은 재산을 상속세로 물납해야 한다.

30
차명계좌거래, 계속해야 하나?

　부모 명의의 예금계좌에서 자녀 명의의 예금계좌로 입금할 때 해당 금액에 대한 소유권이 부모에서 자녀에게 이전됨으로 당연히 증여에 해당, 증여세가 과세된다. 하지만 예금계좌는 실제 단순히 타인의 명의만 빌려서 사용하는 차명계좌가 존재 가능하므로 무조건 증여세가 과세되지는 않는다. 만일 자녀 명의의 계좌로 자금이 이체된 것이 증여가 아니라고 할 때 증여가 아님을 주장하는 쪽이 그 사실을 입증해야 하는데 이를 인정받는 일은 쉽지 않다. 그렇다면 어떤 경우에는 증여세가 과세되고, 어떤 경우에는 증여세가 과세되지 않는 걸까?

부모가 자녀에게 증여하였다가 취소하는 경우

금전(예금 포함)을 제외한 다른 재산은 부모가 자녀에게 증여하였다가 다시 증여세 신고기한 내에 증여를 취소하고 증여재산을 반환하면 처음부터 증여가 없었던 것으로 보고 증여할 때든 반환받을 때든 증여세를 과세하지 않는다. 그리고 증여재산을 증여세 신고기한 경과 후 3월 이내에 반환하면 당초 증여한 재산에 대하여는 증여세를 과세하고, 반환되는 재산에 대해서는 증여세를 과세하지 않는다.

그렇다면 예금을 증여했다가 반환받으면 어떻게 될까? 세법에서는 증여재산이 금전일 때는 증여취소 시 증여세를 과세하지 않는 대상 자산에서 제외시키고 있다. 왜냐하면 금전은 일반적인 교환수단으로써 그 금전의 성격상 동일한 재산이나 물건으로 특정되지 아니하므로 증여받은 금전의 반환 여부를 현실적으로 파악하기 어렵기 때문이다. 따라서 자녀에게 예금을 증여했다가 다시 그 금액을 돌려받는다면 각각 별개의 증여행위로 보아 각각 증여세가 과세된다.

다만 이 경우에도 예금을 이체시켜준 계좌가 증여해준 자금만으로 만들어져 있고, 계좌에서 예금이 인출된 사실이 없으며 반환 시 그 금액 전체가 반환되었다면, 일종의 차명계좌로 보아 증여한 재산이 아닌 것으로 인정받을 수는 있다. 하지만 최근 추세는 차명예금을 잘 인정해주지 않고, 단순히 예금이 이전된 사실에 대해서 증여로 보아 과세하는 경우가 많으므로 주의해야 한다.

부모가 자녀에게 예금을 빌려준 경우

부모가 자녀 명의의 계좌에 입금해준 금액이 빌려준 것이라고 할 때 세금 문제는 어떻게 될까? 원칙적으로 직계존비속 간에 소비대차는 인정되지 않으므로 당연히 증여세가 과세된다. 하지만 자녀가 부모로부터 돈을 빌릴 수밖에 없었던 불가피한 사유가 있고, 부모로부터 빌린 돈을 상환한 사실이 확인되는 등 객관적으로 돈을 빌렸다고밖에 볼 수 없는 경우에 한해서는 제한적으로 부모로부터 자금 차입을 인정받을 수도 있다. 간혹 부동산 취득 시 자금출처로 부모로부터 자금 차입을 주장하기도 하는데 대부분 차입을 인정받지 못할 가능성이 높으므로 주의해야 한다.

부모가 자녀 명의의 차명계좌를 사용하는 경우

부모가 자녀 명의의 계좌에 예금을 입금해주고 그 계좌가 사실상 부모의 계좌로서 자녀의 명의만을 차명했다고 주장하는 일도 종종 발생한다. 하지만 이때도 과세관청에서 차명을 인정하지 않고 대부분 증여세를 과세한다. 차명으로 인정받기 위해서는 적어도 아래 3가지 요건을 갖추어야 한다. 우선 기본적으로 차명으로 계좌를 관리할 수밖에 없었던 사유가 있어야 하고, 둘째로는 실제 예금계좌의 통장 및 입출금관리를 명의인인 자녀가 아닌 부모가 관리하고 있음이 확인되어야 하고, 셋째로는 그 계좌의 예금을 자녀가 사용해서는 안 된다. 이러한 요건을 갖

취도 차명계좌로 인정되지 않고 증여세가 과세되는 일이 있으므로 주의
해야 한다.

차명예금은 예금 명의인의 소유다

이제까지 과세관청과 대법원은 일관되게 차명예금이 실제 확인되면
모두 실전주(實錢主), 즉 당초 예금명의를 빌린 사람의 소유로 보고 소유
권 및 과세문제를 해결했다.

하지만 2009년 3월 19일에 선고한 대법원 판결에서는 이전의 이러한
입장을 완전히 바꾸는 결정이 나왔다. 이 판결에서 법원은 "금융실명법
에 따라 실명확인 절차를 거쳐 예금계약을 체결하고 그 실명확인 사실
이 예금계약서 등에 명확히 기재되어 있는 경우에는, 일반적으로 그 예
금계약서에 예금주로 기재된 예금명의자나 그를 대리한 행위자 및 금융
기관의 의사는 예금명의자를 예금계약의 당사자로 보려는 것으로 해석
하는 것이 경험법칙에 합당하고, 예금계약의 당사자에 관한 법률관계를
명확히 할 수 있어 합리적이라 할 것이다"라고 판시함으로써 기존의 판
례 입장과는 변경된 판결을 했다.

물론 이 판결에서도 차명예금으로 인정받을 수 있는 여지는 남겨놓
았지만, 극히 제한된 경우로만 한정했다. 이와 관련한 판결내용을 보면
"본인인 예금명의자의 의사에 따라 예금명의자의 실명확인 절차가 이
루어지고 예금명의자를 예금주로 하여 예금계약서를 작성하였음에도
불구하고 위에서 본 바와 달리 예금명의자가 아닌 출연자 등을 예금계

약의 당사자라고 볼 수 있으려면, 금융기관과 출연자 등과 사이에서 실명확인 절차를 거쳐 서면으로 이루어진 예금명의자와의 예금계약을 부정하여 예금명의자의 예금반환 청구권을 배제하고, 출연자 등과 예금계약을 체결하여 출연자 등에게 예금반환 청구권을 귀속시키겠다는 명확한 의사의 합치가 있는 극히 예외적인 경우로 제한되어야 할 것이고, 이러한 의사의 합치는 금융실명법에 따라 실명확인 절차를 거쳐 작성된 예금계약서 등의 증명력을 번복하기에 충분할 정도의 명확한 증명력을 가진 구체적이고 객관적인 증거에 의하여 매우 엄격하게 인정하여야 한다"라고 하여 실제 차명예금으로 인정받는 일은 거의 불가능하다고 할 수 있다.

이렇게 되면 실제 예금의 소유권 문제뿐만 아니라 세금과세 문제에 있어서도 기존의 입장과 다르게 전개될 수 있다. 아직 이 판결 이후에 과세관청의 입장이 나타나는 사례가 확인되지 않았지만, 이 판결에 따른다면 차명예금의 소유주는 예금명의자이고, 그렇다면 실제 전주가 당초 이 예금자명의로 예금을 한 행위는 명백하게 증여에 해당된다. 따라서 예전과 같이 통장의 관리나, 비밀번호, 실제 자금의 소유주 등의 판단에 따라 증여세 과세 여부가 달라지기도 했던 것과는 완전히 다르게 적용될 수 있다. 앞으로 과세관청에서 어떤 식으로 과세하고 이후 이와 관련된 과세문제에 대해 어떤 식으로 판단이 이루어질지는 지켜보아야 할 것이다.

31

10억 원은 금융상품으로 남겨놓자

얼마를 상속재산으로 남겨놓을까?

단순히 세금 측면에서 볼 때는 상속재산으로 금융자산보다는 부동산을 보유하는 편이 더 유리할 수 있다. 하지만 추후 상속세를 납부하기 위해서는 어느 정도(이왕이면 상속세를 낼 수 있는 정도의 규모) 금융자산 형태로 보유하고 있어야 한다. 그렇다면 얼마 정도를 금융자산 형태로 가지고 있어야 할까?

일반적으로 가장 좋은 방법은 내가 앞으로 상속할 상속재산가액에 대한 상속세 예상액 정도를 남겨놓는 게 가장 좋다. 하지만 금융자산에 대한 금융상속공제를 받음으로써 절세혜택까지 본다면 적어도 10억 원까지는 금융자산으로 보유하는 편이 좋다. 금융상속공제는 순금융자산가액의 20%를 공제를 해주는데 이때 공제한도액이 2억 원이다. 따라서 금융자산공제 혜택을 모두 볼 수 있는 금액은 10억 원이 되므로 이 금액까지는 금융자산으로 보유하는 편이 절세 측면에서 유리하다.

그렇다면 상속세가 과세되지 않는 적정 상속재산 규모는 얼마나 될까? 만일 배우자가 생존해 있고 자녀가 2명이라고 가정하여 상속세 과세표준이 '0'이 되는 상속재산가액(A)을 도출해보자. 이때 상속재산은 모두 금융재산이라고 하고, 어차피 상속공제 10억 원은 넘을 것이므로 금융재산공제액도 한도액인 2억 원까지 공제가 가능하다고 본다면 상속세 과세표준이 '0'이 되는 상속재산가액(A)은 12억 2500만 원이 된다. (단, 계산 시 다른 공제사항은 없다고 가정한다) 따라서 배우자가 생존해 있고, 상속재산이 12억 2500만 원이라면 상속세로 낼 세금은 하나도 없다. 물론 이때 배우자에게는 법정상속지분만큼 상속재산이 분배되어야 하고, 금융재산은 10억 원을 가지고 있어야 한다. 만일 자녀가 1명이라면 아래 식에서 배우자공제 부분은 3/5로 두고 계산하면 된다. 이때에는 상속재산이 17억 5000만 원이 될 때까지는 상속세 과세표준이 '0'으로 계산되어 상속세가 과세되지 않는다.

A : 구하고자 하는 상속재산가액 (금융재산이 10억 원으로 가정)

A(상속재산가액) − (A×3/7)(배우자공제) − 5억 원(일괄공제) − 2억 원(금융재산상속공제) = 0

노후설계를 대비한 소득원

상속재산을 얼마 정도 남겨둘 것인가 하는 문제는 전적으로 개인 성향이나 상황에 따라 다르다. 하지만 기본적으로 노후를 준비하면서 상속을 생각해야 한다. 이 책 머리말 부분에서도 살펴보았듯이 이미 우리나라는 고령화 사회에 들어섰다. 따라서 자녀가 부모를 부양하기에는 부담이 점점 커질 수밖에 없다. 그렇다면 어떻게 노후를 위해 자금을 운용해야 할 것인가 하는 문제가 남는다. 기본적으로 상속세를 낼 자금은 보험상품에 가입해두어야 한다. 그렇다면 이제 생활비가 문제로 남는다. 최근 보험상품 중에는 이자를 미리 생활비 형태로 지급해주는 즉시연금 형태의 상품이 시중에 많이 나와 있다. 보험금액이 크다면 여기서 나오는 연금만으로도 생활이 가능하다. 이외에도 또 노후대책으로 많이 활용하시는 부분이 주택임대이다. 주택임대는 상가임대보다는 임대관리가 용이하다. 상가는 임대료를 연체하고 상가를 비워주지 않는 사례가 잦으므로 나이가 들어선 후에 관리하기가 귀찮을 수 있다. 주택임대도 아파트 임대보다는 다가구주택 형태의 임대가 좋다. 다가구주택은 세입자들이 월세를 선호하는 편이기 때문에 매월 생활비가 필요한 연로자들에게는 딱 맞는 소득원이다. 다음으로는 은퇴 후 연금을 받을 수 있도록 연금저축이나 연금신탁에 가입해두는 것도 하나의 방법이다. 하지만 이때에는 향후 물가상승 등에 따른 생활비 증가분도 고려해야 노후자금이 모자라지 않을 수 있다.

보험 vs. 예금 vs. 주식

보험과 예금, 주식의 장단점

상속재산 중 금융자산은 크게 보험과 예금, 그리고 주식 총 3가지 종류로 나뉜다. 물론 이들 금융자산은 크게 보면 부동산과 구별되지만, 금융자산 내에서도 서로 다른 특성 때문에 상속세 측면에서 각각의 장점과 단점이 있다. 3가지 금융자산이 상속세 측면에서 어떤 점이 유리하고 불리한지 살펴보자

우선 보험은 장기간에 걸쳐서 불입되고 상속 시에 목돈을 가질 수 있다. 그런 측면에서 보험은 일반적으로 상속세 납부자원을 마련하기 위한 자산운용 목적으로 많이 이용되고, 실제 이자소득에 대해서도 과세가 되지 않기 때문에 금융소득종합과세를 두려워하는 사람들에게는 아주 유용한 상품으로 주목받고 있다.

그런 반면 예금은 금융소득종합과세 측면에서는 가장 불리하지만, 안전성과 수익성 측면에서 유리하다. 게다가 해지와 가입이 다른 상품에 비해 자유롭기 때문에 편리성 측면에서도 유리하다. 요즈음 예금상품도 종류가 다양해서 비과세 상품이나 소득공제 상품 등을 이용하여 가입하면 많은 도움이 될 수 있다. 상속세를 추후에 납부할 때에도 쉽게 찾아서 납부할 수 있으나 추후 상속인이 지정되어 상속인이 공동으로 인출요청을 해야만 인출이 가능하다. 특히 차명예금 형태로 자금을 관리하려는 사람에게 있어서 예금은 더없이 많은 유혹을 받게 하는 금융자산이다. (물론 앞으로 차명예금의 역할은 그 입지가 좁아질 것이다)

주식은 자산운용 측면에서는 리스크가 많지만, 실제 많은 부자가 주식으로 절세 혜택을 본다. 우선 주식의 매매차익은 금융소득종합과세 대상이 아닐 뿐만 아니라, 양도소득세도 과세되지 않기 때문이다. 더욱이 주식의 배당소득에 대해서는 비과세, 분리과세 규정이 일정부분 적용되어 일정금액 이하이면 이런 부분까지 모두 득을 볼 수 있다. 더욱이 대기업의 오너는 주식계좌를 차명 형태로 관리함으로써 기업지배 및 상속·증여에 편법으로 활용하기도 한다.

왜 대기업 오너는 주식을 좋아할까?

일반인은 대개 현금이나 부동산을 좋아하지만 대기업 오너나 벤처기업의 창업자

는 대부분 주식을 선호한다. 그렇다면 이들은 왜 주식을 좋아할까? 이유는 여러 가지가 있겠지만, 상속이나 세금과 관련해서 몇 가지만 살펴보자

첫째로 가끔 아주 크게 사회적인 문제를 일으키는 차명주식이다. 주식은 그 성격상 차명이 용이하다. 예금과 같이 이자소득이 발생하는 금융자산은 일정금액 이상이 되면 금융소득종합과세 대상이 되어 과세관청에 노출될 우려가 많은데다 그렇게 되면 명의인에게도 많은 부담이 발생할 수 있지만, 주식은 그 매매차익에 대해서도 양도소득세가 과세되지 않고, 배당소득도 상장주식은 비과세나 분리과세로 종결되는 경우가 많다. 배당이 없을 때는 과세관청에서 딱히 유심히 볼 이유가 없어 명의인에게도 크게 부담되는 일이 없기 때문이다. 물론 차명이 드러나면 주식은 예금과 달리 당초 명의인에게 명의가 변경될 때 증여받은 것으로 봐서 증여세가 과세된다. 하지만 다시 원래 주인에게 돌려줄 때에는 증여세가 과세되지 않으므로 돌려받는 일은 걱정할 필요가 없다.

둘째로 기업주가 차명주식의 유혹에 가장 많이 노출되는 이유는 기업 지배를 계속 유지하기 위해서이다. 주식회사는 결국 그 기업의 주식을 얼마만큼 가지고 있는가에 따라 기업을 지배할 수 있기 때문에 여러 가지 지분제한 규정이나 대외적으로 지분분산을 해야 하는 제약조건 등으로 인해 차명을 이용한다. 결국 외관적으로 기업주의 보유지분이 많지 않은 것처럼 보이지만, 실제 차명주식으로 기업오너는 자신의 입지를 더욱 공고히 할 수 있다.

셋째로 상속이나 증여에 있어서도 주식을 활용하여 적절한 시기를 선택함으로써 증여세를 절세할 수 있다. 예를 들어 주식가격이 폭락하면 주식가치는 하락하지만, 기업주들은 주식을 양도하거나 할 목적이 아니고 기업지배가 목적이므로 주식가치 하락기를 이용해 자녀에게 증여한다. 이렇게 하면 증여세도 적게 내면서 기업도 승계할 수 있는 효과를 볼 수 있다.

■ 보험 vs. 예금 vs. 주식

구분	보험	예금	주식
장점	상속세 납부자금으로 활용 유리	상속재산 배분 용이	증여시기를 잘 선택하면 절세효과 볼 수 있음
단점	일시에 수령 시 자금출처 문제 발생 가능	시세로 과세됨	비상장주식은 환가가 어렵고, 상장주식은 기업지배력이 약화될 수 있음

part 5

상속을 위한
사전증여의 비밀

상속을 대비하기 위해서 증여를 꼭 함께 고려해야 한다. 증여는 살아생전에 자신의 재산을 무상으로 이전해주는 행위이지만, 실제로는 상속재산을 줄여가는 과정이다. 즉, 상속을 제대로 준비하느냐는 결국 어떻게 증여할 것인지의 문제로 귀결된다. 상속의 전 단계로서의 증여는 자신의 의지대로 재산을 분배할 수 있다는 의미 외에 세금 측면에서도 상속세를 줄여준다는 차원에서 굉장히 의미 있는 작업이다.

어떻게 증여계획을 세워 증여세와 상속세를 절세할 수 있는지, 그리고 증여할 때 발생할 수 있는 세금 문제로는 어떤 것이 있는지, 부자들은 과연 어떤 식으로 증여를 해나가는지를 이 장을 통해 조금씩 이해할 수 있을 것이다.

차근차근 증여하는 대기업

대기업 그룹의 회장 현명해 씨는 오래전부터 몸이 좋지 않았다. 하지만 크게 걱정하지 않았다. 기업을 성장시키는 과정에서 기업을 자녀들에게 이전해주기 위해 오래전부터 조금씩 증여해두었기 때문이다. 미리 주식의 일부를 조금씩 증여해두었고, 이때에도 주가의 변동을 봐가면서 주가 하락기에 주식을 증여하여 증여세 부담을 줄였으며, 다시 때가 되면 또 주식을 증여하고 증여세 내기를 반복했다. 회사는 계속 성장을 거듭하고 있었기 때문에 그나마 주가가 낮은 기업의 초기단계에 증여하는 것이 유리했다. 비록 증여세를 낸 금액이 적지는 않았지만, 실제 나중에 상속할 때와 비교해보면 매우 적은 증여세를 부담하고 그룹의 경영권을 무리 없이 승계할 수 있었다. 더욱이 자녀들은 이미 기업을 운영할 수 있도록 철저하게 지도받은 상태였기 때문에 사실 현 씨의 몸이 좋지 않은 상태에서도 기업이 유지되는 데는 아무런 지장이 없었다.

이처럼 대기업들은 미리미리 대비하여 체계적으로 기업승계 작업을 펼친다. 물론 그 과정에서는 수많은 컨설턴트의 도움도 받고, 주위에서 많은 정보를 얻었기에 가능한 일이다. 게다가 선대에서 이미 이런 경험을 바탕으로 성공적인 상속을 한 적이 있는 경우에는 더욱 그러하다. 우리나라 그룹사들은 이미 2대를 건너 3대로 활발히 경영진 및 오너가 교체되고 있다. 물론 이런 대기업 중에도 상속세 문제라든지 상속재산 분배문제를 제대로 대비하지 못하는 경우도 많다.

그렇다면 대기업들은 주로 어떤 형태로 상속을 대비할까? 먼저 가장 기본적으로 이루어지는 방법이 기업 주식의 증여이다. 기업 초창기부터 증여하기도 하고, 주식가치가 하락했을 때를

노려 증여하거나 기타 합병, 분할, 증자, 감자, 기업설립 등의 과정에서 실질적인 증여의 효과를 얻기도 한다. 특히 대기업은 자녀를 대주주로 하는 기업을 새로 설립하여 그룹 차원에서 적극 지원하여 기업을 키워주는 일도 허다하다. 또한 다양한 금융파생상품 거래나 외환거래와 같은 최신 금융기법을 이용하거나, 과거보다 발전된 불법적인 자금세탁을 통해서 재산을 이전해주기도 한다.

하지만 최근 대기업들은 기본적으로 합법적인 틀에서 가급적 벗어나지 않으려고 하기 때문에 정책적으로 세제혜택을 주는 새로운 제도가 생겨나면 적극적으로 그 제도를 활용하려고 한다. 예전에 IMF 때 많이 발행된 채권으로 그 취득자금 출처를 묻지 않도록 한 특정채권(일명 "묻지 마 채권")이 시중에 나왔을 때, 많은 자산가가 이 채권을 사서 자녀에게 재산을 이전해준 사례가 대표적이다. 또한 대기업들은 행정부나 입법부 등의 로비를 통해서 자신들의 사업에 대해 지원을 받아내거나 법률자문가들을 동원해 세법을 교묘히 피해가는 방법을 찾아내기도 한다. 이 대표적인 사례가 전환사채(CB)를 이용한 재벌가의 증여 문제로 얼마 전 사회적으로 이슈가 되기도 했다. 반면에 이를 막기 위해서 세법은 계속 보완하여 개정되는 과정을 거친다. 대표적으로 증여세 과세원칙이 기존의 열거주의 형태에서 완전포괄주의로 바뀌게 된 이유도 모두 대기업의 적극적인 조세회피 때문이라 할 수 있다.

증여세, 이것만은 알고 가자

재산 증여를 꺼리지 말자

증여는 상속의 전 단계로서 많은 의미가 있다. 기본적으로 증여는 피상속인이 자신의 재산을 살아 있을 때 자신의 의지대로 배분할 수 있는 가장 쉬운 방법이고, 세금 측면에서도 상속세를 절세할 수 있는 1차적인 방법이다. 그럼에도 많은 사람이 증여를 꺼린다. 이유는 먼저 재산을 주면 자녀가 부모에게 정성을 쏟지 않을 수 있다는 우려와 재산을 받은 자녀가 그 재산을 아무런 의미 없이 써버릴까 하는 걱정이 많기 때문이다. 또한 가장 실질적인 이유로는 당장 눈앞에 보이는 증여세 자체가 부담이 되기 때문이다. 하지만 재산을 주고자 하는 사람들이 걱정하는 일이 증여한다고 생기고 증여하지 않는다고 일어나지 않을 문제는 아니다. 결국 상속이 발생했을 때 부모가 걱정했던 이런 문제가 다시 일어날 수 있다는 뜻이다. 그렇다면 차라리 미리 증여해서 세금도 줄이고 살아생전에 자신의 뜻대로 재산을 분배하는 편이 오히려 더욱 의미 있지 않을까.

증여세가 과세되는 증여가 따로 있나

증여란 어떤 사람이 자기 재산을 무상으로 다른 사람에게 주겠다는 의사를 표하고 그 다른 사람이 받겠다고 승낙함으로써 효력이 발생하는 계약을 말한다. 그러면 증여하는 사람이 주는 것에 대해 모두 증여세가 과세되는 걸까? 일반적으로 증여세 과세대상에 완전포괄주의 개념이 도입되면서 어떤 물건을 누구에게 주던 기본적으로 무상으로 줄 때는 증여세가 과세된다고 보면 된다. 증여에 있어서 재산을 무상으로 이전해주는 사람을 증여자라고 하고, 재산을 무상으로 이전받는 사람을 수증자라고 한다. 증여를 받으면 그 증여로 이득을 보는 사람은 수증자이기 때문에 결국 증여세를 납부할 의무는 수증자에게 있다.

■ 증여세 계산구조

- 증여세 과세가액 = 증여재산가액 + 10년(5년) 내 동일인으로부터 증여받은 재산가액 − 채무 − 비과세 및 과세가액 불산입재산
- 증여세 과세표준 = 증여세 과세가액 − 증여재산공제 − 재해손실공제 − 감정평가비용
- 증여세 산출세액 = 증여세 과세표준 × 증여세율
- 차가감납부할 세액 = 증여세 산축세액 + 세대생략할증 − 징수유예세액 − 세액공제(기납부세약공제, 외국납부세약공제, 신고세액공제) + 가산세

■ 증여재산공제

관계	공제액	비고
배우자	6억 원	
직계존비속	3000만 원 (수증자가 미성년자인 경우 1500만 원)	직계존속의 경우 배우자가 증여하는 것은 본인이 증여하는 것으로 보아 계산 (직계존속의 배우자는 동일인으로 봄)
	형제자매	500만 원
	기타친족	500만 원

■ 증여세율

과세표준	세율	누진공제
1억 원 이하	10%	
1억 원 초과 5억 원 이하	20%	1000만 원
5억 원 초과 10억 원 이하	30%	6000만 원
10억 원 초과 30억 원 이하	40%	1억 6000만 원
30억 원 초과	50%	4억 6000만 원

증여세는 언제까지 신고해야 하나

증여세는 증여받은 날의 말일로부터 3월이 되는 날까지 수증자의 주소지 관할세무서에 신고하면 된다. 증여세를 신고할 때는 재산을 증여했다는 사실을 확인할 수 있는 재산이전 관련 서류 또는 증여계약서, 증여자와 수증자의 관계를 확인할 수 있는 서류, 재산의 평가액을 확

인할 수 있는 서류 등을 첨부하여 증여세 과세표준 계산서와 함께 제출하면 된다. 물론 증여세는 신고기한까지 납부하면 되고, 상속세와 마찬가지로 증여세를 분납하거나 물납, 연부연납을 할 수도 있다.

■ 증여세 신고 시 첨부서류

구분	구체적인 서류
증여 사실을 확인할 수 있는 서류	– 부동산 : 부동산 등기부등본 – 금융자산 : 현금증여계약서, 증여금액이 입금된 계좌거래내역 또는 통장 사본 – 자동차 · 선박 · 항공기 : 등록원부 또는 등록증 사본 – 분양권 : 명의변경된 분양계약서 사본
증여자와 수증자의 관계를 확인할 수 있는 서류	가족관계등록부, 주민등록등본, 재외공관에서 확인한 가족관계증명 등
재산의 평가액을 확인할 수 있는 서류	– 기준시가 : 공시지가증명원, 공시가격증명원 – 유사매매사례가액 : 건설교통부 실거래가 조회내역, 부동산시세 조회내역 – 부동산실거래가 : 매매계약서 – 주식 : 시세 조회내역 – 간접투자증권 : 기준가격 조회내역

증여세는 누가 낼까

증여세는 재산을 받음으로써 이득이 발생하는 수증자가 내는 것이 원칙이다. 하지만 수증자가 세금을 납부하기 어려운 특수한 경우에 증여자가 연대해서 부담할 수 있다.

■ 증여세를 연대하여 납부할 수 있는 경우

내용	요건
1. 수증자의 주소 또는 거소가 분명하지 않아 조세채권 확보가 곤란한 경우	세무서장의 통지가 필요
2. 수증자가 증여세를 납부할 능력이 없다고 인정되어 체납 처분을 하여도 조세채권 확보가 곤란한 경우	세무서장의 통지가 필요
3. 증여일 현재 비거주자인 수증자가 국내 재산을 증여받는 경우	통지 필요 없음
4. 명의신탁재산의 증여의제로 명의자(형식상 수증자)에게 증여세가 과세되는 경우	통지 필요 없음

32

미성년자 아들이 집을 샀는데 괜찮을까

자녀에게 집을 사주기도 쉽지 않다

동대문에서 의류 도매상을 하는 정바지 씨는 신문에서 증여가 빠를수록 좋다는 기사를 읽었다. 마침 강남 쪽에 주택을 하나 봐두었는데 자신의 명의로는 집이 한 채 있고 어차피 나중에 자녀가 크면 집도 하나 가져야 할 것 같아 자녀 명의로 집을 하나 사주기로 했다. 세무사를 찾은 정 씨는 상담한 후 자녀에게 집을 사줄 계획을 완전히 접었다.

미성년자에게 부모가 집을 사주는 일 자체는 아무런 문제가 없다. 문제는 증여세다. 자녀에게 자금을 증여해주고 증여세 신고를 한 후, 자녀가 그 돈으로 부동산을 산다면 아무런 문제가 없다. 하지만 집을 사줄 정도의 금액이라면 증여세가 만만치 않다. 더욱이 증여한 후 증여세를 낼 돈도 없다면 증여세를 낼 자금까지 증여해주어야 하는데, 그 금액 또한 증여세 과세대상이다. 만일 신고를 하지 않는다면 세무서에서 부동산 취득에 따른 취득자금출처조사가 나온다. 그렇게 되면 어차피 증여세가 과세된다.

게다가 한 가지 문제가 더 있다. 장 씨가 사업자라는 점이다. 장 씨와 같은 자영업자가 부동산을 취득하면 사업장에 대한 세무조사가 이루어지기 쉽다. 더욱이 자녀에게 집을 사줄 정도라고 한다면 과세관청 입장에서는 탈루소득이 있다고 의심하기 때문에 세무조사 대상으로 선정해서 사업장에 대해 세무조사를 할 수 있으므로 주의해야 한다.

예전에 사준 부동산 때문에 증여도 못해

파주에서 출판법인을 운영하는 편지배 씨는 최근 직장에 들어간 아들에게 현금 1억 원을 증여하고 증여세도 신고·납부했다. 그런데 몇 달 후에 세무서에서 증여세와 관련한 소명자료를 제출하라는 연락이 왔다. 편 씨는 증여세를 신고하고 세금까지 납부했는데 또 무슨 증여냐며 세무서에 항의했다. 그러나 편 씨는 세무서 담당자의 설명을 듣고서는 더 이상 대꾸할 수 없었다.

편 씨는 현금을 증여하기 3년 전에 아들에게 부동산을 사준 적 있었다. 당시 아들은 대학에 다니고 있었고, 아들에게 사준 부동산은 2억 원짜리 오피스텔이었다. 세무사로부터 자금출처조사 때문에 문제가 있을 수 있다는 이야기를 들었으나 그냥 조사가 나오면 세금을 내겠다고 했다. 이후에 세무서로부터 별다른 연락이 없어 문제가 없다고 생각하고 이번에 다시 증여한 것이다.

일반적으로 자금출처조사는 일정금액 이상의 재산을 취득할 때 그 취득자의 취득능력 여부를 기준으로 하여 능력이 없다고 판단되면 조사가 이루어진다. 하지만 실무적으로 취득자료를 전부 조사할 수 없기 때문에 통상 전산으로 분류하여 혐의자료 등을 뽑아내 그 증여받은 혐의가 있는 대상에 대해서만 조사한다. 더욱이 예전에는 부동산을 매매할 때 실거래가로 신고하지 않아 대부분 전산으로 비교할 때는 기준시가나 공시지가로 분석했다. 따라서 실제 거래금액으로는 조사대상이 되나 전산상 비교금액은 기준시가로 평가되어 조사대상에서 빠지는 경우가 많았다.

이렇게 취득자금출처조사 대상에서 빠진 부동산 취득건이라고 하더라도 이후에 다른 부동산을 취득하거나 또는 증여세를 신고할 때 편 씨와 같이 다시 증여세를 추징당할 수 있다. 왜냐하면 증여세는 10년간 증여한 재산을 합산하여 세금을 계산하기 때문에 증여세 신고가 들어오거나 취득자금출처조사를 실시하면 담당공무원은 항상 과거 부동산 취득내역 및 증여세 신고내역 등을 검토한다. 세무조사를 하는 공무원 입장에서는 과거 부동산을 취득한 내역이 있는데 이 부동산을 증여받는 혐의가 있다고 하면 추가로 조사하여 과세하는 일은 당연하다고 할 것이다.

따라서 예전에 부동산을 자녀에게 사준 내용이 아무런 문제 없이 취득자금출처조사를 피해갔다고 하더라도, 후에 다른 부동산을 사주거나 추가로 증여하는 경우에 과거 10년 내 취득한 부동산까지 문제가 될 수 있음에 주의해야 한다.

과외소득도 자금출처 인정받을 수 있을까?

이제 갓 금융회사에 취직한 홍대체 씨는 얼마 전 자신의 명의로 4억 원짜리 아파트를 취득하였다. 물론 홍 씨는 취직한 지 얼마 되지 않았기 때문에 자신의 소득으로 구입하지는 않았다. 하지만 자신이 대학 다닐 때부터 군입대 전까지, 그리고 군제대 후부터 취직하기 전까지 꾸준하게 과외를 해서 월 200만 원 이상을 벌어왔다. 과연 홍 씨의 이러한 과외소득이 자금출처로 인정받을 수 있을까?

일반적으로 부동산 취득을 하면 그 사람의 소득능력 및 재산보유 여부에 따라 세무서에서 취득자금출처에 대한 조사가 나온다. 그런데 자금출처조사에서 자신의 소득이나 재산으로 해당 부동산을 취득했음을 증명하지 못하면 다른 누군가로부터 증여받은 것으로 보아 증여세가 과세될 수 있다. 이때 일반적으로 그 사람의 소득은 매년 세무서에 신고된 금액에 한해서 인정해준다. 실제 이 신고된 소득으로 구입한 내용이 확인되지 않으면 증여세가 과세된다.

홍 씨와 같은 경우라면 당연히 취득자금의 출처가 문제될 수 있다. 과외 소득은 세무서에 신고된 소득금액이 아닐 것이므로 부동산을 취득한 자금원으로 인정받지 못할 가능성이 높다. 특히 이러한 과외 소득이 계좌로 이체된 사실이 확인되고, 실제 과외교습을 한 사실이 확인되는 등 객관적으로 과외 사실이 입증된다면 해당 과외 소득에 대한 소득세 과세문제와는 별도로 자금출처로 인정받을 수도 있다. 하지만 대개 과외 소득에 대해서는 자금출처로 인정해주지 않는다.

33

나누어서 증여하고
대신 증여해줘라

▍증여세 낼 자금은 할아버지가 증여

천억대 씨는 아들 천만해 씨에게 자신이 보유하고 있던 상가 1채를 증여하려고 한다. 그런데 아들 천만해 씨는 이제 막 대학을 졸업하고 취업준비 중에 있어 천억대 씨가 증여세도 대신 내주어야 한다. 만일 그렇게 되면 증여세를 낼 자금에 대해서도 증여세를 또 부담해야 될 것 같아 고민이다.

천억대 씨가 아들 천만해 씨에게 증여하려는 상가의 기준시가는 5억 3000만 원이므로 이 상가에 대해 부담해야 하는 증여세는 8100만 원이다. 만일 그 증여세 부분까지 증여해준다면 증여세가 1억 1097만 원 정도가 되므로 약 1억 1100만 원 정도의 현금을 추가로 증여해야 한다. 결국 기존보다 증여세를 3000만 원 정도 더 부담해야 한다.

　　그렇다면 천만해 씨가 낼 증여세 자금을 할아버지가 증여해준다면 어떻게 될까? 증여세는 기본적으로 증여자별·수증자별(증여자가 직계존속인 경우 배우자는 동일인으로 본다)로 과세를 하게 되어 있다. 따라서 천만해 씨의 할아버지가 천만해 씨에게 증여세를 낼 자금 8100만 원을 증여해준다면 증여세는 729만 원(증여재산공제는 이미 받았음)이고, 이 증여세 자금에 대한 증여세까지 고려한다면 대략 8900만 원 정도를 증여해주면 할아버지로부터 받는 현금에 대한 증여세 801만 원이랑 상가 증여분에 대한 증여세 8100만 원을 낼 수 있다. 결국 부친 천억대 씨가 증여세 자금까지 전체를 증여해주는 것보다, 할아버지가 천만해 씨에게 증여세 자금을 증여해준다면 증여세를 2196만 원가량을 줄일 수 있다.

비거주자인 아들에게 보낸 사업자금에 대한 증여세를 대신 내줘라

　　공수래 씨는 미국으로 이민 가서 거주하는 아들에게 사업자금 명목으로 5만 불 정도를 보내주려고 한다. 그런데 5만 불을 보내면 이 자금에 대해서 송금하기 전 증여세를 신고하고 납부한 후 보내야 한다. 그렇지 않으면 외국환송금자료가 국세청으로 통보되어 추후에 증여세가 과세될 수 있기 때문이다. 5만 불을 자녀에게 증여하면 5만 불에 대한 증여세를 낼 자금도 문제가 된다. 만일 아들에게 보내려는 5만 불 중 일부를 다시 송금받아 증여세로 내면 사업자금이 부족해져서 결국 더 많은 금액을 송금해주어야 한다. 그리고 증여성 자금으로 송금하는 외화금액이 5만 불을 초과하면 외화송금 절차도 더 복잡해진다. 또한 5만 불에 대한 증여세를 공 씨가 내준다고 하더라도 대신 납부하는 증여세에 대해서도 증여세가 추가로 부과되므로 공 씨는 고민되었다. 이에 공 씨는 송금업무를 보는 지정 외국환은행에서 상담하였다.

공 씨와 같이 비거주자에게 증여할 때는 증여자가 연대해서 세금을 납부할 의무가 있다. 더욱이 이 경우 연대납세의무는 세무서의 연대납세의무 지정이나 통지를 요하지 않고, 바로 연대납세의무를 이행해도 무방하다. 따라서 공 씨가 5만 불을 송금해주고, 자신의 자금으로 비거주자인 아들의 증여세를 대신 내준다고 하더라도 그 증여세는 연대납세의무로 내는 세금에 해당되어 추가로 증여세 문제가 발생하지 않는다.

■ 외국환거래와 그 절차

구분	대상	절차 및 제출서류
원칙	건당 미화 1천 불을 초과하는 지급 등을 하고자 하는 자	외국환은행장에게 지급 등의 사유와 금액을 입증하는 서류 제출
예외	거주자가 신고를 필요로 하지 않는 거래로 연간 누계금액이 미화 5만 불 이내를 지급하는 경우	지급 등의 증빙서류 제출 필요 없음. 다만 외국환은행장은 신고대상 여부를 확인해야 함

＊결국 5만 불을 초과할 때만 증빙서류 제출이 필요함

■ 외화지급 시 국세청 통보 기준

① 건당 미화 1천 불을 초과하는 거주자의 증여성 지급금액이 지급인별로 연간 미화 1만 불을 초과하는 경우
② 해외예금 목적의 송금액이 지급인별로 연간 미화 5만 불을 초과하는 경우
③ 해외유학생 및 해외체재자의 해외여행 경비지급금액이 연간 10만 불을 초과하는 경우
④ 위 ① 및 ③을 제외하고 건당 미화 1만 불을 초과하는 금액을 외국환은행을 통하여 지급 및 영수(송금수표에 의한 지급 및 영수 포함)하는 경우

34

자녀에게 토지를 무상으로 사용하게 했는데

토지 무상 사용 시 세금 문제

　최근에 자녀에게 상가건물 또는 단독주택을 증여할 때 최소한의 증여세를 부담하면서 임대소득을 자녀가 가져갈 수 있도록 건물만 증여하는 방법이 많이 이용되고 있다. 건물 및 토지의 가격을 평가해볼 때 일반적으로 건물가격보다는 토지가격이 높다. 따라서 건물만 자녀에게 증여해주면 그 증여세는 건물과 토지를 함께 증여할 때보다 훨씬 적어진다.

　하지만 자녀에게 건물만 증여하고 토지는 부모의 명의로 그대로 둔다면 건물 소유주와 토지 소유주가 서로 다름에 따라 여러 가지 세금 문제가 발생한다. 이제부터 건물은 자녀가, 토지는 부모가 소유할 때 발생하는 세금 문제에 대해 살펴보자.

토지를 무상으로 사용함에 따라 부과되는 증여세

자녀에게 건물만 증여하여 자녀가 부모 소유의 토지를 무상으로 사용한다면 그 무상사용에 따라 자녀가 받는 이익에 대해 증여세가 과세된다. 이때 증여재산가액은 [부동산가액(기준시가) × 2%]을 각 보유기간별(1년~5년)로 연 10%의 이자율로 할인한 금액을 모두 합한 금액이 되고, 이 금액이 1억 원 이상이 되면 증여세가 과세된다.

예를 들어 자녀가 무상으로 사용하는 토지의 기준시가가 20억 원이라면 여기에 2%를 곱한 금액이 4000만 원이 되고, 5년간 할인한 금액의 합계액이 151,631,470원(= 40,000,000/1.1 + 40,000,000/1.12 + 40,000,000/1.13 + 40,000,000/1.14 + 40,000,000/1.15)이 된다. 따라서 이때 5년간 합계액이 1억 원 이상이 되므로 증여세가 과세된다.

만일 토지를 사용하는 자녀가 일정 금액의 임대료를 지불한다면 부동산을 무상으로 사용하는 것이 아니므로 증여세 과세문제가 발생하지 않는다. 또한 부모가 자녀에게 토지 지분도 일부 증여한 후 자녀와 공동사업자로 사업자등록을 하여 임대하면 토지무상사용 이익에 대한 증여세 문제는 발생하지 않는다

그리고 증여세가 과세된 후 5년 이내에 부모가 토지를 타인에게 양도하거나 토지를 건물 소유주인 자녀에게 상속 또는 증여한다면 5년을 채우지 않은 기간에 대해서는 과세관청에 이미 납부한 세금을 환급해달라는 경정청구를 해서 세금을 돌려받을 수 있다.

토지를 낮은 임대료로 임대할 때 부과되는 소득세

만약 자녀에게 토지를 시가보다 낮은 금액으로 임대하면 소득세법상 부당행위계산의 부인 규정이 적용되어 부모에게 소득세가 부과될 수 있다. 이때 기준이 되는 시가는 〔(해당자산의 시가 × 50/100 - 자녀로부터 받은 임대보증금) × 정기예금이자율(5%)〕로 계산된다. 다만 낮은 금액인지 여부는 실제 임대료와 시가의 차이가 3억 원 이상이거나 시가의 5/100 이상이어야 그 차이분에 대해 과세한다.

앞서 예를 든 토지를 기준으로 자녀에게 받아야 할 적정임대료를 살펴보면 월세만 받는다고 가정할 경우 시가는 (2,000,000,000 ×50/100 - 0) × 5% = 50,000,000으로 계산되고, 시가 인정 범위는 〔47,500,000원 〈 적정임대료 〈 52,500,000원〕이 된다. 따라서 부모가 자녀에게 20억 원짜리(기준시가로 평가) 토지를 임대하고 임대료를 받을 때 소득세 과세문제가 발생하지 않는 적정 월 임대료 범위는 〔3,958,333원 〈 적정 월 임대료 〈 4,375,000원〕이 된다.

이러한 적정임대료 범위는 자녀가 사용하는 토지의 기준시가 및 국세청장이 고시하는 정기예금 이자율 등의 변경이 있으면 달라지므로 주의해야 한다. 또한 앞서 살펴본 토지의 무상사용에 대해 증여세가 과세되는지 여부와 관계없이 부당행위계산의 부인 규정이 적용되면 소득세가 과세될 수 있다. 즉, 토지를 무상사용함에 따라 자녀에게 증여세가 과세되는 경우에도 부모에게 소득세법상 부당행위계산의 부인 규정이 적용되어 소득세가 중복해서 과세될 수 있다.

35
부담부증여와 대출금 사후관리

부담부증여

부담부증여란 증여자가 증여할 때 수증자에게 증여재산에 딸려 있는 채무도 함께 증여함을 말한다. 부담부증여를 할 때 증여세는 증여하는 재산가액에서 채무액을 차감한 금액에 대해서 증여세를 부담하기 때문에 증여세가 줄어든다.

■ 증여세 계산구조 비교

- 일반증여

증여세 산출세액 = (증여재산가액 − 증여재산공제) × 증여세율

- 부담부증여

증여세 산출세액 = {(증여재산가액−채무액)−증여재산공제} × 증여세율

* 채무액만큼 증여세가 절세된다

하지만 부담부증여에서 유의해야 할 몇 가지 사항이 있다.

부담부증여를 한다고 해서 무조건 절세가 되지는 않는다. 부담부증여 시 채무액 부분만큼 증여세를 적게 내므로 증여세가 절세되나, 채무액 부분에 대해서는 양도소득세가 과세된다. 따라서 채무액에 대한 양도소득세가 채무로 인해 줄어드는 증여세보다 크면 오히려 부담부증여를 할 때 세금이 더 많아진다. 특히 2007년도 이후부터는 1세대 2주택 이상자에 대해서 양도소득세가 중과(2010년까지는 한시적으로 일반 양도소득세율을 적용)되고 장기보유특별공제도 배제되어 1세대 2주택 이상자가 부담부증여를 할 경우 오히려 세금이 더 늘어나는 결과가 발생한다. 따라서 증여를 실행하기 전에 부담부증여를 한다면 세부담액이 줄어드는지 여부를 꼼꼼히 확인하고 증여해야 한다.

부담부증여 시 공제될 수 있는 채무는 국가나 공공기관, 금융기관 등 객관적으로 확인이 가능한 채무와 기타 증빙 및 거래내역에 의해 실제 채무의 존재가 확인되는 내용만 인정해준다. 간혹 부담부증여를 하기 위해 허위로 채무를 만드는 경우(전세계약서를 허위로 작성하는 등)가 있는데 이렇게 만들어진 채무는 채무로 인정되지도 않을뿐더러 국세청에 적발되면 고의적인 세금 신고누락으로 보아 신고불성실 가산세가 40%까지 부과될 수 있고, 그 탈루한 세액이 클 경우에는 조세범처벌법에 의해 고발까지 당할 수 있으므로 주의해야 한다.

대출금 사후관리

부담부증여는 말 그대로 증여받는 사람이 채무액을 갚기로 하고 채무와 함께 증여를 받는 것이다. 따라서 그 채무는 증여받는 사람이 갚아야 한다. 만일 소득이 없는 배우자나 자녀에게 부담부증여를 한 후 그 채무액을 증여자가 대신 갚아주면, 갚아준 채무액도 증여로 보기 때문에 증여세를 납부해야 한다. 이와 같이 소득이 없는 배우자나 자녀에게 부담부증여로 증여하면 결국 절세효과가 없으므로 주의해야 한다.

또한 부담부증여로 증여받은 자가 이후에 채무를 상환할 때 그 상환하는 자금의 출처를 입증할 수 있는 서류를 보관해두거나 근거를 남겨놓아야 한다. 국세청에서는 부담부증여 시 인수한 채무를 본인이 갚았는지 타인이 대신 갚았는지를 사후관리하고 있기 때문이다. 만일 채무를 상환한 자금출처가 소명되지 않는다면, 증여세가 추징될 수 있다.

다시 떠오르는 부담부증여

양도소득세 중과제도가 시행되기 전에는 대부분 부담부증여로 증여할 때 절세효과를 볼 수 있었다. 왜냐하면 부담부증여로 줄어드는 증여세가 채무 부분에 대한 양도소득세보다 더 큰 경우가 많았으므로 이를 적절히 활용해 증여세를 줄이는 사례가 많았다. 하지만 2007년 이후 양도소득세 중과제도가 시행되면서 1세대 2주택, 1세대 3주택 이상, 비사업용 토지에 대해서는 부담부증여로 줄어드는 증여세보다 채무 부분에 대한 양도소득세가 더 큰 경우가 많아 부담부증여를 할 때 오히려 세부담이 더 커지기도 한다. 따라서 이 기간 동안 부담부증여가 거의 이루어지지 않았다.

하지만 2009년 이후 양도소득세 중과에 대한 규정이 완화되면서 1세대 다주택자나 비사업용 토지 소유자도 부담부증여로 증여하면 증여세 부담이 줄어드는 일이 다시 많아졌다. 따라서 부담부증여로 증여할 수 있는 요건을 갖췄다면 부담부증여로 증여하는 편이 유리한지, 아니면 그냥 일반적인 증여로 증여하는 편이 유리한지 반드시 확인해볼 필요가 있다.

■ 부담부증여 사례 _ 연도별 절세효과 비교

1세대 2주택자인 부친이 다음의 주택(투기지역 아님)을 아들에게 증여하는 경우
현 시세 : 5억 원, 실제 취득가액 : 2억 원 (기타 필요경비 포함)
11년 보유, 전세보증금은 2억 5000만 원
아들(32세)은 본인이 납부할 세금을 납부할 능력이 있음, 기존에 증여받은 재산 없음
연도별로 조건은 동일함

(단위:천 원)

구분	단순 증여	부담부증여 (2006년 증여 시)	부담부증여 (2007년 증여 시)	부담부증여 (2009년 증여 시)
증여세	75.6	30.6	30.6	30.6
양도세 및 주민세	–	24.9	73.0	37.1
세부담액 총합계	75.6	55.5	103.6	67.7

＊2009년 이후 1세대 2주택에 대한 양도소득세 중과세율이 50%⇒ 일반세율인 6%~35% (2010년 이후 6%~33%)로 낮아져서 절세효과가 다시 나타나게 되었다

36
농지 증여는 아무나 하나

농지는 증여도 쉽지 않다

부동산 투기로 인해 토지의 많은 부분, 특히 수도권은 대부분 토지가 토지거래허가구역에 묶여 있다. 토지거래허가구역 내의 토지를 거래할 때는 일정한 요건을 갖추어야만 거래허가를 받아 거래할 수 있다. 물론 대가를 주고 하는 거래가 아니라면 소유권이전에 아무런 문제가 없다. 하지만 농지는 다르다. 농지는 농지법에 따라 자기의 농업경영에 이용하거나 이용할 자가 아니면 소유하지 못하도록 하고 있다. 즉, 농지를 증여할 때는 농지를 증여받은 사람이 농지법에서 인정하는 농업경영에 사용하거나 할 자가 아니면 증여할 수 없다. 특히 자녀가 미성년자라면 증여하기가 더욱 쉽지 않다. 물론 농지 임대차계약을 통해 직접 자기가 농업경영에 이용하지 않더라도 농지를 소유할 수는 있다.

농지 상속은 예외

농지법에서 자기의 농업경영에 이용하거나 이용할 자가 아니면 농지를 소유하지 못하도록 하고 있으므로 농지를 취득하고자 하는 자는 농지소재지 관할 시·구청장, 읍·면장으로부터 농지취득자격증명을 발급받아야 한다. 하지만 상속으로 농지를 취득하여 소유할 때는 1만㎡까지는 농업경영을 하지 않아도 그 상속농지를 소유할 수 있다. 물론 농지취득자격증명도 발급받을 필요가 없다.

농사 짓는 자녀에게 농지 증여하면 증여세가 감면된다

농지를 직접 경작하던 농민이 그 농지를 역시 농사를 직접 짓는 자녀(18세 이상이어야 함)에게 증여하면 1억 원 한도(5년간 합계) 내에서 증여세를 전액 감면해준다. 이때 감면대상이 되는 농민은 농지 소재지에 거주하면서 직접 경작해야 하며, 감면대상이 되는 농지의 면적은 29,700㎡(9000천 평) 이내여야 한다. 또한 주거지역·상업지역·공업지역 이외의 지역에 소재하는 농지이어야 하고, 택지개발예정지구 등 개발사업지구로 지정된 지역이 아니어야 한다. 이러한 요건에 해당되는 농지를 증여받으면 감면신청을 통해 증여세 감면을 받을 수 있다. 하지만 만일 이 감면받은 농지를 정당한 사유 없이 5년 이내에 양도하거나, 농사를 짓지 않는다면 감면받은 증여세를 추징당할 수 있다. 또한 감면받은 농지는 10년 내에 상속이 일어날 때 상속재산에 가산하지 않아도 된다.

37

배우자에게 적절히 증여하라

배우자 간 증여재산공제액

부부간이라도 부부별산제에 따라 서로 달리 재산을 소유할 수 있고, 그 소유권도 각각 구분된다. 하지만 실제 우리나라 관습으로 볼 때 부부의 재산은 공동소유라는 개념이 강하다. 또 실제 재산의 많은 부분을 남편이 소유함에 따라 배우자의 재산권이 심하게 침해를 당하는 일도 많았다. 따라서 이러한 불합리성을 조금이나마 완화하고 배우자의 재산권에 대한 기여도를 인정하는 의미에서 배우자 증여재산공제 규정을 두고 그 금액 또한 다른 사람에게 증여할 때보다 훨씬 많은 금액을 공제해주고 있다. 현재 배우자 간의 증여재산공제액은 6억 원이므로 부부간에 6억 원 이내의 금액을 증여한다면 증여세가 과세되지 않는다.

적용기간	98. 12. 28 ~ 02. 12. 18	02. 12. 19 ~ 07. 12. 31	08. 01. 01 ~
공제액	5억 원	3억 원	6억 원

배우자 명의로 분양권 증여하기

일산에 사는 류부단 씨는 은평뉴타운 지구에 아파트를 분양받아 분양대금을 납부 중에 있었다. 그런데 류 씨는 아무래도 자기 명의의 아파트가 한 채 있는데, 지금 분양받는 아파트까지 자기 명의로 하면 세금부담이나 자산관리 측면에서 바람직하지 않다는 생각이 들었다. 그래서 아파트가 완공 후 등기되면 배우자에게 증여할 계획이었다.

류 씨와 같이 배우자에게 아파트를 증여할 때 굳이 등기가 완료된 후에 아파트를 증여할 필요가 없다. 분양권 상태로도 증여가 가능하기 때문이다. 특히 등기가 완료된 후에 아파트를 증여하면, 우선 준공이 완료된 후 자신의 명의로 소유권보존등기 시에 취·등록세를 부담해야 하고, 이후 배우자 명의로 등기할 때 또 증여등기에 따른 취·등록세를 부담해야 하기 때문에 결국 취·등록세를 2번 부담하게 된다. 하지만 분양권 상태에서 증여하면 우선 증여 시에는 취·등록세 부담을 하지 않아도 된다. 왜냐하면 분양권 증여는 취·등록세 부과대상이 아니기 때문이다. 결국 분양권을 취득한 배우자는 아파트가 완공되면 신축등기 시에 취·등록세를 한 번만 부담하면 된다.

분양권을 증여하기 위해서는 우선 관할 시·군·구에 분양권 증여계산서를 작성하여 검인을 받아야 한다. 그리고 검인받은 분양권 증여계약서와 분양계약서를 가지고 해당 건설사에 찾아가 분양계약서 명의변경을 하여야 한다. 분양계약서 명의변경 처리가 되면, 수증자는 분양권 증여계약서와 분양계약서 등을 첨부하여 증여세 신고서를 관할세무서에 제출하면 모든 증여 절차가 끝난다.

분양권도 증여세 신고 시 기본적으로 시가로 평가해서 신고해야 하는데, 여기서 시가란 증여 시까지 납입한 분양계약금 및 중도금의 합과 증여 당시 형성된 분양권 프리미엄이 있다면 여기에 분양권 프리미엄을 합친 금액이 분양권의 시가가 된다. 분양권 명의변경 자료는 세무서에서 주기적으로 수집하고 관할구청에서도 관할세무서로 통보하도록 되어 있으므로 분양권 명의변경 내용이 등기되지 않는다고 하여 증여세 신고를 누락했다가는 곧바로 증여세가 추징될 수 있다.

금융소득종합과세 피하기

배우자에게 증여함으로써 절세효과를 가장 자주 볼 수 있는 사례가 바로 예금을 배우자에게 증여하여 금융소득종합과세를 피하는 것이다. 금융소득종합과세란 이자소득과 배당소득을 합한 금융소득이 연간 4000만 원을 넘을 때 다른 종합소득과 합산하여 종합소득세를 신고하여 납부하는 제도이다. 금융소득종합과세 대상이 되면 기존에 금융소득에 대해 14%(주민세 포함 시 15.4%)로 원천징수된 소득세 이외에 추가로 종합소득세로 세금을 더 납부하게 되어 세부담이 커진다.

따라서 금융자산이 많은 사람은 보통 배우자 간 증여재산공제액이 6억 원이므로 증여세가 과세되지 않는 6억 원의 범위 내에서 금융자산이 없거나 많지 않은 배우자에게 금융자산 일부를 증여하여 금융소득을 줄일 수 있다. 서브프라임 모기지 사태 이전인 2007년 말까지는 이자율도 높았던 데다 펀드와 같은 수익률이 높은 자산으로 인해 금융자산규모가 그다지 크지 않더라도 실제 금융소득종합과세 대상이 된 경우가 많았다. 당시에는 배우자 증여재산공제액 3억 원(2008년부터 배우자 공제액이 6억 원으로 증가) 정도만 증여를 하더라도 금융소득의 규모가 많이 줄어들어 소득세 절세효과를 톡톡히 본 사례가 많았다. 이자율이 저금리인 최근에도 거액의 금융자산을 보유한 자산가들은 금융소득을 조금이라도 분산시키기 위해 배우자에 대한 증여재산공제 규정을 이용해 증여를 많이 하고 있다.

38

비거주자에게 상속하고 증여하는 경우

피상속인이 비거주자인 경우

사망한 사람이 국내 거주자가 아닌 비거주자일 때 그 사람이 국내에 보유하는 재산에 대해서만 상속세가 과세된다. 따라서 비거주자라고 하더라도 국내에 있는 재산이 상속되면 상속세 신고를 하고 납부해야 한다. 이때에는 상속인이 거주자인지 비거주자인지 관계없이 국내에 재산이 있다는 사실만으로 그 재산에 대해서 상속세가 과세된다.

상속세 계산 시 상속재산가액에서 공제되는 상속공제액 역시 피상속인이 거주자인지 비거주자인지에 따라 달라지는데 피상속인이 거주자이면 세법상 정해진 상속공제는 모두 적용이 가능하나, 피상속인이 비거주자이면 상속공제액으로 기초공제인 2억 원만 공제가 가능하다.

■ 피상속인의 거주성 여부에 따른 상속세 과세 비교

■ 피상속인의 거주성 여부에 따른 상속세 과세 비교

구분	거주자	비거주자
상속세 과세대상	전 세계 모든 재산	국내 보유 재산
상속공제	세법상 모든 상속공제	기초공제 2억 원
상속세 신고기한	사망일로부터 6개월이 되는 달의 말일	사망일로부터 9개월이 되는 달의 말일

피상속인의 배우자가 비거주자일 때 배우자공제는?

상속세 및 증여세법에서 규정하는 배우자는 민법상 혼인으로 인정되는 혼인관계에 의한 배우자이다. 민법상 혼인은 호적법에 따라 혼인신고를 함으로써 성립하고 배우자의 사망과 이혼으로 해소된다. 이민 등의 사유로 국적을 상실하여 비거주자가 되더라도 실제 거주자인 남편과 이혼하지 않고 계속 혼인관계를 유지하고 있다면 배우자상속공제를 받을 수 있다. 다만 수증받는 배우자가 비거주자라면 증여세 계산 시 증여재산공제를 받을 수 없다.

거주성 여부에 따른 증여세

증여 시 수증자가 비거주자라면 국내에 있는 재산을 증여할 때만 증여세가 과세된다. 증여세는 증여자의 거주성 여부와는 관계없이 수증자의 거주성 여부에 따라 증여세 과세 여부가 달라진다. 만일 수증자가 비거주자라면 증여재산공제액의 적용을 받을 수 없다.

예를 들어 국내에 거주하는 부친이 미국에서 살고 있는 미국 시민권자 아들의 명의로 국내 부동산을 증여할 때 직계존비속 간 공제 가능한 3000만 원을 공제받지 못한다. 특히 금융자산을 송금할 때 증여성 송금으로 송금되면 해당 금액은 국내에 있는 재산을 증여하는 것으로 보아 증여세 과세대상이 된다.

■ 거주성 여부 등에 따른 증여세 과세 여부

증여자	수증자	재산소재지	증여세 과세여부	납세의무자
거주자	거주자	국내	증여세 과세	수증자
거주자	비거주자	국내	증여세 과세	수증자(*1)
거주자	거주자	국외	증여세 과세	수증자
거주자	비거주자	국외	증여세 과세	증여자(*2)
비거주자	거주자	국내	증여세 과세	수증자
비거주자	비거주자	국내	증여세 과세	수증자
비거주자	거주자	국외	증여세 과세	수증자
비거주자	비거주자	국외	증여세 과세권 없음	-

*1 비거주자인 수증자가 국내에 소재하는 재산을 증여받을 때 거주자가 연대납세의무를 진다.
*2 상증통 4-0‥2 (국제조세조정에 관한 법률 제21조)

결국 위 표에서 보는 바와 같이 해외에서 증여할 때 실질적으로는 증여자와 수증자가 모두 비거주자라면 우리나라에 과세권이 없어 과세하지 않는다. 따라서 단순히 증여세를 회피하기 위해 외국에 자금을 가져가서 해외에서 증여한다면 증여자와 수증자 모두 비거주자 요건을 갖춘 상태에서 증여가 이루어져야 한다. 다만 실무적으로 해외에서 이루어진 증여를 과연 제대로 포착해서 과세할 수 있는지에 대한 문제는 남아 있다.

거주자는 어떻게 구분할까

거주자와 비거주자는 어떻게 구분할까? 상속세 및 증여세와 관련하여 거주자와 비거주자를 구분하면, 국내에 주소를 두거나 1년 이상 거소를 둔 자를 거주자라고 하고 거주자가 아닌 자를 비거주자라고 한다. 여기에서 주소와 거소의 개념은 기본적으로 소득세법상 주소와 거소의 개념을 그대로 적용한다. 따라서 주소는 국내에서 생계를 같이하는 가족 및 국내에 소재하는 자산의 유무 등 생활관계의 객관적 사실에 따라 판단하고, 주민등록 여부나 이민, 영주권 및 시민권 취득 여부와 관계없이 실질관계상의 거주 여부로 판단한다. 결국 국내에 주민등록이 되어 있다고 하더라도 비거주자로 판단될 수 있고, 외국의 영주권 취득자라 할지라도 국내에 실질적으로 거주하고 있다면 거주자로 판단된다. 실무적으로는 우선 각자의 출입국 관리내역을 검토하여 국내외 거주 기간을 판단하고, 그다음 해당 가족의 국내 거주 유무 및 국내에서의 직업 유무 등으로 판단한다.

국내에 대출해준 채권이 있는 경우 상속세는?

상속세 및 증여세법에 따라 대부금 채권에 대해서는 채무자의 주소지가 있는 곳이 상속재산이 있는 곳이 된다. 따라서 만일 해외에 있는 비거주자가 국내에 있는 거주자나 법인 등에게 자금을 대여해준 채권을 보유하던 중 사망하였다면, 그 대여금에 대해서는 상속세가 과세된다.

39
보험금 증여, 미리 하는 것이 나을까

분당에서 개인사업을 하는 차분애 씨는 최근 금융시장 불안으로 금융자산을 모두 확정금리로 지급되는 정기예금으로 관리하다 보니 금융소득종합과세가 걱정되었다. 그래서 차 씨는 금융자산 중 일부를 가족에게 분산시키고 금융소득종합과세 염려가 없는 보험상품에 불입하기로 했다.

차 씨는 최근 보험금에 대한 세무조사가 강화되었다는 얘기를 들었던 터라, 그냥 가족 명의로 예금 이체해주고 증여세를 신고·납부하기로 했다. 증여세가 신고된 자금으로 보험에 가입하면 나중에 자녀가 보험금을 수령하더라도 세금 문제는 발생하지 않을 것이라고 생각했다. 보험상품에 가입하기 위해 은행 PB센터를 찾은 차 씨는 PB팀장으로부터 뜻밖의 이야기를 들었다. 증여세를 신고한 자금으로 보험료를 불입했다고 하더라도 추후 보험금을 수령할 때 증여세가 추가로 더 나올 수 있다는 것이다.

현행 세법에서는 생명보험이나 손해보험에 가입하면서 보험금 수취인이 보험계약기간 안에 다른 사람으로부터 증여받은 재산으로 보험료를 불입하면 보험료 불입액에 대한 보험금 상당액에서 증여받은 재산으로 불입한 금액을 차감한 가액을 보험금 수취인의 증여재산가액으로 보아 증여세를 과세하도록 하고 있다. 즉, 증여받은 재산으로 보험료를 불입했다면 보험금 수령액 중 기존에 증여세로 신고된 보험료 불입액을 차감한 차이분에 대해서 증여세를 추가로 납부해야 한다.

또한 세법에서는 보험계약기간 안에 증여받은 재산으로 보험료를 불입하는 경우에만 보험료 불입액과 보험금 수령액의 차이 금액에 대해 과세한다고 규정한다. 하지만 실제 사례에서는 차 씨와 같이 보험계약기간 전에 재산을 먼저 증여받은 후 보험계약을 체결해도 그 경제적 실질이 보험계약기간 안에 증여받은 재산으로 보험료를 불입한 것과 유사한 경우에 해당하면 증여세를 과세할 수 있는 것으로 본다. 따라서 증여받은 재산으로 보험에 가입할 때에는 이러한 사실에 유의해서 가입해야 한다.

보험료 불입자와 보험금 수익자가 같다면

부동산 임대업을 하는 설내발 씨는 매달 들어오는 임대수입으로 보험상품 가입을 고려 중이다. 노후를 위한 자금을 마련하기 위한 목적도 있지만, 상속세 자금을 마련하기 위한 준비차원에서 만기에 10억 원 정도를 받을 수 있는 보험에 가입하려고 한다. 설 씨는 보험계약자를 본인으로 하고, 보험수익자를 자녀나 배우자로 하면 증여세가 과세될 수 있다고 해서 그냥 보험계약자와 보험수익자를 자녀와 배우자로 해서 보험에 가입하기로 했다.

일반적으로 보험금을 수령할 때 보험금 계약자(보험료 불입자)와 보험금 수익자가 다르면 계약자가 수익자에게 해당 보험금을 증여한 것으로 보아 증여세가 과세된다. 반면에 계약자와 수익자가 동일하면 과세 문제가 일반적으로 발생하지 않는다. 하지만 보험계약자의 자금출처가 불분명하면 증여세 과세대상이 될 수 있다. 본인의 자금으로 보험료를 불입한 것으로 볼 수 없고, 부모 등으로부터 증여받은 자금으로 보험료를 납입했다고 본다. 물론 계약자가 자신의 자금으로 납입하였다는 소득증빙이나 기타 자금출처를 제시한다면 증여세는 과세되지 않는다.

이처럼 계약자와 수익자가 동일하더라도 자금출처가 불분명하여 보험금 수령액에 대해 증여세가 과세하는 경우에도 보험금 증여시기는 보험사고가 발생한 때(만기가 되어 찾는다면 보험만기일을 보험사고가 발생한 날로 봄)이므로 증여세 과세표준은 보험금 수령액을 기준으로 판단한다.

장애인전용 보험상품에 가입하면 증여세가 비과세

1년 전 교통사고를 당해 장애인이 된 아들을 둔 기운내 씨는 나중에 아들의 생계에 지장이 없도록 미리 조금씩 증여해줄 것을 고려 중이다. 그래서 마련된 자금으로 아들에게 매달 일정액의 소득이 생기도록 해주고 싶다. 이렇게 보호자가 나이 들고 장애인을 돌봐줄 능력이 점점 없어지는 경우를 대비해 적절한 대책을 마련해두어야 한다. 이를 지원해주기 위해 세금 측면에서도 여러 가지 제도가 있다. 장애인은 소득공제를 추가로 더 해준다든지, 상속공제에 있어서 장애인 공제의 연령제한이 75세까지라든지 등이 있다. 증여세도 장애인을 위해 지원해주는 규정이 있는데, 바로 장애인전용 보험의 보험금에 대한 증여세 비과세 규정이다. 이 외에도 장애인이 증여받은 재산의 과세가액을 불산입해주는 규정이 있다.

증여세가 비과세되는 장애인전용 보험은 장애인복지법 제29조의 규정에 의하여 등록한 장애인 및 국가유공자 등 예우 및 지원에 관한 법률 제6조의 규정에 따라 등록한 상이자를 수익자로 한 보험의 보험금으로 연간 4000만 원 이내의 보험금에 대해서 비과세해준다.

그리고 장애인이 증여받은 재산에 대한 과세가액 불산입제도로 장애인이 받은 증여재산(해당 장애인이 생존기간 동안 증여받은 재산가액의 합계액 5억 원 한도)에는 그 신탁기간 동안 증여세를 과세하지 않는다. 과세가액 불산입을 위한 요건은 ① 증여받은 재산의 전부를 신탁업법에 의한 신탁회사에 신탁할 것 ② 해당 장애인이 신탁의 이익 전부를 받는 수익자일 것 ③ 신탁기간이 당해 장애인이 사망할 때까지로 되어 있을 것(다만,

신탁기간이 장애인의 사망 전에 만료되는 경우에는 신탁기간을 장애인이 사망할 때까지 계속 연장할 것) 등으로 이 3가지 요건을 모두 충족해야 한다.

그러나 재산을 증여받은 장애인이 ① 신탁의 해지 또는 신탁기간이 만료된 경우로 이를 연장하지 않은 경우, ② 신탁기간 중 수익자 변경 또는 신탁재산을 인출·처분해 재산가액이 감소한 경우, ③ 신탁 이익의 전부 또는 일부가 장애인 외의 사람에게 귀속되는 것으로 확인된 경우에는 당해 사유에 해당하는 날의 재산가액을 증여받은 것으로 보아 과세관청에서 즉시 증여세를 추징하도록 하고 있다.

40
시가가 낮을 때 증여하라

부동산가격 폭락기는 증여의 절호 찬스

분당에 거주하는 소피도 씨는 아파트를 2채 보유하고 있다. 소 씨는 최근 부동산가격이 하락함에 따라 지금이 가장 낮은 가격으로 증여할 수 있는 시점이라고 판단해 배우자에게 주택 1채를 증여했다. 증여세를 계산할 때, 아파트는 현재 시세가 반영되므로 그 가격이 낮다고 판단되는 시점에 증여하면 증여세 부담을 덜 수 있다. 이처럼 증여는 어느 시점에 증여하느냐에 따라 세금이 달라질 수 있다. 소 씨와 같이 증여하려는 재산이 아파트가 아닌 주식이나 펀드처럼 시가가 바로 확인되는 재산이라면 그 시가가 가장 낮은 시점에 증여하여 세금을 줄일 수 있다. 더욱이 증여한 이후 경기 상승이나 인플레이션 등으로 증여한 재산의 시세가 오른다면 그 시세차익은 고스란히 증여세를 내지 않고도 수증자에게 이전될 수 있다. 따라서 언젠가는 배우자나 자녀 등에게 증여할 재산이라면 재산가액이 낮아진 시점에서 증여하는 것이 현명하다.

기준시가로 과세되는 토지나 상가건물도 계속 기준시가가 상승하는 추세에 있다면 기준시가가 고시되기 전에 증여하는 편이 좋다. 토지나 상가는 증여 시점에 고시된 기준시가로 재산을 평가하기 때문이다. 반대로 기준시가가 점점 하락하는 추세에 있다면 기준시가가 고시된 후에 증여하는 것이 유리하다.

기준시가 고시일을 정확히 알아라

증여재산을 평가하는 기준시가는 그 재산의 종류에 따라 각각 다른 기준으로 평가된다. 아파트나 주택은 공동주택가격 또는 개별주택가격으로, 토지는 개별공시지가로, 오피스텔이나 상가는 국세청고시 기준시가로, 골프회원권은 국세청고시 기준시가로 평가한다.

이런 기준시가는 일정한 날을 정해서 고시하는데, 시가로 평가하지 않는 재산은 일반적으로 증여재산가액을 평가할 때 평가할 당시에 고시된 기준시가로 평가한다. 예를 들어 기준시가가 계속 상승한다고 가정하자. 토지는 보통 개별공시지가가 5월 말에 고시된다. 5월 말에 고시된 토지의 공시지가가 전년도보다 10% 상향되어 고시되었다면 해당 토지를 5월 말 이전에 증여했을 때와 5월 말 이후에 증여했을 때, 그 증여재산 평가액은 고시일자인 단 하루를 기준으로 10%나 차이가 난다.

고시일자	명칭	비고
1월 1일	건물 기준시가, 오피스텔 등 기준시가 고시	
4월 30일	주택기준시가 (공동주택/개별주택)	
5월 31일	개별공시지가	
2월 1일 / 8월 1일	골프회원권 기준시가	고시 1년 2회

펀드 주식도 쌀 때 증여하라

전운무 씨는 2007년 가입한 펀드가 2007년 말부터 불어 닥친 금융위기 여파로 큰 손실을 입게 되었다. 가입한 원금이 10억 원이었으나 현재 평가액이 약 5억 원 정도로 반토막난 것이다. 전 씨와 같이 금융위기로 인해 펀드에서 막대한 손실을 보았다면 당장 손실폭이 큰 상태에서 바로 펀드를 환매하는 것은 너무 성급하다. 특히 최근에는 경기가 조금씩 살아나는 조짐이 보이고 펀드의 손실폭도 조금씩 줄어드는 상황에서 펀드의 환매시기를 늦추려고 하는 사람들이 많다.

더욱이 재산을 자녀에게 증여할 계획이 있었던 투자자들은 이번 펀드손실의 악재를 자녀에게 증여할 수 있는 호재로 삼아 활용하고 있다. 우리가 흔히 말하는 펀드는 일반적으로 간접투자증권에 속하고 이러한 간접투자증권를 증여할 때 증여재산가액은 증여일 당시의 기준가로 평가된다. 따라서 전 씨는 가입 당시 원금이 10억 원이었던 펀드를 증여 당시의 펀드 기준가인 5억 원에 증여하게 되고, 이후 펀드의 평가액이 상승한다면 그 상승분은 추가적인 증여세 부담 없이 고스란히 자녀의 몫이 된다.

41

증여세가 과세되지 않는 재산도 있다

일반적으로 타인으로부터 아무런 대가 없이 무상으로 재산을 증여받는다면 세법상 증여세를 부담해야 한다. 하지만 재산을 무상으로 증여받아도 증여세가 과세되지 않는 재산이 있다. 세법에서는 이처럼 증여세가 비과세되는 재산을 별도로 규정해두고 있다. 다음은 증여세가 과세되지 않는 사례들이다.

이혼 시 재산분할청구권 행사로 재산을 받은 경우

부부가 이혼하게 되면 우리나라 민법에서는 배우자 일방이 다른 배우자에게 재산분할을 청구할 수 있도록 하고 있다. 예를 들어 재산이 남편 명의로 되어 있는 상태에서 부부가 이혼함에 따라 아내는 남편에게 남편 소유의 재산을 분할해서 이전해달라고 요구할 수 있다. 물론 그 재산분할의 규모는 일반적으로 부부간에 협의하지만, 그 협의가 잘 안 된다면 법원에서 당사자의 청구를 받아 부부간의 재산 형성과정, 기여도 등을 고려하여 재산분할 규모를 판단한다. 어쨌든 재산분할청구권 행사에 따른 재산취득은 부부 공동의 노력으로 취득한 재산을 이혼함에 따라 자신의 기여분만큼을 가져간다. 결국 당초 본인의 재산을 가져가는 것이다. 따라서 세법에서도 이혼으로 인한 재산분할청구권 행사로 취득한 재산에 대해서는 증여세를 과세하지 않고 있다.

이혼 시 위자료로 받은 재산

이혼하면 대개 위에서 설명한 재산분할청구권 행사에 따른 재산이전 이외에 이혼 사유의 책임이 있는 자로부터 물질적 · 정신적 피해 보상에 따른 위자료를 받는다. 이러한 위자료 또한 세법에서는 증여세를 과세하지 않도록 하고 있다. 하지만 이때 위자료를 지급하는 자가 위자료를 부동산 등의 양도소득세 과세대상이 되는 재산으로 이전해준다면 지급자에게 양도소득세 납세의무가 생긴다. 따라서 위자료를 지급하는 자는 재산을 이전해주고 양도소득세까지 납부해야 하는 경우가 발생할 수 있다.

■ 이혼으로 인한 과세 문제

구분	증여세	양도소득세
재산분할청구권	과세 안 됨	과세 안 됨
위자료	과세 안 됨	과세(위자료 지급하는 자)

상속재산 협의분할에 의해 법정상속지분을 초과하여 취득하는 재산

피상속인의 사망으로 상속인이 상속재산을 취득할 때 일반적으로 유언이 없다면 대개 상속인 간의 협의분할을 통해 상속재산을 나눠 갖는다. 이때 상속인이 자신이 받아야 할 법정상속지분을 초과하여 상속재산을 받는다고 하더라도 최초 상속인 간의 협의분할에 따라 상속재산을 취득한다면 이는 상속세가 과세되는 것으로 납세의무가 종결되고 초과분에 대해 증여세가 과세되지 않는다. 다만 이미 상속재산 협의분할로 상속재산이 이전된 다음 재차 협의분할을 이유로 상속인 간의 재산증감이 있다면 재산이 증가된 자에게는 증여세가 과세되므로 주의해야 한다. 물론 사기나 부정행위 등으로 최초 협의분할이 잘못되어 재차 협의분할을 했다는 사실을 법정소송 과정 등에서 객관적으로 확인하면 재차 협의분할로 취득하는 재산에 대해서 상속세가 과세되지 않는다.

증여받은 재산을 신고기한 내에 반환하는 경우

재산(금전을 제외함)을 증여받은 후 그 증여받은 재산을 다시 증여세 신고기한 이내에 돌려주면 처음부터 증여가 없는 것으로 보아 증여세를 과세하지 않는다. 다만, 반환하기 전에 증여세의 과세표준과 세액이 결정되었거나, 신고기한을 지나서 반환하였거나, 금전을 반환할 때에는 증여세가 과세된다. 만일 신고기한이 지나서 반환하면 다시 신고기한으로부터 3개월 이내인지 아닌지에 따라 과세 여부가 달라진다. 신고기한 경과 후 3개월 이내이면 당초 증여에 대해서는 증여세가 부과되지만, 반환하는 분에 대해서는 증여세가 과세되지 않는다.

■ 반환기간별 증여세 과세 여부

반환기간	과세여부	
	당초 증여분	반환분
신고기한 이내	과세 안 함	과세 안 함
신고기한 경과 3월 이내	과세	과세 안 함
신고기한 경과 3월 이후	과세	과세

기타 소송 등의 결과에 따라 이전되는 재산

상속인 간의 재산분쟁소송 결과 유류분 재산을 돌려받거나 당초 증여로 취득한 재산이 취득원인무효 판결에 의해 권리가 말소되면 증여세가 과세되지 않는다.

■ 세법에 비과세 대상으로 규정된 증여재산 (상속세 및 증여세법 제46조)

- 국가 또는 지방자치단체로부터 증여받은 재산의 가액
- 내국법인의 종업원으로 우리사주조합에 가입한 자가 당해 법인의 주식을 우리사주조합을 통하여 취득하는 경우 (일정한 소액주주기준에 해당하는 경우)
- 정당이 증여받은 재산의 가액
- 사내근로복지기금 등의 단체가 증여받은 재산의 가액
- 사회통념상 인정되는 이재구호금품, 치료비, 피부양자의 생활비, 교육비 등
- 신용보증기금 등의 단체가 증여받은 재산의 가액
- 국가·지방자치단체 또는 공공단체가 증여받은 재산의 가액
- 장애인을 보험금 수취인으로 하는 보험으로서 일정한 조건의 보험금

자녀에게 준 생활비, 증여세 안 낸다?

직장을 다니는 모자란 씨(30세)는 학교 다닐 때부터 부친에게 매달 생활비를 받아서 적금을 불입하고 있었다. 그리고 이렇게 모은 적금과 자신이 직장 다니면서 모은 자금을 합쳐서 3억 원 가량의 아파트를 취득하였다. 그 후 얼마 되지 않아 세무서로부터 아파트 취득과 관련한 자금출처조사를 받았다. 모 씨는 지난번 직장동료로부터 생활비로 받은 금액은 증여세가 과세되지 않는다는 이야기를 들어서 생활비로 모은 적금통장과 직장 다니면서 모은 적금 통장을 자금출처로 세무서에 제출했다. 그런데 얼마 되지 않아 세무서에서 생활비로 모은 적금에 대해 증여세가 과세될 예정이라는 통보를 받았다. 과연 부친으로부터 받은 생활비로 모은 자금에 대해서도 증여세가 과세될까?

일반적으로 부모로부터 받은 생활비나 교육비 등에 대해서는 증여세가 과세되지 않는다. 하지만 이러한 생활비나 교육비로 예·적금을 붓거나 주식, 토지, 주택 등의 매입자금 등으로 사용하면 이를 증여세가 비과세되는 생활비 또는 교육비로 보지 않는다. 즉, 증여세가 비과세되는 생활비 또는 교육비라고 함은 필요시마다 직접 그 용도에 해당하는 비용에 충당하기 위하여 사용하는 경우에만 해당된다.

이렇게 증여세가 비과세되는 생활비 또는 교육비는 일반적으로 3가지 기준에 따라 판단할 수 있다.

첫째, 사회통념상 인정되는 정도의 금액이어야 한다. 예를 들어 미성년자인 자녀에게 생활비로 매달 몇 천만 원씩 주었다고 하면 과연 그 금액에 대해서도 증여세가 비과세될까? 그렇지 않다. 일반적인 상식 수준에서 가능한 범위 내의 금액이어야 한다. 적어도 그 사람의 연령이나 생활수준 등에서 비추어볼 때 그 정도면 가능한 범위의 금액이라고 인정되는 수준이어야 한다.

둘째, 부양의무가 있는 자에게 받은 생활비나 교육비이어야 한다. 부양의무가 없는 사람으로부터 받은 생활비나 교육비에 대해서는 증여세가 과세될 수 있다. 실무적으로는 이런 부양의무와 관련해서도 논란이 많이 있는데, 특히 할아버지가 부모가 있는 손자에게 생활비나 교육비를 준 경우 과연 증여세가 과세되는가이다. 일반적으로는 과세관청에서는 이러한 경우에 증여세가 과세되는 것으로 보고 있다. 물론 부모가 손자의 생활비나 교육비를 부담할 능력이 없어 부득이 조부모가 그 금액을 준다든지 사회통념상 인정받을 수 있을 정도의 금액을 생활비나 교육비로 주는 경우에는 증여세를 과세하지 않는다.

마지막으로 실제 생활비나 교육비를 그 용도에 맞게 사용해야 한다. 만일 부모가 부양의무가 있는 자녀에게 생활비나 교육비를 주었다면 그 용도로 직접 사용된 사실을 증명해야 하는 경우도 있을 수 있다. 그때 만일 금액이 해당 용도로 사용된 사실을 증명하지 못한다면 증여세가 과세될 수 있다. 모 씨처럼 생활비를 그 용도로 사용하지 않고, 그 자금으로 저축하거나 부동산 등의 자산을 구입한다면 이는 생활비를 지원해준 것으로 보지 않아 증여세가 과세될 수 있다.

위에서 살펴본 3가지 기준 중 하나라도 요건을 충족시키지 못하면 자녀에게 준 생활비나 교육비에 대해서도 증여세가 과세될 수 있으므로 주의해야 한다.

축의금과 부의금도 증여세 과세되나

결혼이나 사망하면 우리나라는 미풍양속상 축의금과 부의금을 준다. 이렇게 주는 축의금과 부의금은 그 받는 사람에 대해 증여세가 과세되지 않을까? 상속세 및 증여세법 내용에 따라 대개의 축의금과 부의금은 사회통념상 인정되는 금액의 범위 내에서 비과세된다. 그렇다면 실제 사회통념상 인정되는 금액은 얼마나 될까? 예전에는 20만 원을 비과세 기준으로 했으나 지금은 금액기준은 없는 대신 주관적인 판단에 따른다. 즉, 축의금이나 부의금을 내는 사람의 경제적 능력, 받는 사람과의 친밀도나 관계, 기타 다른 사람들의 금액 규모 등 종합적으로 판단해야 할 것이다. 다만 증여세 과세표준이 50만 원 미만인 경우 증여세 과세 최저한으로 증여세가 과세되지 않으므로 최대 50만 원 미만은 증여세 과세 문제가 발생하지 않는다고 볼 수 있다. 그리고 실질적으로 축의금이나 부의금을 받는 것에 대해 일일이 세무조사를 하거나 증여세 과세 대상이 되는지 여부를 따지지는 않는다. 다만 그런 축의금이나 부의금이 다른 자금출처의 자금원천으로 제시될 때에는 금액의 적정성 유무를 따지게 된다.

그럼 축의금이나 부의금이 자금출처로 인정받을 수 있을까? 물론 적정한 규모의 축의금이나 부의금은 자금출처로 인정받을 수 있다. 다만 누구의 자금으로 볼 것이냐가 쟁점이 될 수 있다. 일반적으로 판례나 사회일반적 통념상 축의금은 부모의 것으로, 부의금은 자녀의 것으로 본다. 부의금은 어차피 사망 이후에 들어오는 것이므로 상속인의 소유로 보는 것에 의문의 여지가 없지만, 축의금은 사실 하객들이 부모에게 준 것인지, 자녀에게 준 것인지 애매한 경우가 많다. 대부분 판례에서는 축의금을 부모의 것으로 보고 특별히 자녀의 친구나 자녀를 위해 축의금을 낸 사실이 구분되거나 확인되면 그 자금을 자녀의 것으로 볼 수 있다고 하고 있다.

부의금은 상속인들이 상속지분대로 나눠 가져야

사람이 사망했을 때 부조금 또는 조위금 등의 명목으로 보내온 부의금은 특별한 사정이 없는 한 사망한 사람의 공동상속인들이 각자의 상속분에 응하여 권리를 취득하는 것으로 봄이 우리의 윤리감정이나 경험치에 합치된다고 할 것이다. (대법 1992. 8. 18 선고 92다2998 판결)

자금출처조사를 항상 대비하라

자금출처조사란

일반적으로 부동산을 구입하면 세무서에서 자금출처조사를 한다. 자금출처에 대한 세무조사 결과에서 구입한 부동산에 대한 자금출처가 부족하면 그 부족분에 대해 증여세가 과세된다. 따라서 소득이 없는 자녀에게 부동산을 사주는 행위는 이러한 자금출처조사 때문에 제약을 받게 된다.

일반적으로 미성년자나 30세 미만으로 소득이 없는 자, 자신의 소득을 초과해서 과다하게 부동산을 구입하는 자 등이 주로 조사대상이 된다. 그리고 조사대상으로 선정되는 기준금액은 아래 표와 같다. 하지만 아래 기준금액 미만이라고 하더라도 증여받는 사실이 확인되면 증여세가 과세될 수 있다.

■ 증여추정 배제기준 (1999년 1월 1일 이후 취득 또는 채무 상환하는 분부터 적용)

구분	취득재산		채무상환	총액한도
	주택	기타재산		
1. 세대주인 경우 가. 30세 이상인 자 나. 40세 이상인 자	2억 원 4억 원	5000만 원 1억 원	5000만 원 5000만 원	2억 5000만 원 5억 원
2. 세대주가 아닌 경우 가. 30세 이상인 자 나. 40세 이상인 자	1억 원 2억 원	5000만 원 1억 원	5000만 원 5000만 원	1억 5000만 원 3억 원
3. 30세 미만인 자	5000만 원	3000만 원	3000만 원	8000만 원

해외부동산을 취득하기 위해 자금을 송금할 때도 결국 자금출처를 소명해야 한다. 특히 해외부동산은 해외부동산 취득을 신고하는 명의인과 등기(보유) 명의인이 동일해야 하므로, 일단 국내에서 증여가 이루어지고 난 다음 수증자의 명의로 자금이 해외로 송금되어야 한다.

자금출처 밝히기

부동산 취득자금출처를 소명할 때 그 취득자금에 대해 소명하지 못하면 증여추정으로 증여세가 과세될 수 있다. 하지만 취득가액 중 자금소명을 하지 못하는 금액이 취득재산가액의 20%나 2억 원, 둘 중 적은 금액보다 적은 경우엔 증여추정에서 제외한다. 취득자금이 10억 원 미만일 때 자금의 출처가 80% 이상 확인되면 나머지 부분은 소명하지 않아도 된다. 취득자금이 10억 원 이상일 때는 자금의 출처를 입증하지 못한 금액이 2억 원 미만이면 취득자금 전체가 소명된 것으로 본다. 자금출처로 인정되는 금액은 기본적으로 과세관청에 신고된 소득금액에서 그에 따른 세금을 뺀 금액만을 자금출처로 인정한다. 따라서 자신이 실제 벌어들인 소득이 있다고 하더라도 과세관청인 세무서에 신고된 금액이 아니기 때문에 그 소득은 자금출처로 인정받기 쉽지 않다고 할 수 있다.

그렇다면 그 소득이 있었다는 사실만 증명하면 자금출처로 인정받을 수 있을까? 기본적으로는 맞는 말이지만, 구체적으로 따지자면 꼭 그런 것은 아니다. 자금출처조사를 할 때 과세관청에서는 우선 그 자금의 흐름을 파악한다. 예를 들어 누군가 아파트 구입에 따른 세무조사를 받는다고 할 때, 과세관청에서는 단순하게 그냥 아파트를 구입한 자금출처를 대라고 하지 않고, 먼저 아파트 대금을 지급한 예금계좌를 요구한다. 당초 돈이 인출된 계좌내역을 요구하는 것이다. 그런 다음 그 계좌의 돈이 어떻게 형성되었는지 자금출처를 묻고, 그 자금출처로 자신의 소득증빙을 제시하면 된다. 따라서 만일 자신의 소득증빙은 충분하나 계좌내역에서 부동산 취득하기 바로 직전에 부모로부터 증여받은 자금이 확인된다면 증여세가 과세될 수 있으므로 자금 흐름까지 명확하게 갖추어 놓아야 세금 문제가 발생하지 않는다.

부동산 취득자금출처로서의 대출

자금출처조사 때문에 부동산을 구입하는 대부분의 경우 자금출처 부족분을 메우기 위해 부동산 담보대출 등의 대출금을 이용한다. 대출금 역시 전세금, 예금, 소득 등과 함께 자금출처조사 시 부동산 구입자금 중 하나로 인정받을 수 있다. 다만 대출금은 조사가 끝난 후에도 지속적으로 사후관리를 해서 어떤 자금으로 대출금을 상환해나가는지를 과세관청에서 수시로 관리한다.

그렇다면 모든 대출금이 자금출처로 인정되는 것일까? 우선 대출의 종류와는 관계없이 부동산을 구입한 자의 명의로 받은 대출금은 자금출처로 인정받을 수 있다. 하지만 부동산을 구입한 자가 실제로 대출금 및 대출이자를 상환할 능력이 없다고 판단되면 그 대출금이나 대출이자분에 대해서 추가로 증여세가 과세될 수 있다.

예를 들어 소득이 없는 자녀가 아파트를 취득하면서 취득자금출처를 위해 아파트를 담보로 대출을 받았다면 세무조사에서 대출분에 대해 문제가 발생할 수 있다. 물론 대출금에 대해서는 우선 아파트를 양도한 후 그 차액으로 갚는다고 주장할 수 있지만, 결국 대출이자 부분에 대해서는 증여 문제가 발생할 수밖에 없다.

대출 명의자와 부동산취득 명의자가 다른 경우 (공동명의 구입 시 문제)

부동산을 취득할 때 간혹 부동산을 구입하는 자가 본인의 이름으로 대출을 받기가 어려워 타인 명의로 대출을 받아서 대금을 지급할 수도 있다. 이런 경우라도 대출 원금과 이자를 실제 누가 갚고 있는지, 그리고 타인 명의로 대출을 받아서 대금을 지급할 수밖에 없었던 사유(대출한도 초과, 대출규제, 금융기관 내부업무 처리지침상의 문제 등)를 입증하면 그 부동산을 구입한 자의 자금출처로 대출금을 인정받을 수 있다.

예를 들어 부부가 20억 원짜리 부동산을 공동명의로 각각 1/2지분씩 취득하는 경우 대출로 8억 원을 받기로 했는데, 이렇게 공동명의로 대출을 받을 때 일반적으로 금융기관 시스템상 대출기표에 있어서 한 사람만을 채무자로 기표해야 하는 문제가 있다. (보통 공동담보를 제공하고 채무자로 되지 않는 사람을 연대보증인으로 등록시킨다.) 만일 이때 남편 명의만 대출 채무자로 처리해야 된다면 부인은 자신의 지분만큼은 대출채무로 인정을 받지 못해 10억 원 전체에 대해 자금출처가 없어 증여세가 과세될 수 있다.

하지만 실제로 대출원금과 대출이자를 부인이 자신의 소득 등으로 실제로 갚고 있음이 확인되고 공동명의로 대출이 불가하여 형식상으로는 어쩔 수 없이 남편 명의로 대출을 받은 정황이 확인된다면 총대출금 중 부인의 해당 지분 4억 원에 대해서도 자금출처로 인정받을 수 있다.

part 6

상속과 관련한
기타 세금의 비밀

상속재산을 분배하는 방법과

상속 및 증여함에 있어서 발생하는 상속세와 증여세에 대해 살펴보았다. 하지만 상속과 증여에 있어서 발생하는 문제는 굳이 상속세와 증여세뿐만 아니라 다른 여러 가지 세금 문제도 있을 수 있다. 상속과 증여는 기본적으로 재산을 취득하는 행위이므로 재산을 취득함에 따라 발생하는 세금이 있을 수 있고, 또 상속받거나 증여받은 재산을 보유하고 운용할 때에도 세금 문제가 발생한다. 그리고 상속받거나 증여받은 재산을 처분할 때에도 세금을 고려해야 한다. 결국 상속과 증여를 어떻게 받고 또 어떤 재산을 받느냐에 따라 여러 가지 세금 문제가 발생한다.

6장에서는 상속과 증여를 통해 발생하는 상속세 및 증여세 이외에도 일어날 수 있는 다른 세금 문제를 종합적으로 정리했다. 설명된 내용을 읽는다면 좀더 넓은 시야로 상속과 증여를 바라볼 수 있을 것이다.

종부세 줄이려다 증여세 더 낸다

강남과 분당에 각각 아파트를 1채씩 총 2채의 부동산을 소유한 맹편승 씨는 종합부동산세 때문에 걱정이다. 특히 최근 종합부동산세 위헌결정이 남에 따라 부부가 각각 한 채씩 소유하고 있거나 부부 공동명의로 소유하고 있던 주위 친척이나 친구들이 종합부동산세를 환급받는 것을 보고 한편으로는 부럽고, 한편으로는 속이 상했다. 맹 씨는 예전부터 친구들 사이에서도 부인 명의로 재산을 해놓지 않기로 유명했다. 워낙 가부장적인데다 그동안 굳이 증여해야 할 필요성도 못 느꼈기 때문이다. 그러던 중 주위의 권유로 어쩔 수 없이 맹 씨도 자신의 주택 한 채를 부인에게 증여하기로 맘을 먹었다. 어차피 부부간에는 6억 원까지 증여세도 내지 않으므로 오히려 그렇게 하는 것이 종부세를 줄이는 길이라고 생각했다.

맹 씨가 보유하고 있는 아파트는 시세가 각각 9억 원(강남 소재)과 6억 원(분당 소재)이고, 주택 공시가격은 각각 8억 원과 4억 5000만 원이었다. 맹 씨가 보유하고 있는 분당 소재 아파트 6억 원짜리를 증여한다면 증여세를 부담하지 않아도 된다. 하지만 분당 소재 아파트를 증여하면 증여등기를 해야 하는데 증여등기 시 부담해야 하는 취 · 등록세가 대략 1800만 원 정도가 된다. 그런데 매년 부담해야 될 종합부동산세는 실제 대략 60만 원 정도밖에 되지 않으므로 오히려 종합부동산세를 조금 아끼려다 취 · 등록세를 훨씬 많이 부담해야 되는 결과가 발생할 수도 있었다. 맹 씨는 결국 증여를 포기하고 기회를 봐서 주택 한 채를 적당한 시기에 처분하기로 결정했다.

42

상속세 신고하고 양도소득세 줄이다

상속세는 더 내고 양도세는 덜 내고

오횡재 씨는 얼마 전 부친이 사망하자 부친의 재산에 대한 상속절차를 밟고 상속세도 신고·납부를 해야 했다. 오 씨는 납부해야 할 상속세가 많지 않아서 상속세 신고기한이 되기 훨씬 전인 상속개시일로부터 1개월이 지난 시점에 상속세를 신고하고 납부도 해버렸다.

그런데 얼마 지나지 않아 상속받은 재산 중 일부가 수용되어 토지 보상금을 수령하게 되었다. 어느 날 동생으로부터 연락이 와 국세청에 근무하는 친구로부터 토지보상금을 받았으면 상속세 신고를 다시 해야 될 거라는 얘기를 들었다고 전했다. 오 씨는 상속세 신고를 제대로 다 했다고 생각했고, 자신이 상속받은 재산을 팔았는데 왜 또 상속세를 내야 하는지 궁금했다.

일반적으로 상속을 받으면 상속개시일로부터 6개월이 되는 날의 말일까지 상속세를 신고 · 납부해야 한다. 상속세 신고 · 납부를 위해 상속세를 계산할 때, 피상속인이 가지고 있던 상속재산을 세법에 따라 평가해야 하는데, 이때 상속재산 평가는 원칙적으로 시가에 따라 계산한다. 그러나 통상적으로 그 시가를 알기 어렵기 때문에 대개 기준시가(토지는 공시지가)로 신고한다. 이와 같이 기준시가로 신고하더라도 특별히 시가를 알 수 있는 경우가 아니면 세무서에서도 신고된 평가액을 그대로 인정해준다. 하지만 상속개시일로부터 전후 6개월 내에 상속재산의 매매로 그 실거래가액이 나타나면 그 매매가액을 시가로 볼 수 있다. 따라서 오 씨와 같이 토지보상지역의 토지를 상속받은 후 상속개시일로부터 6개월 내에 해당 토지가 수용되어 보상금을 수령하였다면 상속세 신고 시 상속재산 평가는 수령한 보상금액을 기준으로 평가해야 한다.

그런데 오 씨는 양도소득세를 오히려 내지 않아도 된다. 상속으로 재산을 취득한 후 양도하면 상속세 신고 시 평가한 평가액(오 씨의 경우 보상가액)이 양도소득세 계산 시 그 재산의 취득가액이 되기 때문이다. 오 씨와 같이 토지가 상속개시일로부터 6개월 내에 수용됨에 따라 수용된 토지의 보상가액으로 상속재산가액을 평가하여 상속세를 신고하였다면 그 토지의 보상가액이 취득가액이 되고, 해당 토지에 양도가액 또한 보상가액이 되어 양도차익이 "0" 원이 되므로 납부할 양도소득세가 없다.

상속받은 부동산은 보유기간도 달라진다

양도소득세 계산 시 적용되는 세율은 보유기간에 따라 다르게 적용된다. 보유기간이 1년 미만은 50%, 1년 이상 2년 미만은 40%, 2년 이상은 6%~35%의 세율(2010년 이후에는 6%~33%의 세율)이 적용된다. 이때 보유기간 계산은 양도자가 취득한 날부터 양도한 날까지의 기간으로 계산한다. 하지만 상속받은 부동산을 양도함에 따라 양도소득세를 계산할 때에는 피상속인이 취득한 날을 취득일로 보아 계산한 보유기간으로 적용할 세율을 정한다. 하지만 장기보유특별공제액을 계산할 때 적용하는 보유기간은 피상속인이 취득한 날이 아닌 상속인이 취득한 날, 즉 상속개시일부터 양도일까지를 기준으로 계산한다.

상속받은 농지의 경작기간 계산

농지를 8년 이상 농지소재지에 거주하면서 직접 경작하면 8년 자경농지에 해당되어 양도소득세를 감면받는다. 이때 8년 이상 경작 여부는 원칙적으로 양도자가 취득한 날부터 계산하여 8년 이상 되는지 여부를 검토한다. 하지만 상속받은 농지에 있어서는 피상속인이 취득하여 경작한 기간을 상속인이 경작한 기간에 합산할 수 있다. 다만 상속인이 상속받은 농지를 경작하지 않는다면 상속받은 날로부터 3년이 되는 날까지 양도할 때만 피상속인이 취득하여 경작한 기간을 상속인이 경작한 기간으로 본다.

상속받은 토지는 비사업용 토지에서 제외된다

일반적으로 비사업용 토지에 해당되는 토지를 양도하면 양도소득세가 60%의 세율(다만 2009년 3월 16일부터 2010년 12월 31일까지 양도하면 일반세율로 과세되고, 투기지역 내의 토지는 일반세율에 10% 세율을 추가하여 과세한다)로 중과되고, 장기보유특별공제도 배제되므로 양도소득세 부담이 커진다. 하지만 상속받은 일정한 토지에 있어서는 토지의 사용 여부와 관계없이 비사업용 토지로 보지 않는다

- 8년 이상 재촌자경한 직계존속으로부터 상속(증여)받은 농지 및 임야
- 2006년 말 이전에 상속받아 2009년 말까지 양도하는 농지 · 임야 · 목장용지
- 상속에 의하여 취득한 농지로서 상속개시일부터 5년 이내에 양도하는 토지

■ 양도소득세율

2008년		2009년~ 2010년		
과세표준	세율	과세표준	세율(2009년)	세율(2010년 이후)
1000만 원 이하	9%	1200만 원 이하	6%	6%
4000만 원 이하	18%	4600만 원 이하	16%	15%
8000만 원 이하	27%	8800만 원 이하	25%	24%
8000만 원 초과	36%	8800만 원 초과	35%	33%

43

증여 잘못했다가 양도세 더 내다

강남에 사는 팽처분 씨는 평택에 있는 잡종지가 수용됨에 따라 토지보상금을 받았다. 그 토지는 20여 년 전부터 부친이 소유하던 것으로 6년 전(사업인정고시일 전 4년 전 취득)에 증여받았다. 팽 씨는 막연히 최근 세법이 바뀌어서 토지보상을 받으면 세금이 많지 않을 것으로 생각했다. 또한 부친이 20년 전부터 소유했던 토지이므로 양도소득세가 중과되는 비사업용 토지에 해당되지도 않을 것으로 생각했다. 그러던 어느 날 세무사와 상담한 팽 씨는 해당 토지가 사업인정고시일로부터 5년 전에 취득한 토지에 해당되지 않아 비사업용 토지에 해당되어 양도소득세가 많이 나올 것이라는 이야기를 듣고 당혹스러울 수밖에 없었다.

토지를 양도할 때 해당 양도토지가 세법에서 정하는 비사업용 토지에 해당되면 양도소득세율이 60% 중과세율(2010년까지는 일반세율로 적용되나 장기보유특별공제는 계속 배제됨)로 적용되어 양도소득세가 과세된다. 하지만 사업인정고시일로부터 5년 이전에 취득한 토지가 수용되어 보상금을 받는다면 토지의 지목이나 현황에 상관없이 사업용 토지로 보아 양도소득세율이 일반세율로 적용되고, 장기보유특별공제도 받을 수 있다.

팽 씨와 같이 증여받은 경우에는 증여등기한 날이 취득일이 되어 사업인정고시일로부터 5년 이전에 취득한 토지에 해당되지 않고, 지목 및 현황도 사업용 토지에 해당되지 않아 양도소득세 중과세율이 적용(2010년까지 일반세율 적용, 장기보유특별공제는 계속 배제)된다. 차라리 부친이 증여하지 않고 직접 양도했다면 양도소득세는 일반세율이 적용되고 장기보유특별공제까지 받을 수 있어 양도소득세 부담이 훨씬 줄어들었을 것이다.

증여받은 토지를 5년 이내 양도하는 경우

2008년 12월 31일 이전까지는 팽 씨와 같이 증여받은 토지를 5년 이내 양도하면 양도소득세 부당행위 규정이 적용되었다. 양도소득세 부당행위 규정은 특수관계자 간에 세금을 회피하고자 증여 등의 방법으로 양도소득세를 회피하려고 할 때 이를 부인하는 것을 말한다.

위 사례에서 팽 씨는 증여받은 날로부터 6년이 지나서 양도하였으므로 이 부당행위계산의 부인 규정을 적용받지 않는다. 만약에 팽 씨가 증여받은 날로부터 5년 이내에 증여받은 토지를 양도했다면, 부친이 해당 토지를 직접 양도했을 때의 양도소득세와 팽씨가 증여받을 때 낸 증여세 및 팽 씨가 내야 할 양도소득세를 합친 것을 비교해서 세금이 더 많이 나오는 쪽으로 과세된다.

2009년 1월 1일 이후부터는 팽 씨와 같이 부모로부터 증여받은 토지를 5년 이내에 양도하는 경우에는 이월과세 규정이 적용된다. 이월과세 규정은 예전에 배우자 간에 증여했을 때만 적용되었는데 이번에 확대적용되는 내용이다. 팽 씨가 양도한 것이므로 팽 씨가 양도소득세를 내야하나 이월과세가 적용되면 양도소득세를 계산할 때 취득가액을 부친이 취득했을 때의 금액 기준으로 양도소득세를 계산해야 한다.

■ 양도소득세 부당행위계산의 부인 검토

- 부친이 내야 했을 양도소득세 〉 팽 씨가 낸 증여세 + 팽 씨가 낼 양도소득세
→ 부친의 양도소득세로 과세 (증여세는 환급)
- 부친이 내야 했을 양도소득세 〈 팽 씨가 낸 증여세 + 팽 씨가 낼 양도소득세
→ 팽 씨가 낼 양도소득세로 과세 (증여세는 그대로 인정)

기타 비사업용으로 토지에서 제외되는 경우

만일 팽 씨의 토지 지목이 농지 · 임야 · 목장용지였다면 팽 씨의 토지는 비사업용 토지에 해당되지 않았을 것이다. 해당 토지를 증여한 자가 해당 토지소재지에서 8년 이상 자경하거나 거주하고 있으면서 보유했다면 그 증여받은 토지가 농지 · 목장용지 · 임야일 때에는 비사업용 토지에서 제외하도록 하고 있기 때문이다.

■ **부당행위계산의 부인 vs. 이월과세**

구분	특수관계자 간 부당행위 계산	부인배우자 및 직계존비속 이월과세
납세의무자	당해 재산의 증여자	증여받은 배우자 및 직계존비속
기납부 증여세의 처리	기압부한 증여세 환급함 (2004년 1월 1일 이후 결정분부터 적용)	필요경비 산입(취득세, 등록세 불포함)
양도차익 계산	증여자가 취득한 때를 기준으로 하여 취득가액 및 필요경비 산입	취득가액은 증여자의 실지취득가액 또는 증여자가 취득한 시기의 기준시가
적용대상자산	양도소득세 과세 대상 자산 전부	토지·건물 및 특정시설물 이용권
적용기간	증여 후 5년 이내 양도 (2007년 1월 1일 이후 최초 양도)	증여 후 5년 이내 양도 (1997년 1월 1일 이후 증여받아 양도하는 분부터. 단, 직계존비속은 2009년 1월 1일 이후 증여받아 양도하는 분부터 적용)
부당행위 여부 판단	증여자의 양도세 〉 수증자의 부담세액 (증여세+양도세)	부당행위 여부와 무관
보유기간 계산	각각 계산	증여자의 취득일부터 적용
연대납부의무	증여자와 수증자가 연대납세의무를 짐 (2002년 1월 1일 이후 양도분부터)	연대납세의무 없음
적용 배제	이월과세로 적용되면 부당행위계산의 부인 규정을 적용하지 않음	

상속받는다면 세금이 달라진다

만일 팽 씨가 같은 상황에서 상속을 받았더라면 사업인정고시일로부터 5년 이전인지 여부를 피상속인의 취득일 기준으로 판단하므로 팽 씨에게 양도소득세가 중과되지 않았을 것이다.

형제간 매매도 증여로 볼까

서울에 사는 명도해 씨는 얼마 전 동생으로부터 아파트를 구입했다. 이 아파트는 명 씨의 동생이 자금이 급하게 필요하다고 하여 급매물로 내놓은 아파트였다. 명 씨는 그 아파트가 앞으로 투자가치도 있고, 나중에 자녀가 분가할 때 물려줘도 될 것 같아서 동생도 도와줄 겸 동생으로부터 부동산을 구입했다. 그런데 주위에서 형제간에 매매로 부동산을 거래했다면 세무서에서 증여세를 과세한다는 말을 들었다. 과연 이 말이 사실일까?

세법에서는 배우자 또는 직계존비속에게 양도했을 때 양도자로부터 그 재산을 배우자나 직계존비속이 증여받은 것으로 추정하여 증여세가 과세된다. 배우자나 직계존비속에게 매매했을 경우 증여로 추정한다는 것은 특별한 사정이 없는 한 증여로 보지만 실제 거래사실이 입증된다면 그 매매 사실을 인정해주겠다는 뜻이다. 그러므로 경매나 파산선고, 공매 등으로 이전되거나 객관적으로 대가를 지급받고 양도한 사실이 명백히 인정되면 증여세가 과세되지 않는다.

이렇게 증여추정으로 보는 경우는 배우자 또는 직계존비속에게 양도했을 때만 해당되므로 형제자매 간에 매매했을 때는 증여로 추정하지 않는다. 하지만 형제자매 간에 매매를 원인으로 부동산을 이전하였다고 하더라도 부동산을 취득한 자가 실제 그 대금을 지불할 능력이 없거나, 실제 거래대금을 주고받지 않은 혐의가 있다면 세무서에서 자금출처조사를 실시한다. 결국 자금출처조사에서 사실상 증여로 밝혀지면 증여세가 과세될 수 있다.

따라서 형인 명 씨가 동생으로부터 아파트를 취득한 행위는 증여로 추정되지 않는다. 다만 명 씨가 실제 아파트를 취득할 능력이 안된다고 판단되면 세무서에서 자금출처조사를 실시하여 증여세를 과세할 수 있다. 배우자나 직계존비속뿐만 아니라 형제자매 간에 실제 매매를 통해 부동산을 이전하였더라도 혹시 있을지도 모를 자금출처조사에 대비해 금융거래증빙 등 그 근거를 명확하게 남겨놓을 필요가 있으며, 그 대금을 지급한 자금출처도 명확하게 갖춰놓아야 한다.

44

취 · 등록세 안 내도 되는 재산상속

상속으로 부동산을 이전하는 경우에는 부동산을 매매할 때와 마찬가지로 취 · 등록세를 부담해야 한다. 등록세 및 지방교육세(지방교육세는 등록세의 20%)는 취득한 부동산의 등기 전에 부동산소재지 관할 시 · 군 · 구청에 신고 및 납부해야 한다. 취득세 및 농어촌특별세(농어촌특별세는 취득세의 10%)는 일반적으로 취득일로부터 30일 이내에 부동산 소재지 관할 시 · 군 · 구청에 신고 및 납부해야 한다. 다만 상속은 상속개시일이나 실종선고일로부터 각각 6월(납세자가 외국에 주소를 두었을 때는 각각 9월) 이내에 신고 · 납부해야 한다. 특히 취득세는 등기이전 여부와는 관계없이 상속개시일로부터 6월 이내에 신고 · 납부해야 하므로 만일 협의분할이 제대로 되지 않아 상속등기를 하지 않았다고 하더라도 6월 이내에 신고 · 납부하지 않는다면 가산세를 부과할 수 있다. 또한 상속으로 인한 취득세는 상속인이 공동으로 연대하여 취득세를 납부할 의무를 지도록 하고 있다.

취·등록세는 취·등록 당시의 가액으로 신고한 가액에 세율을 적용하여 과세하나, 그 가액이 시가표준액보다 낮은 경우에는 시가표준액(사실상 취득가액을 적용해야 하는 경우에는 그 사실상 취득가액을 적용)을 과세표준으로 하여 과세한다.

■ **시가표준액**

	구분	산정방법
건물	주택(부수토지 포함)	주택공시가격(공동·개별주택가액)
	주택 이외	당해 지자체장이 결정한 가액
토지		개별공시지가

■ **세율 ~ 취·등록세 과세표준기준임**

구분		등록세	지방교육세	취득세	농특세	합계
상속	국민주택규모 이하	0.8	0.16	2	–	2.96
	국민주택규모 초과	0.8	0.16	2	0.2	3.16
	상가	0.8	0.16	2	0.2	3.16
	토지(농지)	0.8(0.3)	0.16(0.06)	2(2)	0.2(0.2)	3.16(2.56)
증여	국민주택규모 이하	1.5	0.3	2	–	3.8
	국민주택규모 초과	1.5	0.3	2	0.2	4
	상가	1.5	0.3	2	0.2	4
	토지	1.5	0.3	2	0.2	4

1세대 1주택과 자경농지의 상속은 취득세가 비과세

　1세대 1주택과 그 부속토지, 자경농지를 상속받는다면 형식적 소유권이전으로 보아 취득세가 비과세된다. 이때 비과세되는 1세대 1주택은 1세대를 구성하는 1가구가 국내에 1개의 주택을 소유함을 말하며, 그 주택과 부속토지가 상속되는 경우에 취득세가 비과세된다. 비과세되는 농지는 지방세법상 취 · 등록세가 감면되는 자경농민이 경작할 목적으로 취득하는 농지(전 · 답 · 과수원 · 목장용지를 말한다)를 말한다. 농지를 상속받을 때 상속인이 상속개시일 현재 자경농민의 요건을 충족한다면 취득세가 비과세된다. 이때 상속인이 자경농민의 요건을 갖추기 위해서는 농업을 주업으로 하는 자로서 2년 이상 영농에 종사한 자이어야 한다.

상속받은 주택의 재산세 납세의무자

　상속받은 주택을 과세기준일인 6월 1일 현재 등기이전하지 않은 상태이다. 그럼 이 주택에 대한 보유세는 누구에게 부과될까? 주택을 상속받은 후 과세기준일인 6월 1일로부터 10일 이내에 관할 시장 · 군수에게 상속등기가 되지 않은 경우에는 사실상 소유자를 신고하여야 하지만, 사실상 소유자를 신고하지 않았다면 민법상 상속지분이 가장 높은 자를 납세의무자로 하여 재산세를 부과한다. 상속지분이 가장 높은 자가 2인 이상일 때 최고 연장자를 주된 상속자로 보아 재산세를 과세한다.

45 종합부동산세 줄이기

　부동산, 특히 주택은 누구 명의로 상속받아야 유리할까? 기본적으로는 무주택자가 상속을 받는 것이 좋다. 아무래도 1세대 1주택자라면 종합부동산세 부담이 훨씬 적기 때문이다. 또한 주택을 공동소유로 보유하고 있다면 각자 지분비율대로 종합부동산세가 과세되고, 각자 지분배율대로 나눈 금액과 기존에 자신이 보유하는 종합부동산세 대상자산의 가액 합계가 과세기준이 되는 금액 미만이면 종합부동산세는 부과되지 않는다. 따라서 기본적으로 상속받을 때 상속재산 중 부동산이 차지하는 비율이 높고, 부동산이 많다면 상속인별로 종합부동산세 부담이 적은 방향으로 협의분할하는 것도 상속 이후 재산 보유에 따른 세부담을 줄이는 한 가지 방법이 될 수 있다.

■ **종합부동산세 계산구조**

구분	주택		토지	
	1세대 1주택자	1세대 1주택 제외자	종합합산 과세대상	별도합산 과세대상
과세기준가액 (①)	(주택공시가격합계 −3억 원) −6억 원	주택공시가격합계 −6억 원	토지공시가격합계 −5억 원	토지공시가격합계 −80억 원
공정시장가액 비율 (②)	80%			80% (2009년:70%, 2010년:75%)
과세표준	①×②			
세율	0.05%~2%		0.75%~2%	0.5%~0.7%
재산세액공제	공제해당 부동산의 과세대상분에 대해 부과된 재산세액			
고연령자 세액공제	10%(60세 이상 65세 미만) 20%(65세 이상 70세 미만) 30%(70세 이상)	해당 없음	해당 없음	해당 없음
장기보유자 세액공제	20%(보유기간 5년 이상 10년 미만) 40%(보유기간 10년 이상)	해당 없음	해당 없음	해당 없음

　　배우자로부터 상속받은 주택의 장기보유자세액공제는 피상속인이 취득한 날부터 보유기간을 계산하여 보유기간별 세액공제를 적용하면 된다. 만일 증여를 통해서 보유세 부담을 줄이고자 한다면 보유세 과세기준일인 6월 1일 이전에 증여해야만 보유세를 줄일 수 있다.

■ **종합부동산세 과세표준과 세율**

• 주택분 종부세 과세표준 및 세율

과세표준	세율
6억 원 이하	0.5%
6억 원 초과 12억 원 이하	0.75%
12억 원 초과 50억 원 이하	1%
50억 원 초과 94억 원 이하	1.5%
94억 원 초과	2%

• 종합합산대상 토지분 종부세 과세표준 및 세율

과세표준	세율
15억 원 이하	0.75%
15억 원 초과 45억 원 이하	1.5%
45억 원 초과	2%

• 별도합산대상 토지분 종부세 과세표준 및 세율

과세표준	세율
200억 원 이하	0.5%
200억 원 초과 400억 원 이하	0.6%
400억 원 초과	0.7%

46

법인에게 상속하거나 증여한다면

일반적으로 피상속인의 상속재산은 피상속인의 가족이나 기타 혈연관계가 있는 상속인에게 유증하거나 상속한다. 하지만 때로는 법정상속인이 아니거나 친족관계가 없는 제3자에게 상속하거나, 이외에 개인이 아닌 법인이나 단체 같은 곳에 유증하거나 상속하기도 있다. 이렇게 법인이나 단체 등에게 유증하거나 상속하는 이유는 여러 가지가 있겠지만, 주로 돌아가신 분의 사회기부 의지가 강하거나 절세 측면에서 이루어지는 일이 많고, 재단법인이나 사단법인을 설립하여 편법으로 부를 이전해주는 또 다른 방법으로 진행되기도 한다.

개인에게 증여하면 증여세, 상속하면 상속세를 내면 된다. 그렇다면 법인에게 증여하거나 상속하면 어떻게 될까? 우선 법인은 주식회사와 같은 영리법인이 있고 사단법인, 재단법인 등과 같은 비영리법인 또는 공익법인이 있다.

영리법인이 상속받거나 증여받을 때 내는 세금

　일반적으로 영리법인, 즉 주식회사와 같은 영리를 추구하는 법인에 상속하거나 증여하면 그 영리법인은 상속세나 증여세를 내지 않는다. 영리법인은 상속이나 증여 등으로 자산을 무상으로 받으면 이를 자산수증이익으로 보아 전체를 이익에 가산하고 이 이익에 대해 법인세를 내기 때문이다.

　그렇다면 과연 이런 영리법인에 자산을 주는 사람들이 있을까? 딱히 영리법인에 자산을 줘봐야 절세되지 않을 뿐더러 사회적으로 기부하는 것처럼 존중받지 않기 때문에 굳이 이런 영리법인에 자산을 무상으로 줄 일이 없어 보인다. 하지만 실제 경제현장에서는 심심치 않게 일어난다. 특히 자산을 자신의 가족에게 무상으로 이전시키는 한 가지 방법으로 많이 이용되고 있다.

　만일 자신의 아들이 지분을 가지고 운영하는 회사가 있다면, 부친은 자신의 아들에게 직접 재산을 증여하지 않고, 아들이 운영하는 회사에 증여하는 형태로 자산을 이전시킬 수 있다. 그렇다면 이렇게 증여할 때 어떤 이점이 있을까? 법인에 자산을 무상으로 이전해줄 때에도 법인세를 내기 때문이다.

■ 영리법인 법인세율

2008년		2009년~2010년		
과세표준	세율	과세표준	2009	2010
1억 원 이하	13%	2억 원 이하	11%	10%
1억 원 초과	15%	2억 원 초과	22%	20%

하지만 기본적으로 상속세 및 증여세율과 법인세율은 차이가 많이 난다. 상속세율 및 증여세율은 10%~50%까지 세율이 높지만, 법인세율은 2009년 현재 11%, 22%의 세율이 적용되므로 기본적으로 세율이 낮다. 더욱이 상속세나 증여세에서는 필요경비 개념이 없으므로 받은 재산에 대해 고스란히 세금을 내야 하지만, 법인세는 증여받은 자산의 가액에서 법인이 실제로 사용한 경비 같은 비용을 공제하여 법인세를 계산하므로 실제 부담하는 세금을 더 줄어들 수 있고, 법인이 결손이 나는 경우라면 법인세를 아예 내지 않을 수도 있다. 이에 따라 상속세 및 증여세법에서는 증여일이 속하는 사업연도에 결손이 나 있거나 증여일 현재 휴업 중이거나 폐업 상태인 법인과 같은 특정법인에 자산이나 이익을 증여하는 경우에는 그 증여한 사람과 특수관계자에 해당하는 주주에게 증여세를 과세할 수 있도록 하고 있다.

비영리법인에 상속 또는 증여할 때의 세금

비영리법인이 개인 등으로부터 상속이나 증여받으면 기본적으로 개인과 같이 상속세나 증여세를 부담한다. 여기서 비영리법인은 재단이나 사단으로 등록된 단체 이외에 법인으로 보는 단체를 모두 포함한다. 다만 이러한 비영리법인 중 세법상 공익단체로 지정된 공익법인에 상속하거나 증여한다면 상속세 과세가액이나 증여재산가액에 불산입되어 상속세 및 증여세 부담도 줄어든다. 다만 이렇게 공익법인에 출연한 재산이 공익목적에 사용되지 않았음이 이후에 확인되면 세금을 추징당할 수 있다.

공익법인의 설립절차와 상속·증여세 과세 문제

세법상 공익법인이란 비영리법인 중 종교, 학교, 사회복지, 문화예술, 자선 등을 목적으로 하는 단체를 말하며, 이러한 공익법인이 상속받거나 증여받은 재산에 대해서는 상속세 및 증여세를 면제하고 있다. 하지만 공익법인이 수익사업을 하는 경우에는 그 수익사업에 대한 소득에 대해서는 법인세를 신고·납부해야 한다.

이러한 공익법인은 비영리법인이므로 그 설립절차는 기본적으로 민법에 따라 설립되고, 특히 공익법인의 설립·운영에 관한 법률의 적용을 받는다. 그리고 그 구체적인 공익법인의 설립절차는 각 소관부처에서 규정하는 규칙이 정하는 바에 따르게 된다. 일반적으로 대부분 공익법인의 설립절차는 정관작성 및 재산출연 후에 주무관청의 허가를 받아 설립등기 및 사업자등록을 함으로써 설립절차가 마무리된다.

■ 공익법인 설립절차

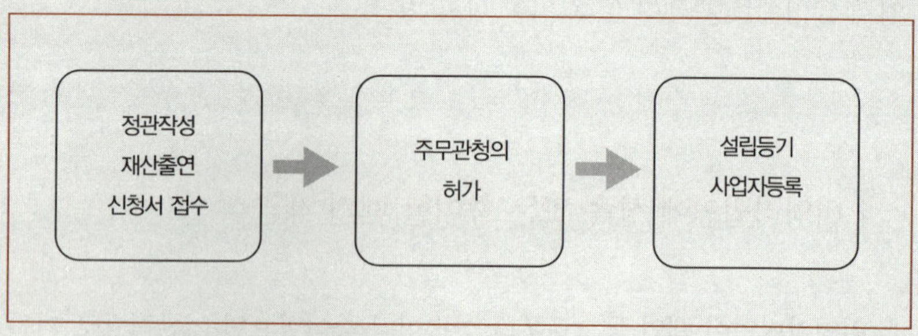

공익법인에 재산을 보통 출연하는 목적은 일반적으로 출연하는 개인이 사회복지사업, 장학사업, 문화예술사업 등에 뜻이 있어 이를 본인의 재산을 출연하여 직접 운영하고 싶어하는 경우와 단지 사회기부를 위해서 재산을 기부하는 경우, 그리고 상속세 및 증여세 면제를 받고자 하는 목적 등이 있을 수 있다.

특히 공익법인에 재산을 출연하면 상속세 및 증여세가 면제되므로 과세관청에서는 여러 가지 측면에서 사후관리를 하고 있다. 그 사후관리 방법으로는 각종 보고서 및 장부를 제출·작성·비치하도록 의무화하고, 출연받은 재산을 일정기간 내에 직접 공익목적에 사용하도록 하고 있으며, 공익법인에 대한 출연자 또는 그와 특수관계에 있는 자가 공익법인 이사 현원의 1/5을 초과하여 이사나 임직원이 되지 못하도록 하고 있다.

공익법인이 공익사업을 종료하고 해산하는 경우에는 그 잔여재산을 국가·지방자치단체 또는 당해 공익법인과 유사한 공익사업을 영위하는 공익법인에 귀속시키도록 하고 있다. 만일 공익법인의 재산을 국가 등에 귀속시키지 않은 경우에는 공익법인 및 그 재산귀속자에게 증여세가 과세된다.

part 7

잘못된 진실에 숨겨진
상속의 비밀

일반인들은 상속과 증여를 자주 접할 수 없기 때문에 그 내용이나 절차 등에 대해서 잘 모르는 경우가 많다. 하지만 가끔 상담하다 보면 잘못된 정보를 가지고 상속과 증여를 실행하려고 하는 사람들을 드물지 않게 만나게 된다. 사실 이럴 때 필자는 섬뜩함을 느낀다. 왜냐하면 차라리 모를 때보다 잘못 알고 있을 때가 더 위험할 수 있기 때문이다. 지식이 전혀 없으면 처음부터 전문가에게 물어서 제대로 하면 된다. 하지만 어설프게 알고 있는 잘못된 정보만을 신뢰하여 상속과 증여를 실행에 옮긴다면 경제적으로 큰 손해를 볼 수 있다.

7장에서는 실제 일반인이 많이 오해하고 있고, 또 오해할 수 있는 부분에 대해 그 정보에 대한 사실 여부와 실제 적용에 있어서 주의해야 할 점을 설명해놓았다. 항상 강조해도 지나치지 않는 점은 어떤 경제행위를 할 때, 특히 재산의 손실 위험이 있는 경제행위를 할 때에는 그 분야의 전문가와 충분히 검토한 후에 실행하라는 충고이다.

가짜 그림으로 다툰 어리석은 형제

구차한 씨와 구질한 씨는 부친이 사망한 후에 상속 문제로 서로 심하게 다투었다. 구 씨 형제의 부친은 예전부터 골동품과 그림 수집이 취미였기 때문에 상속재산 중 골동품과 그림이 많이 포함되어 있었다. 그런데 구 씨 형제는 골동품이나 그림에 대해서는 아무런 지식이 없어 일단 서로 많은 그림을 가져가려고 다투었다. 결국 구 씨 형제는 상속재산 분배를 위해 소송을 했다.

형제는 상속세 신고기한이 다가오자 그림을 상속세 신고에 포함시킬지 여부가 고민되었다. 혹시 상속세 신고를 하지 않아 서로에게 또 다른 꼬투리를 잡힐까 걱정되어 결국 골동품과 그림을 모두 포함해서 신고하였다. 신고금액은 부친이 장부에 적어둔 구입가격을 기준으로 하였는데, 그 가격만 10억 원이 넘었다. 따라서 상속세도 다른 상속재산과 합쳐 꽤 많은 금액이 신고되었다. 비록 상속세를 많이 낸다고 하더라도 형제는 기대에 부풀어 있었다. 감정평가를 의뢰해놓았기 때문에 그 감정가액이 혹시 상상을 초월할지도 모른다는 생각에 비록 소송 중이었지만 둘 다 잠을 이룰 수가 없었다.

하지만 그 꿈은 아주 잠시뿐이었다. 소송에서 확인된 감정평가 결과는 끔찍함 그 자체였다. 감정평가 결과 부친이 보유하고 있었던 골동품이나 그림 대부분은 가짜였다. 총평가액은 대략 5000만 원도 채 되지 않았다. 형제는 허탈할 수밖에 없었다. 오히려 서로 그간 소송하느라 쏟은 소송비용과 형제지간의 감정의 골이 큰 상처로 남았다. 결국 세무서에서는 해당 판결문과 감정평가 내용을 토대로 세금을 오히려 환급해주었다. 구 씨 형제는 골동품과 그림으로 인해 금전적 손실과 정신적, 시간적 손실을 보고 말았다.

47

그림, 골동품 그리고 금으로 상속세를 줄일 수 있을까

　항상 상속과 관련된 문제는 어떻게 하면 상속세를 줄일 수 있느냐에 집중된다. 그것은 결국 절세라기보다는 탈세, 아니 오히려 세법이나 세무행정의 취약한 부분을 공략해 세금을 피해 나가는 적극적인 조세회피에 가깝다고 할 수 있다. 그렇다면 부자들은 왜 상속세를 회피하는 수단으로 그림이나, 골동품, 금 같은 실물을 좋아할까? 과연 이런 것들이 상속세를 회피할 수 있는 수단이 될 수 있을까?

　기본적으로 부자들은 그림, 골동품, 금을 좋아한다. 이는 상속세 회피를 위한 수단으로서의 목적도 있지만 투자수단으로서의 가치도 무시하지 못한다. 특히 그림이나 골동품 등은 시간이 흐를수록 그 가치가 증가하는 특성이 있으므로, 그만큼 세대를 건너서 넘겨줄 만한 가치가 있다. 단순히 현금자산을 상속해서 넘겨주는 것보다는 이름 있는 그림이나 문화재적 가치가 있는 골동품을 상속해준다면 이 얼마나 품위 있는 일이겠는가.

부자들의 이러한 실물에 대한 투자는 자연스럽게 세금과 관련해 생각하지 않을 수 없다. 그림이나 골동품, 금은 기본적으로 국세청에서 추적하기가 쉽지 않다. 하지만 국세청에서 맘먹고 추적하려면 충분히 가능하다. 그림이나 골동품, 금 거래를 모두 실명화시키고, 거래를 전산화하고, 거래내역을 제출하도록 강제하는 등 양성화시킬 수도 있다. 하지만 실제 그렇게까지 하고 있지는 않다. 이 역시 못해서라기보다는 여러 가지 요인들 때문에 하지 않고 있다고 보는 것이 맞겠다.

결과적으로 현재로서는 아직까지 국세청에서 추적하지 못하는 그림이나 골동품이 훨씬 많다. 얼마 전 모기업의 대형창고에 엄청나게 많은 수의 그림이 보관되고 있음이 크게 보도되었다. 필자는 그 보도를 보고 기업에 대해 세무조사를 하면서 국세청에서 과연 그 창고의 존재를 알고 있었을까 궁금했다. 그리고 법인의 창고에 있는 그림이 개인 소유의 물건이라면 이미 그 이전 선대로부터 내려왔을 텐데 과연 그에 대해서 상속세 신고가 제대로 되었을까 하는 여러 가지 생각이 스쳐 지나갔다. 어쨌든 아직 제도적으로나 물리적으로 이렇게 실물투자 부분에 대한 세무조사가 쉽지 않다는 점은 부인할 수가 없다.

국세청에서 자료제출을 요구하거나 세무조사를 하면 명단이 다 드러날 수 있는 경매업체를 이용한다면 그림의 흐름은 쉽게 추적될 수 있으나 화랑에서 직접 작가와 개인이 거래하는 경우에는 거래내용을 추적하는 일이 쉽지 않다. 이처럼 그림, 골동품, 금 등은 취득내역이나 양도내역 등이 전산화되어 관리되지 않으므로 거래흐름을 추적하기가 쉽지 않다. 따라서 그림이나 골동품, 금 등을 취득하면 부동산처럼 취득자금출처조사 대상이 되지 않는다. 즉, 미성년자가 그 그림 등을 취득하든, 자금능력이 안 되는 사람이 그 그림 등을 취득하든 세무조사를 받을 일이 거의 없다.

그림이나 골동품도 과세될 수 있다

그렇다면 어떤 경우에 그림과 골동품 등이 포착되어 과세될까? 통상적으로 그 그림이나 골동품을 살 때 대금지급 내역이 포착될 때이다. 예를 들어 노련미 씨가 신출내 씨로부터 그림을 사기 위해 대금을 계좌이체하였는데, 노 씨가 사망함에 따라 그 거래내역 추적 결과 그림을 구입했다는 사실을 알게 된 경우와 또 구 씨 형제의 사례와 같이 상속재산 분배를 다투는 과정에서 나타나는 경우도 있다.

그림을 산 사실이 확인되지 않더라도 상속세가 과세되기도 한다. 예를 들어 사망하기 전 1년 내에 2억 원, 2년 내에 5억 원 이상의 금액을 인출해서 현금으로 그림을 샀다면 그 자금흐름이나 그림 존재 여부가 확인되지 않더라도 추정상속재산가액에 해당되어 상속세가 과세될 수 있다.

골동품, 상속세 신고에서 빠뜨려도 될까?

고한심 씨는 부친의 상속재산 문제를 논의하기 위해 형제들을 불러모았다. 고 씨의 부친은 살아생전에 부동산, 금융자산 등을 많이 보유하고 있었지만 골동품도 꽤 가지고 있었다. 고 씨와 형제들의 고민은 이 골동품에 대해서 상속세 신고를 해야 하는지 여부였다. 또 어떻게 골동품을 나누어 갖느냐도 문제였다. 주위에서는 골동품을 신고할 필요가 없으며, 그런 건 세무서에서 알 수가 없다고 했다.

골동품도 당연히 재산적 가치가 있는 자산이므로 상속세 신고 시 상속재산가액에 포함시켜 신고해야 된다. 하지만 현실적으로 골동품을 신고하는 경우는 그다지 많지 않다. 기본적으로 상속세 조사 시 세무조사관이 일일이 주택을 방문하여 집에 뭐가 있는지 보면서 조사하는 일이 드물기 때문이고, 골동품 거래시장 자체가 부동산이나 금융자산처럼 투명화되어 있지 않기 때문이다. 하지만 간간이 골동품을 상속세 신고자산에 누락시켜 곤란에 빠지는 경우도 더러 있다. 특히 추후 골동품을 매각한 자금으로 다른 부동산을 사거나 하면 문제가 되는데, 이렇게 상속받은 재산이지만 상속재산을 누락하였을 때는 나중에 그 신고되지 않은 상속재산을 자금출처의 증빙으로 삼을 수 없다. 결국 나중에 골동품을 팔아 현금을 많이 보유하게 되더라도 그 자금을 제대로 사용할 수 없게 될 수도 있다.

48

은행CD로 거래하면 포착이 안 될까

분당에 거주하는 지하로 씨(80세)는 얼마 전 상가를 양도하고 받은 매각자금으로 현재 20억 원의 예금을 가지고 있다. 또 지 씨는 예금 이외에도 아파트 및 토지 등을 소유하고 있어 앞으로 본인이 사망했을 때 부담해야 될 상속세에 대한 고민이 많다. 아파트나 토지는 등기되어 있어 소유권이 이전되면 세금 문제가 생길 것이 뻔하기 때문에 예금으로 세금을 피해 나갈 방법이 없을까 고민 중이었다. 그러던 차에 평소 거래하던 은행을 찾은 성 씨는 은행지점장으로부터 양도성예금증서(CD, certificate of deposit)를 구입해두었다가 나중에 자녀에게 주면 상속세를 피할 수 있을 것이라는 이야기를 들었다. 과연 양도성예금증서를 구입하면 상속세를 피해나갈 수 있을까?

우선 지 씨가 양도성예금증서를 구입하기 위해서는 자신의 예금에서 돈을 인출해야 한다. 이렇게 거액이 인출된 후 2년 내에 사망하면 인출된 금액이 어디에 사용되었는지를 상속인이 밝혀야 한다. 그렇지 못하면 결국 상속세가 과세된다. 또한 지 씨의 계좌로부터 예금이 출금되어 양도성예금증서를 구입하고 그 구입된 양도성예금증서를 받은 자녀가 예금을 인출해 갔다면 이때에는 증여세 및 상속세 문제가 발생될 수 있다. 양도성예금증서 자체가 비록 무기명 형태로 거래 가능하나 예금증서가 이전될 때마다 실명으로 등록이 가능하고, 굳이 실명으로 거래하지 않는다고 하더라도 어차피 최종 자금인출자의 인적사항은 기록된다. 따라서 단순히 무기명이라고 해서 과세관청에 100% 노출이 안 되는 것은 아니다.

또 양도성예금증서를 상속받은 자녀가 만일 이에 대해 상속세 신고를 하지 않았다면 그 양도성예금증서의 금액은 부동산 등을 구입하는 자금으로 사용할 수 없다. 그 자금으로 부동산을 취득했다가 취득자금 출처조사에 걸려 증여세를 추징당할 수 있기 때문이다. 더욱이 지 씨와 같이 거액의 상속재산이 있는 경우에는 상속개시일로부터 향후 5년간 과세관청에서 상속인의 재산변동내역을 사후관리하고 있기 때문에 상속인은 그동안 양도성예금증서의 금액을 마음대로 쓸 수 없다. 또한 지 씨와 같이 사망 전에 고액의 부동산을 양도한 사실이 있다면 상속세 조사를 하는 세무공무원은 사전증여를 염두에 두고 조사를 할 가능성이 크다.

양도성예금증서는 금융재산상속공제를 받을 수 있을까?

상속세를 계산할 때 금융재산은 금융재산상속공제(금융재산가액의 20%, 2억 원 한도)를 받을 수 있다. 금융재산은 금융실명거래 및 비밀보장에 관한 법률에서 규정하는 금융기관이 취급하는 예금·적금 등을 말하는데 양도성예금증서 역시 공제대상이 되는 금융재산에 포함된다. 하지만 양도성예금증서의 특성상 그 소유권이 누구에게 있는지에 따라 다르게 취급될 수 있다. 실제 양도성예금증서는 지급을 제시하는 사람이 자신 명의의 예금인 것처럼 되어 버리므로 그 소유권을 특정하기가 쉽지 않다.

따라서 상속에 있어서 양도성예금증서가 금융상속공제 대상이 되려면 피상속인 명의로 발급하여 피상속인의 것으로 확인되어야 하고, 만일 상속인의 명의로 발행되었다면 단순히 상속인 명의를 빌린 것인지 아니면 상속인에게 증여한 것인지 여부에 따라 판단이 달라질 수 있다. 무엇보다도 가장 기본적으로 양도성예금증서는 그 소지인이 특별한 사유가 없는 한 정상적인 예금청구권을 갖기 때문에 양도성예금증서를 소지하고 있다는 사실이 확인되어야 한다.

자금출처가 될 수 없는 양도성예금증서

부동산 등을 취득했을 때 그 자금출처로 자신의 양도성예금증서가 대금으로 지급된 사실을 제출한다고 하더라도 그 자체로 취득자금출처

가 인정되지는 않는다. 부동산 등의 취득에 따라 이후 과세관청에서 취
득자금출처조사를 하는 경우 과세관청에서는 그 양도성예금증서를 취
득한 자금 또한 밝힐 것을 요구한다. 특히 양도성예금증서를 취득한 자
금이 부모로부터 흘러들어 온 사실이 확인되거나 당초 양도성예금증서
를 취득한 자금출처가 불분명하다면 당연히 증여세가 과세된다.

양도성예금증서 취득 및 매각 내역은 국세청에 통보된다

일반적으로 양도성예금증서를 취득하면 대부분 자신의 예금 계좌를
인출해서 취득한다. 이렇게 양도성예금증서를 취득하는 경우에도 예금
을 신규로 개설하는 것과 동일하고, 양도성예금증서를 매각하는 경우에
도 예금을 해지하여 현금을 인출하는 것과 동일하다. 금융기관은 '특정
금융거래정보의 보고 및 이용 등에 관한 법률'에서는 3000만 원 이상의
현금거래로 예금을 입금하거나 인출할 때에는 금융정보분석원(FIU)에
보고하도록 되어 있다. 이렇게 보고된 거래내역은 금융정보분석원에서
별도 분석하여 국세청으로 통보하거나 아니면 국세청의 요청으로 자료
를 제공한다. 결국 양도성예금증서를 수표 인출이나 계좌이체가 아닌
탈세 등의 목적으로 현금 인출하거나 입금하면 그 거래내용이 국세청에
통보된다는 사실을 알아야 한다..

금융정보분석원 (FIU, Financial Intelligence Unit)은 금융기관에서의 금융거래를 이용한 범죄자금 등의 자금세탁 행위를 규제하고 외화의 불법유출을 방지하기 위하여 설립된 금융기구이다. 금융정보분석원은 각 금융기관에서 보고된 자료를 바탕으로 자금세탁행위 등을 분석한 후 그 분석결과에 따라 해당 분석자료를 각 집행기관(검찰청, 경찰청, 국세청, 관세청)에 통보하는 역할을 한다.

■ FIU정보시스템 개요

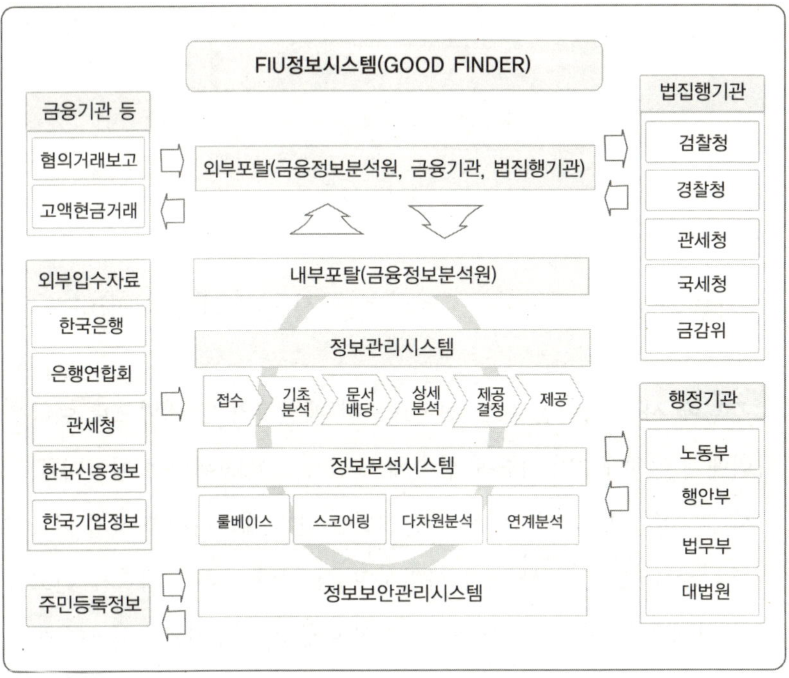

※ 출처 : 〈2007 자금세탁방지 연차보고서〉(2008.6, 금융위원회 금융정보분석원)

49
현금으로 조금씩 인출해서 사전상속하기

▌1년에 2억 원 미만으로 증여하면 상속세 피할 수 있나

강남에 사는 성현찰 씨는 친구로부터 매년 2억 원 미만으로 예금을 자녀에게 이체해주면 나중에 상속세를 내지 않아도 된다는 이야기를 듣고서 그날부터 당장 아들에게 매달 600만 원씩 계좌이체를 하기 시작했다. 그로부터 3년 뒤 성 씨가 사망하고 성 씨의 아들은 상속세 신고를 하기 위해 세무사를 찾아갔다. 성 씨의 아들은 세무사로부터 3년 동안 아버지에게 받은 2억 1600만 원에 대해서 증여세가 추징되고, 상속세 신고 시에도 이 금액을 포함시켜서 신고해야 한다는 이야기를 들었다. 아들 역시 분명히 아버지로부터 매년 2억 원 미만으로 현금을 받으면 상속세 문제가 없다고 들었던 것을 기억하고 있던 터라 당황할 수밖에 없었다. 과연 어떻게 된 일일까?

성 씨와 같이 1년에 2억 원 미만으로 예금을 인출해서 현금으로 자녀한테 주거나 계좌이체를 해주면 아무런 세금 문제가 없다는 이야기를 들었다는 사람들이 더러 있다. 도대체 무슨 근거로 그런 이야기를 할까? 사망일 전 1년 이내에 2억 원 이상의 금액이 피상속인(사망자)의 예금계좌에서 인출되었다면 상속세 세무조사 시 그 금액의 사용처를 밝혀야 한다. 만약 그 금액의 사용처를 밝히지 못하면 해당 인출금액을 상속재산가액으로 추정하여 상속세가 과세된다. 따라서 매년 2억 원 미만의 금액을 인출하다가 사망하면 1년 이내에 인출한 금액이 2억 원 이상이 되지 않기 때문에 상속재산가액 추정규정을 피해갈 수 있다. 그렇다면 이렇게 매년 2억 원 미만으로 인출하면 상속세가 과세되지 않을까? 이론상으로는 그럴 수도 있지만, 실무적으로는 그렇지 않을 수도 있다.

세법상 상속세 계산 시 상속개시일로부터 이전 10년 이내에 증여받은 재산은 상속재산가액에 합산해서 계산하도록 되어 있다. 따라서 상속세 세무조사 시 세무공무원은 항상 예금거래 계좌내역을 상속개시일 이전 10년치 모두 조회해본다. 조회한 예금거래 계좌내역 중 사망일 전 1년 내 인출된 예금액이 2억 원 미만이거나 해마다 인출한 금액의 합계가 2억 원 미만이라고 하더라도 그 금액이 어디로 갔는지 추적조사한다. 그렇게 추적한 돈이 자녀에게 흘러들어 갔음이 확인되면 해당 금액에 대해 증여세를 추징하고, 10년 내 증여한 재산으로 상속재산에 다시 합산하여 상속세를 과세한다. 물론 돈의 흐름을 추적하는 일이 힘들 수도 있지만, 세무조사관의 의지만 있으면 얼마든지 돈이 어디로 흘러들어 갔는지 찾을 수 있다. 특히 상속세 세무조사를 하는 경우에는 상속인의 금융거래내역까지 조회하여 조사할 수 있으므로 부친의 예금계좌에서 현금으로 인출하여 다시 현금으로 상속인 계좌에 입금하였다면 상속인의 금융거래내역을 조사하는 과정에서 이 사실이 확인되어 증여세를 추징당할 수 있다.

■ 추정상속재산가액

구분	대상금액 및 내용
상속개시일 전 1년 내	처분하거나 인출한 금액이 재산종류별로 2억 원 이상으로 용도 불분명한 경우 – 사용처를 상속인이 밝혀야 함
상속개시일 전 2년 내	처분하거나 인출한 금액이 재산종류별로 5억 원 이상으로 용도 불분명한 경우 – 사용처를 상속인이 밝혀야 함

■ 10년 내 증여재산 합산 – 무신고한 금액 (신고한 금액은 당연히 합산)

구분	대상금액 및 내용
상속개시일 전 10년 내	금액에 관계없이 증여한 것으로 확인된 금액 – 증여사실을 세무공무원이 밝혀야 함

자금세탁방지제도와 현금거래

우리나라는 금융기관이 자금세탁행위와 공중협박 자금조달행위에 이용되는 것을 차단하고, 국제적인 자금세탁방지제도 강화 추세에 동참하여 우리나라 및 금융기관의 신인도를 높이기 위해 특정금융거래 보고법, 범죄수익 규제법, 공중협박 자금조달금지법 등을 통한 자금세탁방지제도를 시행하고 있다. 이런 자금세탁방지제도는 기본적으로 그 거래자 및 사용처를 알기 어렵게 만드는 고액현금거래를 관리하는 데 집중되어 있다.

특히 현금거래와 관련하여 특정금융거래보고법에서는 STR 제도와 CTR 제도를 두고 있다. STR(Suspicious Transaction Report) 제도는 혐의(의심)거래 보고제도라고 하는데, 이는 은행 직원의 주관적 판단에 의해 금융거래와 관련하여 수수한 재산이 불법재산이라고 의심되는 합당한 근거가 있거나, 거래 상대방이 자금세탁행위나 공중협박 자금조달행위를 하고 있다고 의심되는 합당한 근거가 있을 때 이를 금융정보분석원장에게 보고하도록 하는 제도이다. CTR(Currency Transaction Report) 제도란 고액현금거래 보고제도로 일정금액(2008년 1월 1일부터 2009년 12월 31일까지 3000만 원, 2010년 1월 1일 이후 2000만 원) 이상의 현금거래가 발생할 때 이를 금융기관 등이 금융정보분석원에 보고하는 제도를 말한다.

■ STR과 CTR

구분	STR(혐의거래보고)	CTR(고액현금거래보고)
정의	불법재산, 자금세탁행위, 공중협박자금조달행위 등의 의심스러운 금융거래를 보고하는 제도	보고기준금액 이상의 현금거래를 보고하는 제도
보고대상	· 의심스러운 거래 중 금융거래액이 2000만 원 이상(외국환거래의 경우 미화환산 1만 불 이상)인 경우 · STR을 회피할 목적으로 분할거래 하는 경우 (합계액이 2000만 원 이상) · 범죄수익, 공중협박자금의 수수 등으로 수사기관에 신고한 경우 (신고대상거래) · 기타 위와 유사한 형태의 거래로 의심스러운 거래 (보고기준금액 미만도 포함)	■ 보고기준금액 · 2008.1.1~2009.12.31 : 3000만 원 · 2010.1.1 이후 : 2000만 원 ■ 보고 대상 거래 · 현금(외국통화 제외)의 지급 또는 영수거래 · 창구 거래, 현금자동입출기 거래, 야간 금고 거래 모두 포함
보고시기	· 보고대상거래인 경우 : 지체없이 보고 · 신고대상거래인 경우 : 지체없이 관할 수사기관에 신고한 후 보고	금융거래 발생 후 30일 이내

　자산가들은 이와 같이 금융기관에서 현금으로 인출 및 입금하는 행위가 항상 감시 대상이 되고 있다는 사실을 알아야 한다. 최근 자금세탁 행위 등과 관련하여 금융기관과 금융기관 종사자에 대한 처벌은 점점 더 강화되는 추세이고, 5만 원짜리 고액권이 발행됨에 따라 자금세탁방지 등을 위한 현금거래 감독도 더욱 강화될 것으로 예상된다.

　금융정보분석원에서 혐의거래보고 및 관련 분석정보를 법집행 기관에 제공한 연도별 현황을 보면, 국세청에 제공되는 정보수가 가장 많이 증가하고 있다. 또 그 정보를 활용하여 법집행 기관이 처리한 결과 역시 국세청에서 가장 적극적으로 제공된 정보를 바탕으로 조치를 취하고 있음을 확인할 수 있다. 이런 추세로 본다면 앞으로도 금융정보분석원의 국세청에 대한 정보제공 횟수는 더 증가할 것이고 이 정보를 이용하여 국세청의 조치 건수나 비율 또한 점점 더 증가될 것이라 예상할 수 있다.

■ FIU의 혐의거래보고 및 관련 분석정보 법집행 기관 제공 현황

연도	검찰청	경찰청	국세청	관세청	금감위	선관위	합계
2002	45	34	6	7	12	0	104
2003	241	98	25	58	10	0	432
2004	369	176	214	221	5	10	995
2005	593	292	313	570	31	0	1,799
2006	534	612	413	657	50	1	2,267
2007	561	607	490	629	44	0	2,331
합 계	2,343	1,819	1,461	2,142	152	11	7,928(*)

* 기관 간 중복제공 739건
※ 출처 : 〈2007 자금세탁방지 연차보고서〉 (2008.6, 금융위원회 금융정보분석원)

■ 혐의거래보고 관련 분석정보 법집행 기관별 처리 현황

기 관	제 공	종 결				처리중
		계	조치(*)	무혐의	내사중지	
검찰청	2,343	1,767	772	836	159	576
경찰청	1,819	415	73	313	29	1,404
국세청	1,461	462	351	111	–	999
관세청	2,142	1,456	503	933	20	686
금융위	152	70	27	43	–	82
선관위	11	11	1	10	–	0
계	7,928	4,181	1,727	2,246	208	3,747

* 조치내용 : 기소(검찰), 기소의견 송치(경찰), 통고처분 또는 고발(국세청), 고발 또는 기관경고(금융위) 등
※ 출처 : 〈2007 자금세탁방지 연차보고서〉 (2008.6, 금융위원회 금융정보분석원)

50

상속세 세무조사 받기

상속세 조사는 어떻게 이루어지나

사람이 사망하면 읍·면·동사무소에 사망신고를 해야 한다. 접수된 사망신고 내역은 국세청에 통보되고 국세청에서는 사망자의 재산내역 등이 담긴 자료를 출력하여 세무서로 보내 상속세 조사를 준비하도록 한다. 이때 출력되는 자료를 '상속개시자료전'이라고 한다. 상속개시자료 에는 사망자의 부동산 보유 및 거래내역과 금융계좌내역, 주식, 골프회원권, 기타 등록하는 재산 등의 내역이 출력된다. 부동산을 상속할 때 상속등기를 하지 않고 있으면 상속세 신고 시 빠뜨려도 된다고 생각하기만, 이러한 상속개시자료에 이미 모든 자료가 출력되어 나오기 때문에 신고를 빠뜨리는 행동은 어리석다.

상속개시자료가 출력되면 세무서에서는 담당조사반을 지정하고 자

료를 나누어준다. 담당조사반은 받은 자료를 토대로 기초적인 서면검토
에 착수한다. 상속세 신고 유무, 기타 상속인의 인적사항, 부동산 보유
및 거래내역 검토, 기타 재산 등의 자료를 수집한다. 이러한 자료를 바
탕으로 상속세 조사를 진행한다. 이때 상속세 조사는 대개 과세대상에
해당되지 않거나 세액이 적으면 서면조사로 종결되지만, 금융거래내역
이 있거나 상속재산가액이 크거나 기타 중요한 사안에 대해서는 실지조
사에 착수한다.

상속재산가액에 따라 조사의 강도가 다를까

일반적으로 상속세 조사는 피상속인의 사망 당시 주소지 관할세무서
에서 하지만, 금액이 큰 경우에는 지방국세청에 있는 조사국에서 조사
를 담당한다. 지방국세청은 전국에 각 권역별(서울, 중부, 대전, 대구, 부산,
광주)로 6개의 지방국세청이 있다. 그런데 대부분 납세자들은 지방국세
청 조사국의 조사를 받기 꺼린다. 왜 그럴까? 첫째, 일선 세무서는 일반
적으로 조사업무 외에 통상적인 자료처리 업무, 전산관리 업무, 민원처
리 업무, 기타 잡무 등 직원 혼자 처리해야 할 일이 많아 시간상 정밀한
조사가 힘든 반면, 지방국세청 조사국은 조사업무에만 충실하면 되므로
조사에 대한 집중도가 높다. 둘째, 일선 세무서는 조사반이 대개 2명이
고 사안에 따라서는 실제로 혼자서 조사를 진행하는 경우가 많지만, 지
방국세청 조사국은 조사반이 최소 2~3명 이상이므로 조사 여력이 많
아질 수 있다. 셋째, 일선 세무서는 물론 조사 경험이 많은 담당직원이

있을 수 있으나, 여러 가지 업무를 하다 보니 업무의 전문성이 떨어지는 경우가 많다. 하지만 지방국세청 조사국은 일반적으로 해당 분야에서 일정 이상의 경험을 가진 직원이 근무하고, 해당 업무만 계속 다루므로 실제 조사의 깊이가 다르다.

지방국세청에서 조사하는 상속재산가액의 기준은 지방국세청마다 다를 수 있으나 통상 30억 원을 기준으로 한다. 다만 상속세 조사대상의 양이나 조사대상의 복잡성 등에 따라 실제는 조금씩 다르게 적용되기도 한다. 지방국세청 조사기준 대상이 되면 세무서에서는 관련 서류를 지방국세청으로 보내고, 이 서류를 받은 지방국세청 조사국에서는 서류를 토대로 조사를 시작한다.

조사를 잘 받는 것도 절세

세무조사를 하기 대략 2주 전에 세무조사 예고통지서를 보낸다. 그리고 세무조사에 착수하는데, 보통 15일에서 1개월 정도가 걸리지만 상속세는 금융조사라는 변수가 있기 때문에 실제로 6개월 이상을 넘기기도 한다. 조사는 일반적으로 서면조사 형태로 이루어지고 때로는 사무실로 출석을 요구해서 관련 내용을 물어보기도 한다. 실제로 피상속인의 자택을 방문해서 조사한다든지 사무실을 찾아간다든지 하는 일은 거의 없다. 세무조사 예고통지서를 받으면 신고서를 작성해주었던 세무사와 의논하여 조사 시 필요한 서류를 한 번 더 검토해보아야 한다. 더욱이 조사 과정에서 세무조사관이 요구하는 자료를 적극적으로 제출하여 협조하는 것이 좋고, 내용 중 조금 불합리하거나 잘 받아들이기 어려운 부분에 대해서는 세무조사가 진행 중일 때 의견을 제시하는 게 좋다. 세무조사가 끝난 후 이의를 제기하여 조사결과를 바꾸는 일은 거의 불가능하기 때문이다.

어떤 경우에 상속세 세무조사를 강도 높게 할까?

세무조사관 중 특히 경험이 많은 세무조사관은 굳이 피상속인이나 상속인과 알고 지낸 사이가 아니라고 하더라도 재산 현황, 가족관계, 건강상태 등만으로 상속세 세무조사를 어떻게 진행해야 할지 본능적으로 직감한다. 그렇다면 상속세 세무조사를 할 때도 경우에 따라서 강도가 다를 수 있을까? 의도적으로 다르게 하는 일은 당연히 있을 수 없지만, 사람이 하는 일이므로 직감적으로 조사를 진행하면서 좀더 꼼꼼히 챙겨보게 되는 경우가 있다.

그 유형을 몇 가지 살펴보자.

(1) 피상속인이 병으로 장기간 입원해 있었던 경우

어느 날 아무런 준비도 되어 있지 않은 상태에서 교통사고나 기타 급작스런 질병으로 피상속인이 사망했다면 상속을 준비할 시간적 여유가 없기 때문에 상속인도 사실상 포기하고 대부분 정상적으로 상속세를 신고·납부해버린다. 반대로 사망 전에 장기간 병원에 입원해 있었다면 이미 상속준비가 어느 정도 진행되고 있었음을 직감적으로 알 수가 있다. 특히 피상속인의 판단력이 급격하게 떨어지면 더욱 심각해질 수가 있다. 이와 같은 정황이 있다면 세무조사관은 이미 상속이 일어나기 전에 여러 가지 형태로 사전상속이 일어났을 것이라고 충분히 예측할 수 있다. .

(2) 가족 간의 다툼이 많은 경우

가족 간의 협의가 잘 되면 상속세를 절세할 방법을 찾아서 제대로 신고할 가능성이 크다. 하지만 그렇지 않고 부모가 살아 있을 때부터 가족 간에 부모의 재산을 서로 더 많이 차지하려고 다투었다면 상속세나 증여세 문제도 고려하지 않고 재산을 가져오는 데만 온통 관심이 있어 추후에 상속세나 증여세가 추징되는 사례가 적지 않다.

(3) 사망 전에 거액의 주식이나 부동산을 양도했을 경우

상속세 세무조사를 하기 전 대부분 세무조사관은 피상속인의 자산 취득 및 양도 내역을 제일 먼저 검토한다. 이때 피상속인이 사망하기 전 거액의 부동산이나 주식 등을 양도한 사실이 나타나면, 여기에 조사의 초점을 맞춘다. 기존에 부동산이나 주식 등의 형태로 있던 자산이 처분되면서 현금 등의 이동이 쉬운 자산으로 바뀌고, 거액의 현금자산이 생기면 상속인에게 사전상속이 이루어졌을 가능성이 크기 때문이다.

51

해외에서 상속하기

미국 영주권을 갖고 있는 박도미 씨는 실제로도 미국에서 계속 거주해왔다. 박 씨는 미국뿐만 아니라 한국에도 금융자산과 부동산을 일부 가지고 있다. 박 씨가 얼마 전 사망하고 상속이 이뤄졌는데 박 씨의 상속인은 상속세를 어디에 내야 할까? 박 씨의 재산이 있던 한국에 세금을 내야 할까? 아니면 현재 거주지국으로 되어 있는 미국에 세금을 내야 할까?

박 씨와 같이 세금이 2개 이상의 국가에 걸쳐 과세 문제가 발생할 때에는 일반적으로 그 양국 간에 맺어진 조세조약의 내용에 따라서 결정된다. 이러한 조세조약은 각 세금의 종류나 소득의 종류에 따라서 양국 간에 서로 어떻게 과세권을 조정할 것인지를 정한다. 하지만 상속세나 증여세와 같은 세금에 대해서는 별도로 조세조약에서 그 과세권이나 내용을 규정하고 있지 않다.

박 씨의 경우라면 상속세는 어떻게 과세될까? 우리나라 세법에서는 외국에 거주하는 사람, 즉 비거주자에게는 기본적으로 납세의무가 없다. 다만 사망한 사람의 재산이 국내에 있다면 그 국내에 있는 재산에 대해서만 상속세를 과세하도록 하고 있다. 따라서 우선 한국에 있는 금융자산과 부동산에 대해 상속세가 과세된다. 미국에서는 박 씨에게 미국에 있는 재산에 대해서만 상속세를 과세할까? 미국에서도 통상적으로 우리나라와 마찬가지로 자기 나라의 거주자인 경우에는 전 세계에 소유하고 있는 상속재산 모두에 대해 세금을 납부할 의무가 있다. 따라서 박 씨는 미국에서도 상속세를 내는 상황이 발생할 수 있다. 다만 한국에서 상속세를 낸 상속재산에 대해서 다시 미국에서도 상속세를 내야 한다면 국가 간 이중과세 문제가 발생하기 때문에 미국세법에서도 우리나라와 마찬가지로 상속받은 재산과 관련하여 외국에서 납부한 세액이 있다면 이를 상속세 계산 시 공제해주고 있다.

해외에서 증여하는 경우 증여세는?

해외에서 증여행위가 일어나는 경우에라도 만일 증여받는 사람이 국내 거주자이면 당연히 증여세를 신고해야 한다. 물론 해외에서 증여하는 사실을 우리나라 국세청에서는 알지 못할 수 있다. 하지만 증여세를 신고하지 않고 나중에 해당 증여받은 재산을 국내에 가지고 들어오면 결국 국세청에서 그 자금출처를 확인하고 증여받은 재산임이 밝혀진다면 증여세를 과세할 수 있다. 따라서 언젠가 다시 국내로 가지고 들어올

자금이라면 미리 해외에서 증여한 증빙을 남겨두는 게 좋다.

다만 해외에서 증여행위가 일어나고 증여받는 수증자와 증여자 역시 비거주자라면 우리나라에서 과세할 수 있는 과세권이 없게 되므로 증여세 문제가 발생하지 않는다. 하지만 이 경우에도 역시 그 수증자의 거주지국이나 증여행위가 일어난 나라에서 증여세를 과세한다면 그 나라에서 발생하는 세금은 부담해야 할 것이다.

해외부동산도 상속세 신고해야 하나

2년 전 미국에 부동산투자를 한 민국행 씨가 얼마 전 사망하였다. 민 씨의 사망으로 상속인들은 상속세 신고를 하였는데, 국내에 있는 금융자산과 부동산에 대해서만 상속세 신고를 하였다. 상속인들은 민 씨가 미국 부동산에 투자한 사실을 몰랐을 뿐만 아니라 미국에 있는 부동산까지 상속세 신고대상이 되리라는 생각은 하지 않았던 것이다. 당연히 얼마 되지 않아 과세관청에서는 해외부동산에 대한 상속재산이 신고누락되었음을 확인하고 상속세를 추징하겠다는 내용의 세무조사결과 통지서를 보내왔다.

민 씨와 같이 해외에 부동산을 구입하거나 해외에 투자했을 경우, 민 씨의 사망 당시 그 자산이 해외에 존재한다면 모두 상속재산에 포함시켜 상속세 신고를 해야 한다. 세법에서는 민 씨가 국내 거주자인 경우에는 전 세계에 있는 모든 민 씨의 재산이 상속세 과세대상이 된다고 규정하고 있다. 따라서 민 씨의 해외부동산에 대해서도 상속인은 상속세 신고를 해야 한다.

민 씨가 해외부동산이 있는지, 해외에 투자한 사실이 있는지 국세청은 어떻게 알까? 해외부동산을 구입하거나 투자를 목적으로 자금을 해외에 송금할 때 자금반출신고를 해야 하는데 이럴 경우 해당 금융기관에 자금 반출신고서 및 관련 서류를 제출하도록 되어 있고, 해당 금융기관은 해당 자료를 금융감독원이나 국세청 등에 보내도록 되어 있다.

민 씨와 다르게 국외에서 생활을 하다가 국내에 들어와서 거주하는 사람들이 사망하는 경우에는 과연 국외 생활을 하면서 취득해놓은 해외부동산에 대해 상속세 신고를 해야 할까? 물론 이 경우에도 당연히 신고과세 대상이 되지만, 실질적으로 국세청에서 그 재산내역을 알기 어려울 수 있다. 하지만 이후에 상속인들이 그 자산을 처분하고 국내로 가지고 들어왔을 때는 그 자금 출처가 문제될 수 있으므로 상속세 신고 시 제대로 신고해두는 게 좋다.

■ **해외부동산 취득 시 절차**

> 해외부동산 취득계약 ⇒ 은행에 해외부동산 취득 신고 및 수리 ⇒ 해외부동산 취득보고서 제출 (취득 후 3개월 내) ⇒ 취득 후 일정 시점마다 사후관리 서류제출 ⇒ 해외부동산 처분 (양도) ⇒ 해외부동산 처분보고서 제출 (처분 후 3개월 이내)

다른 나라의 상속세율

우리나라는 일본과 더불어 OECD 국가 중 상속세율이 가장 높은 국가에 해당된다. 따라서 국가 간 자본이동과 거주이전이 자유로운 상황에서 지나치게 높은 세율은 국부의 해외유출을 초래할 가능성이 있다. 현재 상속세율을 소득세율보다 낮게 운용하는 국제적 추세가 있어서 이를 고려하여 지난 2008년 말 세법 개정에서 상속세 과세표준구간 및 증여세율 수준과 일치시키려고 하였으나 세법 개정이 무산되었다. 향후 상속세법 개정이 진행되는 과정을 지켜볼 필요가 있다.

■ OECD 국가의 상속세 최고세율

상속세율=소득세율 (2개국)	상속세율<소득세율 (15개국)	상속세율>소득세율 (5개국)
영국(40%) 프랑스(40%)	독일(30%) 터기(30%) 벨기에(30%) 아일랜드(5%) 네델란드(27%) 등	한국(50%) 일본(50%) 미국(45%, 08년) 덴마크(36.25%) 스페인(34%)
· 상속세 폐지 및 자본이득과세 (6개국) : 호주, 캐나다, 포르투갈 등 · 상속세 및 자본이득과세 미과세 (1개국) : 뉴질랜드 · 2008년 상속세 폐지(추진) 국가 : 싱가폴, 이태리, 스페인 · 미국은 2010년 한시적으로 상속세 폐지		

※ 출처 : 〈2008년 하반기 세제개편안〉 (2008. 9. 1, 기획재정부) 상세내역 50쪽 참조

금융추적은 5년치만 할까

금융거래내역은 10년치를 본다

강남에 사는 오치장 씨는 얼마 전 부친을 여의고 상속세 신고를 마쳤다. 그로부터 몇 개월 되지 않아 세무서로부터 상속세 세무조사를 하겠다는 연락을 받았다. 오 씨는 상속세 신고 시 가급적 문제가 없는 범위 내에서 상속세를 신고·납부하자고 가족 간의 합의를 한 후 상속세 신고를 했으므로 상속세 세무조사가 별로 두렵지는 않았다.

그렇게 상속세 세무조사가 끝난 후 느닷없이 엄청난 액수의 상속세가 추징되었다. 오 씨와 가족은 너무도 많은 세금에 세무조사 내용을 확인해보았다. 세금이 추징된 사유는 다름이 아니라 부친이 사망하기 8년 전에 모친과 오 씨, 그리고 오 씨의 동생들에게 부동산 매각자금 중 일부를 증여한 사실이 확인되었기 때문이었다. 하지만 오 씨는 상속세 조사 시 사망일 전 5년 내의 금융거래만 확인한다는 주위 사람들의 말만 듣고 그 이전에 증여받았던 금액은 빼놓고 신고했던 것이었다.

원래 상속세 세무조사 시 상속재산가액에 합산되는 증여재산은 10년 이내 증여한 재산이다. 따라서 세무조사관이 상속세를 조사할 때에는 금융거래내역도 10년치를 확인하는 것이 정석이다. 물론 금융재산의 비중이 적은 경우에는 축소해서 조사하기도 하지만, 실제 금융거래내역을 확인하기 전까지는 10년 내 증여재산의 존재 여부 자체를 알기 어렵기 때문에 금융자료를 모두 조회해보아야 한다.

그렇다면 5년만 본다는 것은 무슨 말일까? 아마 5년 전 증여한 재산까지만 합산하도록 한 예전 상속세 및 증여세법 규정 때문일 것이다. 증여재산합산 대상기간이 5년에서 10년으로 바뀌었는데 바뀐 내용을 알지 못하고 과거 경험만을 떠올려 이야기하는 사람들의 말을 믿었기 때문이라고 추측된다. 만일 지금 상속세 세무조사를 하는 세무조사관이 상속개시일 전 5년간의 금융거래내역만 조사하여 세금을 과세한다면, 업무감사에서 지적을 당할 게 뻔하다. 실제로 과거 일선 세무서에 대한 감사 결과 상속세와 관련한 금융추적조사를 5년치만 하는 사례가 많이 발생하여 해당 세무조사관이 감사지적을 당하는 일이 많았다. 현재에는 상속세와 관련된 금융추적조사를 할 때에는 반드시 상속개시일 이전 10년치의 금융거래내역을 조사하도록 하고 있다. 따라서 혹시 일정기간이 지난 후 사망하면 과세관청에서 조사하지 않을지도 모른다는 기대에 증여세 신고를 누락하는 일은 없도록 해야 할 것이다

10년 동안만 조심하면 될까?

상속세 세무조사 시 원칙적으로 피상속인의 사망일로부터 이전 10년 내의 금융거래내역을 조사한다. 하지만 상속세 및 증여세를 무신고하거나 허위·누락하여 신고한 경우에 그 부과제척기간이 15년임을 감안할 때, 과세관청에서는 예금을 증여하고 신고하지 않은 내역이 있는지를 보기 위해서 15년치의 금융거래내역을 조사할 수도 있다. 간혹 아주 특수한 경우의 세무조사에 있어서 15년치의 금융거래내역을 조사하기도 한다.

하지만 상속세 세무조사에 있어서 대부분 과세관청에서 상속개시일로부터 이전 15년치까지 조사하지는 않는다. 과세관청에서 굳이 상속개시일 이전 15년간의 금융거래내역을 조사하지 않는 이유는 여러 가지 있을 수 있겠지만, 상속세 측면에서만 볼 때 상속세 세무조사가 10년 내 상속세 과세가액에 합산해야 하는 증여재산이 있느냐 없느냐를 찾는 것에 초점이 맞춰 있기 때문이다.

탈세와 절세 사이

우리가 흔히 무심코 하는 일들 중에는 탈세행위가 많다. 물론 본인 스스로 세금을 탈세하기 위해 행동하기도 하지만, 상대방이 탈세하는 것을 방조하거나 도와주는 일이 본인도 모르게 공공연하게 이루어지는 경우가 많다. 예를 들면 옷이나 물건 등을 살 때 신용카드로 사거나 현금영수증 발급을 요구할 수 있음에도 그냥 좀더 싸게 살 수 있다는 유혹에 현금으로 구매하는 경우가 대표적이다. 이외에도 급여자들이 연말정산 시 소득공제를 더 받기 위해 허위 기부영수증을 첨부한다든지 하는 행위도 대표적인 탈세행위의 한 유형이다.

탈세란 세법의 테두리를 벗어나 법에서 인정하지 않는 방법으로 세금을 빼먹는 행위를 말한다. 반면 절세란 세법에서 정한 각종 규정을 적절히 이용하여 세금을 줄이는 것을 말한다. 이 외에도 탈세와 절세 사이를 애매하게 줄타기하는 적극적 조세회피가 있다. 적극적 조세회피는 세법의 미비한 점이나 법 규정의 불비를 이용하여 세금을 피하는 것을 말하는데 최근 국세청에서는 이러한 조세회피 역시 탈세의 한 부류라고 보고 있다. 왜냐하면 여기에는 실제로 합법을 가장한 불법이 내포된 경우가 많기 때문이다. 이런 적극적 조세회피로는 실제 법인은 다른 국가에 있으나 세금이 없거나 세율이 아주 낮은 국가인 조세피난처에 가공의 법인을 세워 놓고 마치 그곳에서 실질 거래가 일어나는 것처럼 가장하여 탈세를 행하는 경우가 대표적이다.

과연 탈세하면 이득이 있을까? 예를 들어 우리가 상속세를 탈세하기 위해 몰래 현금을 자녀에게 증여했다고 하자. 과연 자녀가 그 소득을 맘대로 사용할 수 있을까? 증여받은 재산을 소비에 사용하는 경우에는 좀 자유로울 수 있을지(현재 소비규모에 따라 조사대상을 선정하고 있지는 않다) 몰라도 재산의 취득과 같은 재산증식을 위한 투자에는 제약이 많을 수밖에 없다. 부동산을 취득하는 경우 취득자금출처조사를 받게 되는 것이 대표적인 사례이다.

또 다른 사례로 강남에서 개인병원을 아주 크게 하는 운영하는 의사 주지마 씨의 경우이다. 주 씨는 10년 가까이 병원을 운영해왔다. 개인적으로 금융자산도 50억 원 가까이 가지고 있었다. 그런데 어느 날 주 씨는 이 자금으로 평소 맘에 두고 지켜봐 왔던 강남 소재 작은 빌딩을 하나 사고자 했다. 하지만 주 씨는 결국 이 빌딩을 사지 못했다. 부동산을 사는 순간 세무서에서 이 부동산의 취득자금에 대한 세무조사를 시행할 것이 명백한데, 문제는 주 씨가 평소 신고한 수입금액 및 소득금액이 부동산을 구입하기에는 너무 미미했기 때문이다. 결국 그동안 소득세를 탈세해왔다는 사실이 밝혀질 수 있기 때문에 그렇게도 갖고 싶어했던 부동산을 포기하고 말았다. 만일 소득세를 제대로 신고하고 이후 그 소득을 자금원으로 하여 부동산을 샀더라면 지금쯤 주 씨는 임대소득과 부동산 투자차익으로 더 많은 재산을 굴리는 자산가가 되었을지도 모른다.

결국 탈세는 그 탈세로 인한 희생이 따른다. 적극적인 투자활동에도 제약이 많이 따른다. 탈세에 대한 기회비용이 존재한다. 때로는 탈세에 따른 금전적인 이득이 훨씬 많을 수도 있지만, 언젠가는 과세의 위험에 노출될 수 있다는 불안감을 안고 살아야 하는 심적 부담과 자신의 재산을 마음대로 사용할 수 없는 답답함을 무시할 수는 없다.

세무행정은 차츰 진화한다 _ 미래의 세무행정을 대비하라

지난 과거를 돌이켜보면 세금과 관련해서 세상이 점점 투명해지고 있다는 점을 실감할 수 있다. 법이나 제도가 수정되고 다듬어지면서 보완되기도 하고, 납세의식 또한 예전보다 많이 높아졌다. 하지만 무엇보다도 자료를 구축하는 국세청 전산망에 누적·관리되는 자료가 예전보다 엄청나게 늘어났다. 예를 들어 과거에는 일정금액 이하의 이자소득 지급자료, 일용근로자에 대한 지급자료, 비과세되는 금융소득에 대한자료, 보험금 자료 등은 국세청에 제출되지 않았지만 현재에는 이러한 자료가 국세청에 제출된다. 앞으로 또 어떤 자료가 추가로 구축될지는 알 수 없다. 어쨌든 지금까지의 국세행정의 정책방향으로 보거나 국민들의 납세의식 수준 등으로 볼 때 탈세에 대한 입지가 점점 좁아지고 있는 것은 확실하다.

세금과 관련한 미래의 우리 모습을 상상해보자.

2015년 드디어 모든 차명계좌거래가 금지되었다. 그리고 모든 금융계좌에 대해 강력한 실명제가 적용되어 차명일 때 무조건 증여세가 과세되도록 법이 바뀌었다. 게다가 2018년 모든 부동산뿐만 아니라 자동차, 주식, 예금 등에 대한 취득자금출처조사가 시행된다. 즉, 이제는 소득자료가 명확하지 않으면 자신이 취득하는 모든 자산에 대한 취득자금출처조사를 받아야 한다. 결국 소득세 신고를 누락하거나 줄여서 신고한 사람은 정상적인 경제활동이나 재산보유 자체가 심각하게 어려워진다.

2020년 기존에 근로자에 대해서만 시행되던 근로장려세제(EITC, 저소득 근로자에게 근로장려금 주는 제도. 일종의 세금을 돌려줌으로써 소득을 보전해준다)가 사업자들에게도 확대 · 시행되고, 저소득자를 정확하게 가려내기 위해 국세청은 이전보다 더 많은 개인의 소득 및 재산자료를 수집 · 확보하게 되었다. 실시간으로 각 개인의 금융재산 잔액을 확인할 수 있고, 고가의 보석이나 골동품, 그림에 대한 취득, 양도내역도 전산으로 관리되기 시작하였다.

그리고 이제 40~50세가 된 자녀들은 고위공직자가 되어 싶어도 더욱 강력해진 인사청문회 시스템과 더욱 높아진 국민들의 납세의식으로 인해 고위공직자 후보의 부모가 과거에 탈세한 사실이 드러나 후보에서 탈락되는 사례가 많아졌다. 또한 세무조사 결과 탈세 사실이 확인된 기업이나 개인은 검찰에 고발되어 높은 징역형과 추징금을 포함한 거액의 벌금을 물게 되어 파산에 이르는 일이 많아졌다.

한편 2025년 우리나라가 2009년에 가입한 국제탈세정보 교환센터(JITSIC)의 회원국이 30개국으로 늘었고, 국제탈세정보 교환센터에서 실시간으로 통보되어 오는 자산가들의 국외은닉재산 현황과 소득발생내역, 기타 탈세혐의 자료를 분석하여 세무조사에 활용하고 있다.

상속을 현명하게 하기 위한 10계명

■ 현명하게 상속·증여하기 위한 10계명

1. 나누어서 미리 증여하라
2. 재산 증여 시 자녀의 성취 동기를 자극하라
3. 재산만 증여하지 말고 돈을 관리하는 능력까지 증여하라
4. 증여한 후 재산 처분을 견제할 수 있는 장치를 마련하라
5. 일찍부터 자녀의 자금원을 만들어주어라
6. 상속을 위한 유언장 작성을 적극 고려하라
7. 최소한의 노후생활을 위한 재산은 남겨놓아라
8. 각종 세금공제 및 세제혜택을 꼼꼼히 확인하라
9. 상속재산도 포트폴리오를 짜라
10. 상속·증여 전에 전문가로부터 조언을 구하라

나누어서 미리 증여하라

상속세나 증여세 계산 시 상속개시일이나 증여일로부터 이전 10년 이내에 증여한 재산은 합산하여 세금이 과세된다. 따라서 증여는 기본적으로 10년 단위로 계획을 세워 미리 증여하여야 한다. 미리 증여할 때와 일시에 상속할 때의 세금을 비교해보면 미리 나누어서 증여하는 경우에 부담하여야 할 세금이 일시에 상속하는 경우에 부담하여야 할 세금보다 훨씬 적음을 알 수 있다.

재산 증여 시 자녀의 성취 동기를 자극하라

세금 절세만을 목적으로 자녀에게 무작정 증여해주는 것은 바람직하지 않다. 자녀에게 재산을 증여함에 있어서도 요령이 필요하다. 일종의 조건부 증여를 이용하면 좋다. 예를 들어 대입에 합격하거나 취직을 하거나 또는 승진하면 그 기념으로 얼마를 주겠다는 식으로 조건을 단다. 보기에 따라 부모와 자녀 간에 마치 거래를 하는 것 같아 좋아 보이지 않을 수 있지만 어느 자녀가 부모가 주는 재산을 마다하겠는가. 그리고 자녀도 그냥 재산을 받는 것이 아니라 자신이 스스로 열심히 노력한 결과로 받는다면 무작정 이유 없이 그냥 증여하는 것보다는 긍정적인 효과가 나타나는 경우가 많다. 실제로 어떤 자산가는 이런 식으로 자녀에게 증여하였고, 그 자산가의 자녀는 현재 각각 고위공무원과 교수가 되어 자신의 길을 성실하게 가고 있다.

■ 분산증여의 효과

- 미성년자가 아닌 자녀 2명에게 증여한 것으로 가정 (한 번 증여 시 각각 1억 원씩 증여)
- 상속공제액은 10억 원(일괄공제+배우자상속공제)으로 가정

구분	분산증여 시				일시상속 시	차액
	20년 전	10년 전	상속 시	계		
증여(상속) 재산가액	10억	10억	10억	30억	30억 원	
납부할세액	151백만 원	151백만 원	0	302백만 원	576백만 원	274백만 원

* 모두 현재 상속세·증여세 세율을 적용하였음

재산만 증여하지 말고 돈을 관리하는 능력까지 증여하라

부모가 자녀에게 증여할 때 가장 염려하는 부분이 혹시 재산을 증여하면 자녀가 그 재산을 흥청망청 쓰지는 않을까이다. 상속세가 걱정되더라도 미리 증여하지 못하는 가장 큰 이유 중 하나가 바로 이 때문이다. 재벌들은 어릴 때부터 철저하게 부모 밑에서 경영수업을 받으며 자라기 때문에 나중에

기업을 물려받더라도 흥청망청 사용하여 재산을 탕진하는 일이 드물다. 물론 개인 성향에 따라 다르지만, 써 본 사람이 쓸 줄 안다는 말처럼 평소에 아무런 재산도 가지고 있지 않다가 갑자기 큰돈이 생기면 어떻게 할 줄 몰라 당황하는 것은 당연하다. 이렇게 재산을 탕진해버리는 사례는 주위에서 흔히 볼 수 있다. 따라서 자녀에게 재산만 증여하는 것이 아니라 올바른 경제관념과 돈을 다루는 지식을 습득하게 해야 한다. 물론 단순히 경제교육을 시키는 일만으로 해결되지는 않고, 본인 스스로 자산을 불리고 관리하는 방법을 깨우치고 터득할 수 있도록 관심을 가지고 도와주어야 할 것이다.

증여한 후 재산 처분을 견제할 수 있는 장치를 마련하라

자녀에게 재산을 증여해주고 싶지만, 자녀가 재산을 마음대로 처분할까 봐 선뜻 증여를 실행에 옮기지 못한다. 증여받는 자녀들 입장에서는 증여받은 재산을 마음대로 사용하고 싶을 수 있다. 그렇다면 이를 막을 방법은 없을까? 부동산은 일반적으로 자녀가 여러 명이 있다면 자녀들 공동명의로 증여해서 모두가 동의하지 않는 이상 처분하기가 쉽지 않도록 해놓는 것이 좋다. 물론 이렇게 자녀들 공동명의로 증여하면 세금 측면에서도 절세효과가 있다. 금융재산은 증여해준 후 그 재산에 질권을 설정하는 형태로 일정기간 사용에 제약을 가해둘 수 있다. 하지만 이러한 방법조차도 궁극적으로는 자녀의 재산 처분을 막지 못한다. 어차피 시간이 흐르면 자녀의 것이 되므로 따라서 앞서 논의한 것과 같이 자녀가 재산을 잘 관리할 수 있도록 금융지식이나 경제지식, 실제 재산을 증식하는 능력 등을 키워주는 것이 더 중요하다고 할 수 있다.

일찍부터 자녀의 자금원을 만들어주어라

자녀에게 증여할 때 자녀가 증여세를 낼 자금이 있는지 여부에 따라 증여 금액 및 증여세가 달라진다. 예를 들어 성년인 아들에게 1억 3000만 원짜리 부동산을 증여해준다고 할 때 수증자인 아들이 납부해야 될 증여세는 900만 원이다. 그런데 만일 아들에게 이 증여세 900만 원을 낼 자금이 없다고 하면, 부친은 900만 원을 추가로 더 증여해주어야 하고, 900만 원이 추가로 더 증여됨에 따라 다시 납부해야 될 증여세가 증가한다. 이 작업을 반복하다 보면 결국 부친은 1억 3000만 원짜리 부동산을 증여하기 위해 추가로 1100만 원 정도의 현금을 증여해주어야 한다는 결론이 나오고, 수증자인 아들은 현금 증여분까지 포함해서 계산된 증여세 1100만 원 정도를 납부하게 된다. 아들의 자금능력 유무에 따라서 증여세 부담액이 200만 원 정도 차이가 난다. 만일 증여할 부동산가액이 훨씬 더 큰 금액이었다면 자금능력 유무에 따른 증여세 부담액 차이 또한 더 커졌을 것이다.

상속을 위한 유언장 작성을 적극 고려하라

건전한 상속문화와 상속 후에 제대로 된 재산이전을 위해서는 살아 있을 때 유언장을 작성해두어야 한다. 상속과 관련된 실제 사례에서 형제들 간에 상속재산 분배가 가장 문제가 된다. 상속재산 분배로 인해 형제가 하루아침에 원수가 되기도 한다. 유언장은 상속재산 분쟁을 막을 수 있는 가장 합리적이고 정확한 방법이다.

최소한의 노후생활을 위한 재산은 남겨놓아라

노후를 대비해 일정 규모 이상의 자산을 보유해야 한다. 상속세를 줄이기 위해 미리 증여하는 것도 좋지만, 자신의 노후생활비는 자신이 책임지는 것이 편안한 노후를 보낼 수 있는 가장 현명한 방법이다. 기본적으로 거주할 주택과 매달 일정하게 지급되는 소득은 필수다. 일반적으로 주택을 포함하여 대략 10억 ~ 20억 원 정도를 보유하고 있다면 상속세 부담도 거의 없을 뿐더러 노후에 자녀로부터 소외당하지도 않을 것이다.

각종 세금공제 및 세제혜택을 꼼꼼히 확인하라

상속과 증여하는 과정에서 세금은 필히 발생하는 문제이다. 따라서 세법에 있는 각종 공제제도와 감면혜택을 꼼꼼히 확인하여 세금을 조금이라도 줄일 수 있는 방법이 있다면 그런 방법을 찾아 실행할 필요가 있다.

상속재산도 포트폴리오를 짜라

상속재산을 부동산으로 남겨놓을지 금융재산으로 남겨놓을지는 상황에 따라 다를 수 있다. 일반적으로 사망 시까지 본인이 사용해야 할 생활자금, 사망 후 상속세를 낼 자금, 상속공제 혜택에 따라 상속재산으로 어떤 것을 남겨놓을지 등에 판단하여 적절한 상속재산의 포트폴리오를 짜야 한다.

상속·증여 전에 전문가로부터 조언을 구하라

상속이나 증여할 때 여러 가지 복잡한 문제가 발생한다. 상속이라는 특수성 때문에 상속을 진행함에 있어서 자칫 상속절차나 상속재산 분배, 상속세 신고 등이 잘못된다고 한다면 그 문제가 대부분 쉽게 해결되지 않는다. 따라서 상속과 증여를 계획하고 있다면 어떠한 경우라도 반드시 전문가의 조언을 받고 진행해야 한다.

상속 · 증여세를 줄이기 위한 절세 10계명

■ 상속세를 줄이기 위한 절세 10계명

1. 기간을 나누어서 미리 증여하라
2. 수증자를 나누어서 증여하라
3. 자금원이 있는 자녀에게 증여하라
4. 증여자를 다르게 해서 증여받아라
5. 시가가 하락할 때 증여하라
6. 기준시가 고시일 및 기준시가 상승 여부를 확인하여 증여하라
7. 다른 세금과의 관계를 확인하라
8. 배우자상속공제를 확인하라
9. 상속세 신고는 무조건 하라
10. 분납, 연부연납제도를 적절히 활용하라

기간을 나누어서 미리 증여하라

상속세와 증여세는 동일인으로부터 10년 내에 증여받은 재산을 합산하여 계산한다. 따라서 상속세를 줄이기 위해 미리 증여한다면 최소한 상속을 하기 전 10년 이전부터 기간을 나누어서 증여해야 절세효과를 더 많이 볼 수 있다.

수증자를 나누어서 증여하라

증여세는 증여자별 · 수증자별로 세금을 과세한다. 따라서 상속세를 줄이기 위해 증여할 때 1명에게만 증여할 것이 아니라 여러 사람에게 나누어서 증여하면 동일한 재산이 줄어들면서도 증여세는 훨씬 적게 부담한다. 예를

들어 부친이 1세대 2주택을 피하기 위해 시가 6억 원인 아파트 1채를 세대 분리된 자녀(모두 성년임)에게 증여한다고 할 때, 자녀 1명에게만 증여하면 증여세를 9990만 원을 부담해야 하지만 자녀 2명에게 증여하면 증여세를 1인당 3960만 원, 합계 7920만 원만 부담하면 되므로 동일한 목적을 달성하면서 증여세 2070만 원을 절세할 수가 있다.

자금원이 있는 자녀에게 증여하라

증여세는 증여를 받는 사람, 즉 수증자가 부담해야 한다. 하지만 만일 수증자가 증여세를 낼 자금이 없다면 추가로 증여세를 낼 자금까지 증여하여 증여세 부담이 커질 수 있다. 따라서 증여할 경우에는 가급적 증여세를 낼 능력이 있는 자녀에게 증여하는 것이 더 유리하다.

증여자를 다르게 해서 증여받아라

수증자를 여러 명으로 나누어서 증여하는 것과 마찬가지로 증여하는 사람을 다르게 해서 증여할 때에 증여세가 줄 수 있다. 예를 들어 아버지가 혼자서 아들에게 2억 원을 증여해주는 것보다 할아버지와 아버지가 1억 원씩 나누어서 증여하면 증여세가 각각 계산되므로 증여세를 줄일 수 있다. 단 증여재산공제액은 직계존비속 간에는 3000만 원(미성년자는 1500만 원)밖에 공제가 안되므로 이 경우에도 할아버지와 아버지로부터 받는 금액을 합쳐서 3000만 원밖에 공제가 되지 않는다. 하지만 직계존속의 배우자로부터 증여받는 경우에는 동일인으로부터 받는 것으로 보아 합산하여 증여세를 계산하기 때문에 부친과 모친이 나누어서 자녀에게 증여하는 것은 의미가 없다.

시가가 하락할 때 증여하라

증여세는 시가로 재산을 평가하여 과세하기 때문에 당연히 시가가 하락했을 때 증여하는 것이 유리하다. 또한 시가가 계속 물가상승률만큼 상승한다고 가정했을 때 상속세를 절세하는 측면에서 미리 증여하는 것이 유리하다. 상속세 계산 시 합산하는 증여재산의 경우 그 재산의 평가는 과거 증여할 당시의 시가로 합산하기 때문에 시가가 낮을 때 증여하면 합산되는 금액도 적어진다.

기준시가 고시일 및 기준시가 상승 여부를 확인하여 증여하라

시가로 증여재산을 평가하기 어렵다면 기준시가로 재산을 평가하는데, 적용되는 기준시가는 증여하는 날 현재 이미 고시되어 있는 기준시가를 적용한다. 따라서 기준시가가 오를 것이라고 예상된다면 고시일 전에 증여해야 하고, 내릴 것이라고 예상된다면 고시된 이후에 증여하는 것이 유리하다. 기준시가가 오를 것인지 내릴 것인지 여부는 일반적으로 기준시가를 고시하기 전 열람제도를 두고 있으므로 기준시가가 고시되기 전에 기준시가의 증감 방향을 확인할 수 있다.

다른 세금과의 관계를 확인하라

단순히 상속세나 증여세를 줄이기 위해 증여를 실행하는 경우가 있으나, 증여에 따라 부담해야 될 취·등록세나 이후 처분에 따른 양도소득세, 보유에 따른 재산세나 종합부동산세도 영향을 미치게 된다. 따라서 증여하게 될 경우 발생하는 다른 세금도 꼼꼼히 체크해보아야 한다.

배우자상속공제를 확인하라

상속세를 계산함에 있어서 가장 공제혜택을 늘릴 수 있는 것이 배우자상속공제이다. 배우자상속공제는 실제배우자가 상속받은 재산의 범위 내에서 30억 원까지 공제가 가능하여 배우자상속공제에 따른 절세효과가 크다. 따라서 상속재산을 분배하기 전에 반드시 배우자에 대한 상속지분을 얼마만큼 할 것인지 검토해보아야 한다.

상속세 신고는 무조건 하라

상속세나 증여세는 다른 세금과는 달리 신고만 하더라도 산출세액의 10%를 신고세액공제받을 수 있다. 따라서 상속세는 신고만으로 절세가 가능하므로 혹 재산분배 과정에 문제가 있거나 세금을 낼 자금에 문제가 있다고 하더라도 신고는 반드시 해야 한다.

분납, 연부연납제도를 적절히 활용하라

상속세나 증여세는 세부담액 자체가 크므로 이를 보완해주는 분납제도, 연부연납제도를 잘 이용하면 세금을 줄이지는 못해도 세금을 나누어서 냄으로써 기간의 이익을 누릴 수 있다.

부록3

상속세와 관련된 10가지 잘못된 상식

상속재산가액을 적게 평가하는 게 항상 유리하다?

일반적으로 상속세를 적게 내기 위해서는 보다 낮은 가액으로 상속재산을 평가하는 것이 당연하다. 하지만 상속재산을 추후 양도할 예정인데다가 상속재산이 상속공제액보다 적어서 상속세를 내지 않아도 되는 경우라면 어떨까? 상속받은 재산을 양도하는 경우에 양도가액은 당연히 양도 시 매매가액이 되고, 취득가액은 상속세 신고 시 신고했던 상속재산가액이 된다. 따라서 취득가액인 상속받은 재산의 평가액이 높을수록 그만큼 양도차익이 줄어들어 양도소득세 부담을 줄일 수가 있다. 따라서 상속세 부담이 많지 않은 경우에는 추후 양도를 대비해 평가액을 오히려 조금이라도 높게 신고하는 것이 더 유리할 수도 있다.

■ 상속받은 재산을 양도하는 경우 양도차익

양도금액(매도가액) − 취득가액(상속시 평가액) − 기타필요경비 = 양도차익

상속하기 전에 대출받으면 좋다?

상속세 계산 시 상속재산가액에서 채무를 차감해주므로 사망 당시 피상속인의 채무가 있었다면 상속세는 줄어든다. 하지만 일부러 상속세를 줄이기 위해 사망하기 전에 대출을 받는 것은 아무런 의미가 없다. 상속세 조사 시 사망일 전 10년간의 금융거래내역을 조사하는데 이때 대출금에 대한 자

금흐름이 포착될 것이고, 그 자금이 마침 자녀에게 흘러들어 간 사실이 확인
된다면 증여세와 가산세가 추징되는 경우가 발생할 수 있다. 추정상속재산
에 해당되는 경우에는 상속인이 그 자금의 사용처를 밝히지 못하면 해당 금
액에 대해서도 상속세가 추징된다. 따라서 단순히 대출을 받는다고 해서 상
속세가 절세되지는 않는다.

■ 상속재산으로 추정되어 사용처를 밝혀야 되는 경우

구분	재산종류별 금액	비고
상속개시일 전 1년 이내	2억 원 이상	예금 : 인출된 금액 부동산 : 매도된 금액 대출 : 대출발생된 금액
상속개시일 전 2년 이내	5억 원 이상	

임대건물은 상속하기 전에 전세로 전환하는 것이 좋다?

임대건물에 대한 전세보증금도 채무로써 상속세 계산 시 공제된다. 전세
보증금도 앞서 설명한 대출의 경우와 동일하다. 결국 사망하기 전에 단순히
세금을 줄이기 위해 월세를 전세로 전환하는 것은 크게 의미가 없을 수 있다.

상속 당시에 10억 미만이면 상속세도 없고 세무조사도 받지 않는다?

피상속인의 배우자가 살아 있다면 상속공제액이 최소 10억 원(일괄공제 5억
원 + 배우자공제 5억 원)이므로 상속재산가액이 10억 원이면 당연히 상속세
가 과세되지 않는다. 하지만 상속 당시의 상속재산가액이 10억 원 이하라고
해서 상속세 세무조사를 받지 않는 것은 아니다. 상속세는 기본적으로 정부
부과 결정세목이다. 즉, 과세관청에서 상속세를 조사하여 결정해야만 상속

세가 마무리된다. 결론적으로 모든 상속세는 세부담의 크기와 상관없이 세무조사대상이 된다. 다만 그 조사의 범위나 조사기간, 조사방법 등이 그 상속재산의 규모나 종류 등에 따라 차이가 나는 것뿐이다.

상속받는 자녀수가 많을수록 상속세가 적다?

상속세 계산 시 상속재산가액에서 공제되는 자녀공제액은 자녀 1인당 3000만 원이다. 따라서 피상속인의 자녀수가 많을수록 상속공제액이 커져서 상속세가 더 많이 줄어든다. 하지만 상속공제방법에는 기초공제 2억 원과 자녀공제, 미성년자공제, 장애인공제 등을 각각 합쳐서 받는 방법(기초공제+기타친족공제)과 일괄해서 5억 원을 받는 방법(일괄공제) 2가지가 있어 상속세 신고 시 이 2가지 방법 중 자신이 유리한 쪽으로 공제방법을 선택할 수 있다. 최근 우리나라의 세대별 가족수가 보통 2~5명 정도임에 비추어볼 때 대부분 일괄공제 5억 원을 받는 것이 훨씬 유리하다. 자녀공제로만 볼 때 자녀수가 적어도 10명 이상은 되어야 일괄공제 5억 원보다 자녀공제액이 더 클 수 있다. 아울러 상속재산을 어느 자녀가 얼마나 가져가는지 여부는 총상속세액의 크기에 아무런 영향을 미치지 않는다.

미리 증여하면 무조건 절세된다?

일반적인 상속세 절세 방법으로 사전에 미리 증여하는 것을 많이 권하고 있다. 실제 상속개시 전 10~20년에 걸쳐 미리 증여해준다면 상속세 절세효과를 볼 수 있다. 하지만 상속개시 직전에 증여를 한다던지, 아니면 상속재산을 하나도 남겨주지 않고 모두 증여한다면 오히려 세금을 더 많이 물게 되는 결과가 발생할 수도 있다. 바로 상속공제한도액 규정 때문이다. 상속공제한도액 구하는 식을 보면 합산대상이 되는 증여재산가액이 많을수록 상속공제한도액이 줄어든다. 결국 상속개시일이 임박하여 피상속인의 재산을 미리 증여하는 것은 상속세 절세에 별다른 도움이 안 된다.

■ 상속공제한도액

> 상속공제한도액 = 상속세 과세가액 – 상속인이 아닌 자에게 유증 등을 한 재산의 가액 – 상속인의 상속포기로 그다음 순위의 상속인이 상속받은 재산의 가액 – 상속세 과세가액에 가산한 증여재산가액(증여재산공제 후 금액)

매년 2억 원 미만으로 현금 출금해서 사용하면 상속세 안 낸다?

상속개시일 전 1년 이내에 2억 원, 2년 이내에 5억 원이라는 자금이 인출되면 이를 추정상속재산으로 본다. 따라서 추정상속재산에 해당이 되지 않기 위해서 매년 2억 원 미만으로 예금을 인출하는 사례가 있다. 추정상속재산에 해당되지 않으면 상속인이 그 금액을 어디에 사용하였는지를 입증할 필요는 없으므로, 세무공무원이 직접 그 자금의 흐름을 추적해서 그 자금을 증여받은 자에게 증여세 등을 추징할 수가 있다.

부동산으로 상속하는 것이 항상 유리하다?

상속재산가액 평가 시 일반적으로 부동산은 기준시가로 평가되어 신고되기 때문에 예금이나 주식 등으로 상속받는 것보다 유리하다. 하지만 부동산 평가 시 시세로 평가해야 하는 아파트나 빌라는 어차피 시세로 평가되어 과세되기 때문에 절세효과가 없다. 오히려 금융자산으로 상속받으면 금융재산상속공제를 적용받을 수 있으므로 경우에 따라서는 금융자산으로 상속받는 것이 부동산으로 상속받는 것보다 더 유리할 수도 있다.

통상적으로 상속재산가액이 30억 원이 넘으면 관할세무서에서 상속세를 조사하지 않고 지방국세청 조사국에서 조사하게 된다. 하지만 사안에 따라 상속재산내용이 복잡하지 않고, 특별한 탈루한 혐의가 없다면 지방국세청에서 세무서에 조사를 위임해 세무서에서 조사 하기도 한다.

금이나 서화 등이라고 하여 상속세 과세대상이 되지 않는 것은 아니다. 하지만 금이나 서화 등과 같은 실물자산은 상속세 신고를 제대로 하지 않는다. 신고 누락된 사실을 과세관청에서 알아내기도 쉽지 않다. 상속개시 전에 금 등의 실물을 사기 위해 예금을 인출했다면 이러한 현금인출 사실에 대해 과세관청이 곱지 않은 시선으로 보아 상속세 조사를 더욱 심도 있게 할 수 있다. 또한 자칫 그 인출된 금액이 상속개시일 전 1년 내 2억 원 이상, 2년 내 5억 원 이상이 된다면 상속추정재산에 해당되어 굳이 실물이 상속된 사실을 확인하지 않더라도 상속세가 과세될 수도 있다. 그리고 상속개시 이후 실물자산을 매각해서 부동산구입자금으로 사용한다면 취득자금출처조사 시 상속세 신고가 되지 않았던 실물자산을 매각한 자금은 자금출처로 인정받을 수 없으므로 증여세 문제가 발생할 수 있다.

증여를 하기 전 확인해야 할 체크리스트

체크할 사항	내용	확인여부
자녀의 나이가 몇 살인가	미성년자인지 성년자인지에 따라 증여재산공제액이 다르다.	
자녀의 직업, 소득, 재산은 어떤가	자녀의 소득원 유무에 따라 증여계획이 달라진다.	
증여세를 대납해줄 것인가	증여세를 대신 납부해줄 경우 증여할 재산의 가액 및 세액이 달라진다.	
증여재산 규모가 얼마나 되나	증여재산의 규모에 따라 적용되는 세율이 달라진다. (최대한 많은 재산을 최대한 낮은 세율로)	
언제 증여할 것인가	증여 시기에 따라 증여재산평가액이 달라질 수 있다. 세법이 개정되는 경우에는 적용되는 세율이나 공제액이 달라질 수 있다.	
증여 이후 증여재산 등에서 수입이 발생하는가	증여 이후 수입발생 여부에 따라 부담부증여, 증여세 납부자금 대출 등을 고려할 수 있다.	
기존에 증여한 재산이 있나	10년 내(5년 내) 증여재산이 있는 경우 합산하여야 하므로 증여세액이 달라질 수 있다.	
상속이 곧 일어날 것인가	증여 후 상속이 언제 발생할지에 따라 증여계획이 달라져야 한다.	
증여를 누구에게 해줄 것인가	자녀인지 손자녀인지 아니면 배우자인지에 따라 증여세가 다르다.	
부담부증여로 할 것인가	무조건 부담부증여로 할 때 절세가 되는 것이 아니므로 부담부증여가 나은지 일반증여가 나은지 반드시 비교검토해야 한다.	
증여 후 바로 양도할 것인가	증여 후 5년 이내 양도하는 경우 이월과세 또는 부당행위계산의 부인 규정이 적용되므로 증여 후 5년 이내 양도할 예정인 경우 미리 부담할 세액을 검토해보아야 한다.	

'최고의 유산' 상속하기

상속은 죽어서 내 재산을 처분하는 일이다. 내가 죽은 후에 내 의지와 상관없이 재산이 처분되면 과연 의미가 있을까? 상속세 절세 여부를 떠나서 평생 모은 재산을 살아 있을 때 나의 의지대로 주고 싶은 곳에 주는 것이 더 보람된 일이 아닐까?

얼마 전 한창 높은 시청률을 자랑하면서 종영한 〈찬란한 유산〉이라는 드라마가 있다. 이 드라마의 시청률이 높았던 이유에 대해서는 여러 가지 분석이 있을 수 있다. 그간의 불륜드라마 또는 일명 막장드라마와는 달리 모처럼 따뜻한 드라마였기 때문이라고 이야기하는 사람도 있고, 드라마의 이야기 전개와 배우들의 연기가 좋았기 때문이라는 사람도 있다. 상속을 이야기하는 필자가 볼 때는 상속에 대한 일반인들의 기대가 이 드라마에 대한 관심으로 이어진 것이 아닐까란 생각이 들었다. 평생 모은 재산을 자신의 혈육이 아닌 남에게 상속한다는 것 자체가 일반인이 항상 꿈꾸던 일이 아니던가? 일반인들은 이 드라마를 통해 대리만족하고 실제 일어날 수 없는 일에 대한 막연한 동경 같은 것을 하지 않았을까라는 생각을 해본다.

그렇다면 이 드라마를 시청한 국민들의 상속에 대한 생각이 바뀌었을까? 우리도 드라마의 주인공처럼 혈육이 아닌 전혀 다른 사람에게 상속할 수 있을까? 아니면 빌 게이츠나 워런 버핏처럼 재산 대부분을 공익사업을 위해 기부할 수 있을까? 빌 게이츠는 기부하기 위해 자신이 기부하기로 한 공익사업에 대해 엄청나게 연구하고 있다고 한다. 기부도 사업처럼 열심히 하는 세계적인 갑부를 보며 기부가 쉽지 않음을 다시 한 번 깨닫는다. 기부 역시 자기 자신의 뚜렷한 목적과 판단 하에 계획적으로 이루어져야 한다. 어쩌면 재산이 어떤 형태로 어디에 있던 자기 자신의 재산을 가벼이 여기지 않았기 때문에 그 정도의 재산을 모은 게 아닌가 싶다.

어쨌든 이제 상속을 어떻게 준비해야 할 것인가로 돌아가서 볼 때, 그 질문에 대한 정답은 없다고 이미 서두에서 이야기했다. 저마다 각자의 살아온 환경과 재산 형성과정, 앞으로의 계획에 따라 다르기 때문이다. 필자는 여기서 짐 스토벌의 ≪ '최고의 유산' 상속받기(The Ultimate Gift)≫란 책의 내용을 간략히 소개하고자 한다. 이 책은 출판 이후 300만 부 이상 팔린 베스트셀러였고, 영화로 제작되기도 했다. 자수성가로 석유가스 회사와 대목장의 소유주가 된 재벌 할아버지 레드 스티븐스의 유산 상속 이야기를 담고 있다. 레드 스티븐스는 자신의 조카 손자인 제이슨 스티븐스가 상속재산을 받기 위해서 통과해야 될 12가지 관문을 유언으로 남겨준다. 손자인 제이슨은 할아버지가 유언으로 남겨준 12가지 관문을 하나씩 통과하면서 진정으로 '최고의 유산' 이 무엇인지를 깨닫게 된다. 레드 스티븐스가 유언으로 남긴 12가지 관문은 그 하나하나가 할아버지가 손자에게 남기는 유산이었다. 이 12가지 유산은 일, 돈, 친구, 배움, 고난, 가족, 웃음, 꿈, 나눔, 감사, 하루, 사랑이라는 유산이었다. 이 12가지 유산은 단어 그 자체의 의미보다는 12가지를 이루어나가는 올바른 과정을 손자인 제이슨이 스스로 생각하고 체험하고 결정하도록 하는 것이었다.

레드 스티븐스가 손자에게 준 12가지 유산은 우리에게도 앞으로 자녀에게 어떤 유산을 남겨야 하는지를 한 번 더 생각하게 한다. 사람은 언젠가 죽음을 맞이한다. 죽음을 맞이하게 될 모든 이들이 진정으로 자신의 상속인에게 '최고의 유산'을 상속할 수 있기를 기대하면서 글을 맺고자 한다.

상속의 비밀 52

1판 1쇄 인쇄 | 2009년 8월 14일
1판 1쇄 발행 | 2009년 8월 21일

지은이 김강년
펴낸곳 한스미디어(한즈미디어(주)) | 펴낸이 김기옥

주소 121-839 서울시 마포구 서교동 392-34 강원빌딩 5층
전화 02-7070-337 | 팩스 02-7070-198 | 이메일 info@hansmedia.com
홈페이지 www.hansmedia.com
출판신고번호 제 313-2003-227호 | 신고일자 2003년 6월 25일

ISBN 978-89-5975-204-1 13320